西华大学校内人才引进项目"财务监督还是权益维护？员工参与公司治理效应研究"（项目编号：RX2400001914）

东道国制度环境与跨国企业环保行为研究

Research on the Host Country's Institutional Environment and Environmental Protection Behaviors of Multinational Enterprises

牟佳琪 —— 著

经济管理出版社
ECONOMY & MANAGEMENT PUBLISHING HOUSE

图书在版编目（CIP）数据

东道国制度环境与跨国企业环保行为研究 / 牟佳琪
著 . -- 北京 ：经济管理出版社，2025. 6. -- ISBN 978-
7-5243-0329-9

Ⅰ．F830. 59；X322

中国国家版本馆 CIP 数据核字第 2025RE1533 号

组稿编辑：白　毅
责任编辑：白　毅
责任印制：许　艳
责任校对：蔡晓臻

出版发行：经济管理出版社
　　　　　（北京市海淀区北蜂窝 8 号中雅大厦 A 座 11 层　100038）
网　　　址：www. E-mp. com. cn
电　　　话：（010）51915602
印　　　刷：唐山玺诚印务有限公司
经　　　销：新华书店
开　　　本：720mm×1000mm/16
印　　　张：14. 5
字　　　数：293 千字
版　　　次：2025 年 7 月第 1 版　　 2025 年 7 月第 1 次印刷
书　　　号：ISBN 978-7-5243-0329-9
定　　　价：98. 00 元

前　言

　　本书研究了东道国制度环境对对外直接投资企业环保行为的影响。从东道国制度环境的视角切入，关注对外直接投资企业的环保行为的原因在于：首先，基于我国对外直接投资规模逐年增长的基本事实，我国企业与国际社会的联系越发紧密。近年来，我国已经形成了更大范围、更宽领域、更深层次的对外开放格局，在全球环境保护和可持续发展的政策转变中受到国际正式和非正式制度的强烈影响。其次，从东道国制度环境角度进行探究，有助于厘清对外直接投资影响企业环保行为的作用机理，解释既有研究中关于对外直接投资对企业行为或环境绩效影响的结论不一致的原因。最后，探究东道国制度环境对企业环保行为的影响，不仅有助于各国政府完善对外直接投资的相关政策，引导企业积极开展对外投资，还能够为全球的跨国企业提供来自新兴市场的经验证据，有助于补充跨国企业环保行为的决策动机和理论逻辑。

　　现有文献普遍认为，对外直接投资对母国经济增长、产业升级、企业绩效具有积极影响，而关于对外直接投资与技术创新、对外直接投资与环境绩效的关系尚未形成统一的结论。大量文献以发达国家的对外直接投资企业为研究对象。其中，一部分研究发现，环境规制宽松的被投资东道国成为"污染避难所"；而另一部分研究发现，来自发达国家的对外直接投资企业给环境规制宽松的被投资东道国带来了技术溢出效应，有助于东道国的污染减排。究其原因，现有研究更多关注来自发达国家的对外直接投资企业对发展中国家的下行投资，这类企业在对外直接投资中往往占据制度优势，而忽视了上下行东道国制度环境的差异对于对外直接投资企业行为决策的影响，且尚未将企业在不同东道国制度环境下的行为表现纳入同一研究场景进行探讨。以中国为代表的新兴市场国家在全球投资中扮演着重要角色，对外直接投资分布在全球多个国家（地区），被投资东道国的制度环境呈现出上下行兼而有之的特点，为探究东道国制度环境对于企业环保行为的影响提供了独特的研究场景。

　　因此，本书沿着企业实质性环保投入行为（绿色创新）—ESG 信息披露行为（ESG 信息披露）—资本市场中介机构对企业环保行为的综合评价（第三方 ESG 评级）的逻辑框架循序渐进地展开研究。基于东道国经济发展、国家治理和环境规制等制度环境，以 2006～2021 年中国沪深 A 股上市公司为研究样本，采用企业对外直接投资数据、东道国制度环境数据、企业环保行为相关数据，探究了东道国制度环境对于企业环保行为的影响。本书的主要研究结论如下：

首先，企业进行对外直接投资显著促进了绿色创新；东道国的经济发展、国家治理和环境规制对于对外直接投资企业的绿色创新水平具有积极影响。进一步分析发现，东道国制度环境对不同类型和方向的绿色创新均具有显著的积极影响。通过异质性分析发现，在重污染行业、海外投资年限较短以及有海外背景高管的企业中，东道国制度环境对绿色创新的积极影响更强，验证了对外直接投资企业进行绿色创新的风险管理动机和合法性动机。此外，绿色创新对于企业未来的海外盈利具有积极作用，而对短期价值的提升没有显著的影响。东道国经济发展及国家治理水平均能够增强绿色创新对于企业海外盈利和市场价值的积极作用，但东道国的环境规制强度则会削弱绿色创新对企业市场价值的积极作用。

其次，企业进行对外直接投资显著提高了其发布 ESG 报告的概率和 ESG 信息披露的项目数；东道国经济发展、国家治理和环境规制等制度环境差异增加了企业的经营风险和外来者劣势，从而对对外直接投资企业的 ESG 信息披露具有积极影响。进一步分析发现，东道国制度环境压力促进了企业 ESG 信息披露篇幅的增长，并提高了企业对 ESG 报告进行鉴证和按照 GRI 标准进行信息披露的可能性。仅有东道国环境规制对企业 ESG 信息披露篇幅、ESG 报告鉴证和 ESG 报告标准的遵从具有显著的正向影响。通过异质性分析发现，在重污染行业、海外投资年限较短、有海外背景高管的对外直接投资企业中，东道国制度环境对 ESG 信息披露的积极影响更强，验证了对外直接投资企业进行 ESG 信息披露的信号传递动机和风险管理动机。

最后，企业进行对外直接投资还影响了第三方评级机构对于企业行为的认知和评价。对外直接投资显著提高了企业的第三方 ESG 评级。东道国经济发展、国家治理和环境规制与第三方 ESG 评级呈显著正相关关系。进一步分析发现，企业进行对外直接投资及东道国制度环境均显著正向影响了第三方评级机构的覆盖数，且企业进行对外直接投资加剧了第三方评级机构的评级分歧。异质性分析从企业特征和行业特征的角度验证了对外直接投资企业的声誉动机和信号传递动机，并发现在重污染行业、海外投资年限短和有海外背景高管的企业中，东道国制度环境对于第三方 ESG 评级的正向影响更强。

本书的研究贡献如下：

第一，从对外直接投资角度丰富了企业环保行为影响因素的相关研究，拓展了企业环保行为影响因素领域的研究视角。以往研究主要检验了母国环境规制、企业行业特征、公司治理特征、利益相关者等因素对于企业环保行为的影响，而本书基于国际化视野，从跨国视角关注了对外直接投资对于企业环保行为的影响。在全球各国携手进行环境治理的背景下，检验了企业的国际化决策对其环保行为的影响，为研究企业环保行为的决策机理和逻辑动因提供了新的视角。

第二，引入东道国制度环境视角，厘清对外直接投资影响企业环保行为的机制。以往文献在对外直接投资对于企业技术创新、母国或东道国环境绩效等的影响方面没有得到一致性的结论，这可能是因为忽略了东道国的制度环境问题，缺乏东道国差异性制度环境对企业环保行为影响的相关研究。本书基于中国对外直接投资兼具上下行投资的特点，进一步从东道国制度环境视角出发，深入剖析东道国制度环境影响对外直接投资企业环保行为的内在逻辑，发现东道国制度环境对于企业的环保行为决策具有差异性作用。

第三，从绿色创新、ESG 信息披露和第三方 ESG 评级三个维度，丰富了对外直接投资经济后果的相关研究。以往研究主要关注对外直接投资对于母国生产效率、产业升级、技术创新的影响，较少从绿色创新、ESG 信息披露和第三方 ESG 评级的角度探究对外直接投资的经济后果。本书从企业绿色创新、ESG 信息披露和第三方 ESG 评级的视角探究对外直接投资的经济后果，可以为国家调整对外直接投资政策和完善制度体系提供一定的经验证据，对全球范围内的跨国企业应对增长的国际环境保护压力具有借鉴意义。

目　录

图目录

表目录

1 导 论

1.1 研究背景与研究意义

1.1.1 研究背景

环境保护和可持续发展成为世界各国广泛关注的全球性问题，环境问题导致了一系列事件发生，已经威胁到了人类的生存和发展。切实采取行动保护生态环境、积极进行绿色低碳发展成为新的国际浪潮。在全球各国积极应对可持续发展带来的挑战的同时，产生了一系列正式制度和非正式制度风险，公共政策、技术创新、投资者情绪以及消费者偏好等都对企业的经营发展产生了冲击。如何有效防范化解可持续发展背景下的环保风险是企业，尤其是跨国企业面临的重大难题。

为何从东道国制度环境的视角切入，关注对外直接投资企业的环保行为？首先，基于我国对外直接投资规模逐年增长的基本事实，我国企业与国际社会的联系越发紧密。我国在全球环境治理的政策转变中受到国际政策和环境的强烈影响，探究东道国制度环境与对外直接投资企业环保行为的关系，对于企业防范化解海外经营中面临的制度环境风险具有重要意义。其次，从东道国制度环境角度进行探究，有助于厘清对外直接投资影响企业环保行为的作用机理，解释既有研究中关于对外直接投资对企业行为或是生态环境影响的结论不一致的原因。最后，探究东道国制度环境对企业环保行为的影响，不仅有助于各国政府完善对外直接投资的相关政策，引导企业积极开展对外投资，还能够为全球的跨国企业提供来自新兴市场的经验证据，有助于补充跨国企业环保行为的决策动机和理论逻辑。

自改革开放以来，我国对外开放水平持续提高，对外直接投资总量持续稳定增加。在过去十年里，我国成为140多个国家和地区的主要贸易伙伴，货物贸易总额居世界第一，对外投资稳居全球前三，形成了更大范围、更宽领域、更深层次的对外开放格局①。党的二十大报告提出"推进高水平对外开放。依托我国超大规模市场优势，以国内大循环吸引全球资源要素，增强国内国际两个市场两种资源联动效应，提升贸易投资合作质量和水平"。党的二十大报告为我国企业指出了新的国际化方向，从加快"走出去"步伐转向提高"走出去"质量。总体上，随着国家宏观层面对外开放政策的发展和调整，面对国际国内的复杂局势，中国企业的国际化特征从以引入外资、对外贸易为主步入到对外贸易、吸引外资与对外投资相结合的纵深发展新阶段。

《2021年度中国对外直接投资统计公报》显示，近年来，我国对外直接投资稳居世界前列。2021年，我国的对外直接投资（OFDI）流量（存量）增长至1788.2亿美元（27851.5亿美元）。我国的对外直接投资流量（存量）从2003年占全球对外直接投资流量（存量）的0.45%（0.48%）飞跃至2021年占全球对外直接投资流量（存量）的10.5%（6.7%），其中，2020年我国对外直接投资流量首次位居全球第一。截至2021年底，我国共2.86万家境内投资企业在国（境）外设立4.6万家企业，分布在全球190个国家（地区）。这表明对外直接投资作为我国企业国际化发展的重要方式之一，在企业的国际化战略中占据重要地位。本书对2006~2021年中国上市公司对外直接投资数据进行描述性统计分析，结果如图1-1所示。总体上，进行对外直接投资的企业数量和投资总额呈现稳定增长趋势，推动着资本市场对外开放向更高层次发展。

然而，中国企业的国际化进程并非一路坦途，全球环境治理问题增加了企业面临的外部环境不确定性。2015年12月，在第21届联合国气候变化大会上通过了《巴黎协定》这一历史性文件，这是《京都议定书》的后续，进一步推动了全球环境保护治理体系的建立和完善。在此背景下，东道国政府以及其他外部利益相关者与外来投资者因环境问题产生冲突的现象也越来越普遍。中国企业在境外投资中遭遇东道国环境管制的案例并不少见。大量案例表明，东道国政府为应对环境问题采取的规制和措施已经对海外投资企业的经营和发展产生了部分影响。对于进行对外直接投资的企业来说，全球经济结构的调整和转型意味着更高的环保要求和环保标准，企业在东道国面临的环保压力和环境风险不断增大。

现有文献普遍认为，对外直接投资对母国经济增长、行业升级、企业绩效具有积极影响（杨连星等，2019；张建和李占风，2020；聂飞，2020；苏二豆和薛军，2021；Guo & Wang，2023；苏仙红等，2023），而关于对外直接投资对企业技术创新、母国或东道国环境污染的影响尚未形成统一的研究结论。在技术创新

---

① https：//www.gov.cn/xinwen/202211/23/content_5728355.htm? eqid=aead68670000d1f70000000264756a42.

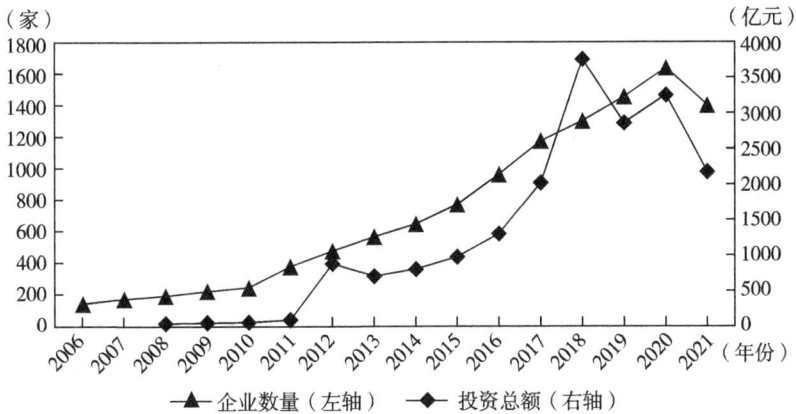

图 1-1　上市公司对外直接投资数量和额度的年度趋势

资料来源：CSMAR 数据库。

方面，有研究认为，企业对外直接投资能够产生积极的溢出效应（叶娇和赵云鹏，2016；杜龙政和林润辉，2018；Piperopoulos et al.，2018；Amendolagine et al.，2018；Thakur-Wernz et al.，2019；朱文涛等，2019；陈培如和冼国明，2020）；也有研究认为，对外直接投资与技术创新负相关或二者关系呈现复杂的非线性特征（尹东东和张建清，2016；李勃昕等，2019；贾妮莎等，2020）。在母国环境污染方面，已有文献发现，中国企业对外直接投资对母国环境治理产生了积极作用或消极作用（龚梦琪和刘海云，2018；Hao et al.，2020；欧阳艳艳等，2020）。在对外直接投资与东道国环境绩效关系的相关研究中，主要形成了"污染天堂"和"污染光环"两种假说。大量文献以发达国家的对外直接投资企业为研究对象，其中，一部分研究发现，环境规制宽松的被投资东道国成了"污染避难所"（Walter & Ugelow，1979；Hoffmann et al.，2005；Kivyiro & Arminen，2014）；另一部分研究发现，来自发达国家的对外直接投资企业给环境规制宽松的被投资东道国带来了技术溢出效应，有助于东道国的污染减排（包群等，2010；杨子晖和田磊，2017；邵朝对等，2021）。究其原因，这类企业在对外投资中往往占据制度优势，学者更多关注了来自发达国家企业对发展中国家的下行投资。现有研究忽视了上下行东道国制度环境的差异对于对外直接投资企业行为决策的影响，尚未将企业在不同东道国制度环境下的行为表现纳入同一研究场景进行探讨。以中国为代表的新兴市场国家在全球投资中扮演着重要角色，对外直接投资分布在全球多个国家（地区），东道国的制度环境呈现出上下行兼而有之的特点，为探究东道国制度环境对于企业环保行为的影响提供了独特的研究场景。

1.1.2　研究意义

基于以上研究背景，本书的理论意义和现实意义主要体现在如下三个方面：

第一，本书的研究有望深化对我国对外直接投资企业环保行为决策的认知和理解，拓展企业环保行为影响因素研究视角。本书通过分析我国企业的绿色创新、ESG 信息披露以及 ESG 评级现状，提供了对外直接投资、东道国制度环境下企业环保行为的对比。虽然大量文献研究了政策制度如何影响企业环保行为，发现环境规制对于企业的环保投入、环境绩效等可能具有积极作用或消极作用，但这类文献主要基于母国环境规制对本土企业的影响进行探究，或是对比不同国家环境政策下本国企业的环保表现差异，如母国宏观环境规制政策、地区环境规制差异或是不同的环境规制工具对企业环保行为的影响。鲜有文献研究在企业国际投资背景下，对外直接投资以及东道国的制度环境差异对企业自身绿色战略行为的影响。本书将识别对外直接投资企业绿色创新决策的动机、ESG 信息披露的策略及 ESG 评级的影响因素，在企业跨国投资的场景下剖析企业开展环境保护行为的决策机理和理论逻辑。

第二，本书的研究有望拓展对外直接投资经济后果相关研究，从东道国制度环境视角解释以往研究中关于对外直接投资与技术创新、母国（东道国）环境污染的关系的结论不一致的原因。以往文献关注了对外直接投资对跨国企业财务信息披露、企业绩效及创新等的影响，而本书从绿色创新、ESG 信息披露和第三方 ESG 评级等角度丰富了对外直接投资经济后果的相关研究。且以往研究，主要基于跨国企业对发达国家的上行投资或是发达国家企业对发展中国家的下行投资场景，并未在同一研究中探究上下行东道国制度环境对企业行为的异质性影响。本书通过对东道国制度环境与企业环保行为的实证检验，深化了对于东道国制度环境对企业环保行为决策的影响机理和经济后果的理解，厘清了上下行投资的东道国制度环境差异对于跨国企业承担环保责任的影响。

第三，本书的研究不仅对优化我国企业的对外直接投资和促进我国企业的环保转型具有指导意义，在当前世界范围内掀起可持续发展浪潮的国际背景下，更对全球的跨国投资企业如何应对海外制度环境变化、防范化解环保风险具有重要的借鉴意义。我国企业开展对外直接投资的数量和比例逐年上升，探究企业如何解决跨国投资过程中面临的经济差距、制度差异以及环境规制差异等东道国制度环境差异带来的难题，能够为国家更好地推行"走出去"发展战略提供来自微观企业层面的经验证据，并为世界范围内各国的对外直接投资企业的经营和发展提供来自新兴市场国家的经验证据。

1.2 概念界定

1.2.1 对外直接投资

根据《商务部　国家统计局　国家外汇管理局关于印发〈对外直接投资统计制度〉的通知》（商合函〔2022〕16 号），对外直接投资是境内投资者以控制国（境）外企业的经营管理权为核心的经济活动，体现在一经济体通过投资于另一经济体而实现其持久利益的目标。对外直接投资根据进入模式分为新建投资和跨国并购。在境外投资的企业按设立方式主要分为子公司、联营公司和分支机构。在本书中，将开展境外投资活动的中国沪深 A 股上市公司定义为对外直接投资企业，并将对外直接投资企业在境外设立的企业统称为海外子公司。具体如图 1-2 所示。

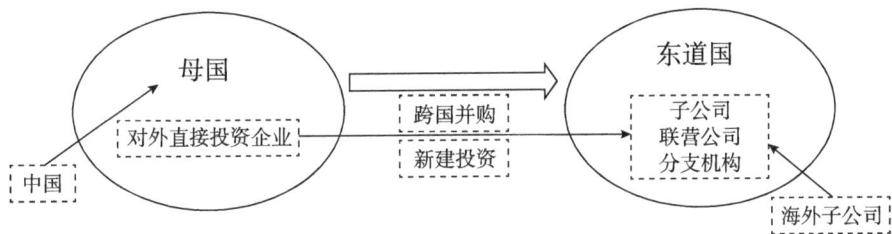

图 1-2　对外直接投资概念框架

1.2.2 东道国制度环境

东道国指跨国公司在国外开展投资经营等业务活动的所在国。本书中，对外直接投资企业的母国为中国，东道国指中国对外直接投资企业在海外开展经营活动的所在国。

新制度主义学派的主要代表 North 认为，制度是一个社会的游戏规则，是决定人们相互关系的系列约束，制度由非正式约束和正式的法规组成。构成制度的行为规则既包括成文的规范，也包括不成文的规范；既有得到权威机构认可并要求强制服从的法定制度，也包括未经任何权威机构发布但潜在地制约人们行为的非正式规制（俞可平，2006）。广义的制度环境既包括政治制度、法律法规等正式制度，又包括经济制度、文化制度等非正式制度。

本书采用广义的制度环境定义，即包含正式制度环境和非正式制度环境。本书基于东道国非正式制度环境和东道国正式制度环境的框架，从东道国经济发展、国家治理和环境规制三个维度衡量东道国制度环境。首先，东道国经济发展代表了一个国家的综合制度环境，国家的经济发展阶段在一定程度上表征着国家的环保意识水平。在宏观层面，由东道国经济发展水平差异引致的社会公众压力和文化差异等隐形规制存在于公众环保参与意识和观念之中，对企业来说同样具备约束性的本质特性，从东道国经济发展角度出发能够在综合维度衡量企业面临的非正式制度环境压力。其次，东道国国家治理代表了国家的执法和监管水平，表征着政府的治理能力和执法效率，从执法和治理层面可以衡量企业面临的东道国制度环境监管水平。最后，东道国环境规制刻画了企业在东道国面临的环保法律规制强度，直接影响企业的环境违规风险、环境成本，从而对企业的环保行为决策具有重大影响。

虽然东道国经济发展、国家治理和环境规制三个维度的制度环境并不能全面且详尽地代表东道国制度环境，但仍能够在一定程度上从非正式制度和正式制度的维度和框架中代表东道国制度环境。因此，本书将东道国经济发展作为非正式制度的表征，将东道国国家治理和环境规制作为东道国正式制度环境的体现，较为系统地描绘了东道国的制度环境，具体如图1-3所示。

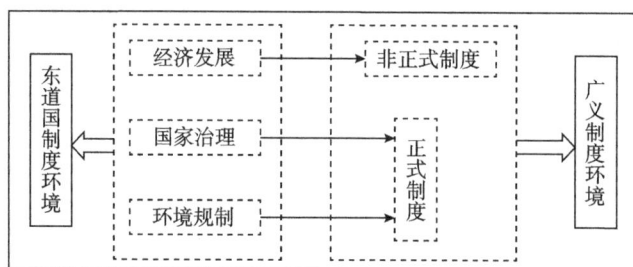

图1-3　东道国制度环境概念框架

1.2.3　企业环保行为

企业环保行为指企业对环境保护相关议题的积极关注以及由此产生的积极态度和行为选择。本书中的企业环保行为包括企业的实质性环保投入行为、环境信息披露行为和企业环保行为的综合评价，分别指绿色创新、ESG信息披露和第三方ESG评级。具体而言，绿色创新代表了企业的实质性环保投入行为，有助于企业优化绿色生产工艺或是进行绿色产品设计，从源头端助力企业进行污染减排与控制。ESG信息披露作为企业的一种信号传递行为，有助于将企业的环保行为和绿色活动进行披露，向资本市场传递信号，从而吸引投资者、消费者等外部利益相关者的关注和支持。第三方ESG评级则是资本市场中介机构对企业环保行为及表现的认知和评价，是以企业 ESG 信息披露为基础，结合其他信息源和专业分析的综合评价。

1.3 研究思路及研究内容

1.3.1 研究思路

根据研究背景与研究意义、概念界定，本书从企业绿色创新、ESG 信息披露和第三方 ESG 评级的角度，探究东道国经济发展、国家治理和环境规制等东道国制度环境影响对外直接投资企业环保行为的内在动机和理论逻辑，研究思路如图 1-4 所示。

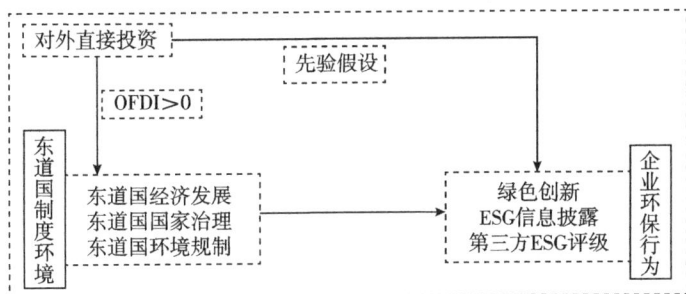

图 1-4 研究思路

本书围绕以下逻辑循序渐进地展开研究：首先，绿色创新代表了企业的实质性环保投入行为，有助于企业优化绿色生产工艺或是进行绿色产品设计，从源头端助力企业进行污染减排与控制，降低企业的环保压力。因此，对外直接投资企业可能由于其面临的较高环境违规风险而提高自身的绿色创新水平。其次，ESG 信息披露作为企业的一种信号传递行为，有助于吸引利益相关者的关注和支持。最后，在检验了企业的实质性环保投入行为和非财务信息披露行为能否受到东道国制度环境影响后，本书进一步关注了外部制度环境风险能否影响资本市场第三方评级机构对企业的认知和评价，从而探究了东道国制度环境对企业第三方 ESG 评级的影响。

东道国制度环境是对外直接投资企业在东道国面临的重要难题，主要体现在正式制度和非正式制度两个方面。东道国经济发展代表了一个国家的综合制度环境；东道国国家治理代表了国家的执法和监管水平；东道国环境规制体现了东道国的环保法律规制强度。

基于此，本书沿着企业实质性环保投入行为（绿色创新）—ESG 信息披露行为（ESG 信息披露）—资本市场中介机构对企业环保行为的评价（第三方 ESG 评级）的逻辑框架，从东道国经济发展、国家治理和环境规制视角循序渐进地展开研究。本书以 2006~2021 年中国沪深 A 股上市公司为研究样本，基于对外直接投资数据、东道国制度环境数据、企业环保行为相关数据，探究了东道国制度环境影响对外直接投资企业环保行为的作用机制。

1.3.2 研究内容

本书收集了全球各国的经济发展、国家治理和环境规制数据，研究了东道国制度环境对于对外直接投资企业的绿色创新、ESG 信息披露和第三方 ESG 评级的影响，全书共 7 章，各章节的内容安排如下：

第 1 章，导论。在导论部分介绍了本书的研究背景，基于我国企业对外直接投资的基本情况和国际环境中日趋严峻的可持续发展压力和国别风险，提出了本书的研究问题，从理论和实践角度概括了本书的研究意义。然后又进一步阐述了本书的研究思路、研究内容和研究方法，提炼出本书的创新之处与贡献。

第 2 章，理论基础与文献综述。首先，概述战略性企业社会责任理论、合法性理论、信号传递理论和声誉理论，构建出本书的理论框架。其次，分别梳理了对外直接投资经济后果、东道国制度环境对企业行为影响以及企业环保行为影响因素的相关文献。最后，回顾了相关研究的发展历史与前沿，充分思考了上述理论和以往研究与本书的逻辑关系，并对现有研究进行了总结与评述。

第 3 章，制度背景与现状分析。首先，本章介绍了我国的制度背景。其次，分别从企业对外直接投资的参与、投入、发展趋势、行业分布特征和地区分布特征等角度对中国上市公司的对外直接投资现状进行描述分析。最后，呈现并分析了上市公司对外直接投资的东道国分布特征，并对东道国制度环境进行描述性统计分析，从东道国经济发展、国家治理和环境规制三个维度刻画出对外直接投资企业面临的东道国制度环境现状。

第 4 章，东道国制度环境与对外直接投资企业绿色创新。本章通过理论分析和实证检验发现，企业进行对外直接投资促进了企业绿色创新水平的提升；且东道国经济发展越好、国家治理和环境规制越严格，企业面临的来自东道国的外来者劣势、外部利益相关者压力以及合规性风险越大，企业会提高其绿色产品设计水平和绿色生产技术等，表现为对外直接投资企业的绿色创新水平提升。经过一系列的稳健性检验，本章的研究结论仍然成立。之后进一步从制度距离的角度检验了"波特假说"，发现适当的制度距离才能对对外直接投资企业的绿色创新活动产生积极影响，且分别从绿色创新的不同类别以及绿色创新的方向分析了东道国制度环境对不同类型和方向的绿色创新的影响。异质性分析从是否为重污染行业、海外投资年限和是否有海外背景高管的角度验证了对外直接投资企业提高绿色创新水平的合法性和风险管理动机，并发现东道国制度环境能够增强绿色创新对企业未来海外盈利和企业价值的积极作用。

第5章，东道国制度环境与对外直接投资企业 ESG 信息披露。在建立高质量可持续信息披露标准成为全球共识的背景下，随着全球 ESG 信息披露标准的发展，对于跨国经营、多地上市、有跨国分支机构或处于全球价值链上的企业而言，应对可持续信息披露的挑战非常紧迫。进行对外直接投资的企业面临着东道国复杂的制度环境、日益增长的环境违规风险，以及海内外利益相关者对企业 ESG 信息的更多需求。为了缓解这种风险，企业可能进行更多的非财务信息披露，提供财务报告之外的可持续性信息，从而缓解消费者、投资者等利益相关者对其产品和经营风险的担忧。研究发现，企业进行对外直接投资会促进其 ESG 信息披露水平的提升。此外，东道国经济水平越高（国家环保意识更强）、国家治理越好（国家执法效率和治理强度更高）以及环境规制越严格（环境违规风险越大），更可能会对企业的 ESG 信息披露水平产生积极影响。企业面临的海外经营风险增大，可能会促使企业披露可持续性信息以进行风险管理。东道国的制度压力也会对跨国企业的信息披露产生溢出效应，促进其披露可持续性信息来缓解在东道国的合法性压力。经过一系列的稳健性检验，本章的研究结论仍然成立。之后从企业 ESG 信息披露行为特征的角度检验了东道国制度环境的影响。异质性分析从是否为重污染行业、海外投资年限和是否有海外背景高管的角度验证了对外直接投资企业提高 ESG 信息披露水平的信号传递动机和声誉动机。

第6章，东道国制度环境与对外直接投资企业第三方 ESG 评级。本章通过理论分析和实证检验发现，企业进行对外直接投资能够对改善第三方评级机构对于企业的认知产生积极影响，提高企业的第三方 ESG 评级，且东道国经济发展、国家治理和环境规制压力对于企业的第三方 ESG 评级的提升具有积极作用。在较高质量的东道国制度环境下，企业需要提高自身环境表现和改善信息环境才能获得合法性并建立更好的声誉，从而有助于改善非财务分析师对于企业行为的认知，提高企业的第三方 ESG 评级。经过一系列的稳健性检验，本章的研究结论仍然成立。进一步分析发现，企业进行对外直接投资及东道国制度环境压力均促进了第三方评级机构覆盖数目的提升，且企业进行对外直接投资加剧了第三方评级机构的评级分歧。异质性分析从是否为重污染行业、海外投资年限和是否有海外背景高管的角度验证了对外直接投资企业提高 ESG 评级的声誉动机和信号传递动机。

第7章，研究结论、启示与展望。首先，对本书的实证结果进行总结和归纳，提炼出了本书的研究结论。其次，根据本书的研究结论提出了相关的启示和建议。最后，总结了本书可能存在的局限与不足，并提出了对未来研究方向的展望。

本书的研究内容和技术路线如图1-5所示。

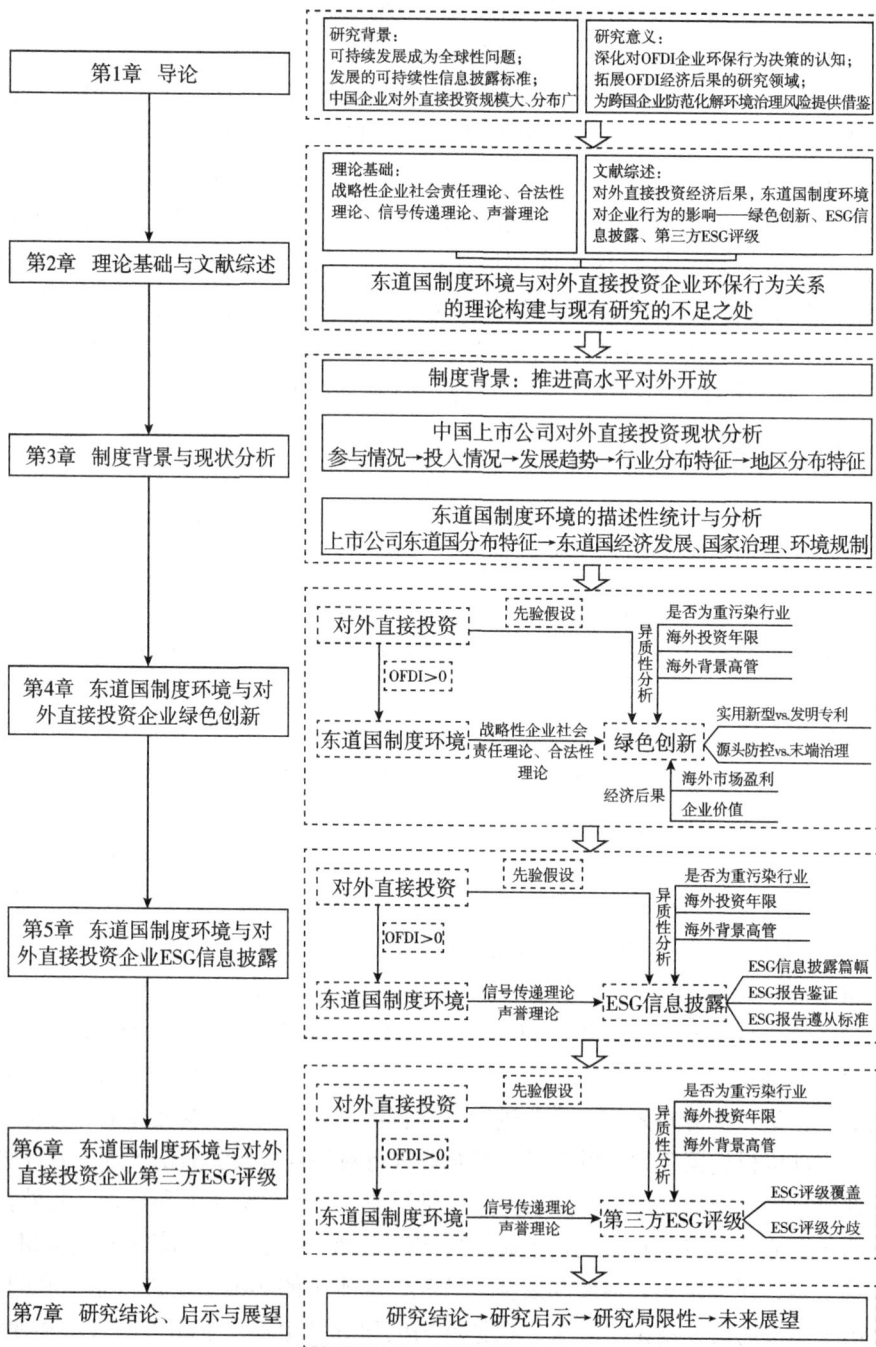

图1-5 本书的研究内容和技术路线

1.4　研究方法

为探究东道国制度环境对于对外直接投资企业环保行为的影响及其作用机制，本书基于各章节研究问题采用规范研究与实证研究相结合的方法，针对东道国制度环境和对外直接投资企业的不同环保行为展开了丰富的检验和分析。

首先，本书在理论基础与文献综述、制度背景与现状分析部分采用了规范研究法。在理论基础与文献综述部分，本书对相关领域的文献进行了梳理和总结，并且在已有研究的基础上论证了本书研究具有一定的理论意义。在制度背景与现状分析部分，本书介绍了中国对外直接投资的现状，进一步佐证了本书研究的现实意义和实践价值。在后续章节的实证研究中，本书仍采用规范研究法对相关理论和文献进行梳理和分析，提出相对应的研究假设论证东道国制度环境影响企业环保行为的作用机制和理论逻辑，并检验其可靠性。

其次，本书在第4~6章的研究内容中采用实证研究法对各章节的研究假设进行检验与分析。在各章节中，参考已有研究，构建了回归分析的研究模型，列示了模型中所需变量的定义及计算过程，并利用统计软件根据实证模型进行回归分析以检验各章节的研究假设。此外，为了进一步保证研究结论的稳健性，本书采用了替换解释变量、替换被解释变量、替换回归模型等方法进行稳健性检验，并采用倾向得分匹配法识别首次对外直接投资前后的企业环保行为变化，以及利用工具变量法等进行内生性问题处理。本书的实证研究采用的软件为Stata 15.0和Excel 2016。

1.5　研究创新与贡献

第一，从对外直接投资角度拓展了企业环保行为影响因素的相关研究，丰富了企业环保行为影响因素领域的研究视角。以往研究主要检验了母国环境规制及相关政策（Pascual et al.，2013；沈洪涛和周艳坤，2017；齐绍洲等，2018；吕明晗等，2019；徐佳和崔静波，2020；李青原和肖泽华，2020；胡珺等，2020）、企业行业特征（沈洪涛，2007；唐国平等，2013；李四海等，2015）、公司治理特征（唐国平和李龙会，2013）、利益相关者（沈洪涛和冯杰，2012；胡珺等，

2017；吕明晗等，2018；胡珺等，2019）等因素对于企业环保行为的影响，而本书从国际视角出发关注了对外直接投资对于企业环保行为的影响。本书将企业环保行为影响因素的研究从母国视角拓展到跨国视角。

第二，从东道国制度环境的视角厘清了对外直接投资影响企业环保行为的机制。研究发现，企业在不同东道国制度环境下采用差异性环保策略应对企业的海外投资风险。本书的研究结论丰富了企业对外直接投资影响环保行为的机制研究，从东道国制度环境视角解释了以往相关研究未达成一致结论的潜在原因。

第三，从绿色创新、ESG 信息披露和第三方 ESG 评级三个维度，丰富了对外直接投资经济后果的相关研究。以往研究主要关注对外直接投资对于母国生产效率（叶娇和赵云鹏，2016；朱文涛等，2019；张建和李占风，2020；Guo & Wang，2023）、产业升级（王丽和张岩，2016；聂飞，2020）、企业绩效（杨连星等，2019；苏二豆和薛军，2021）、环境绩效（Kivyiro & Arminen，2014；余东华和张明志，2016；邵朝对等，2021）及技术创新等（尹东东和张建清，2016；Amendolagine et al.，2018；陈培如和冼国明，2020）的影响，因而本书开创了新的研究视野，具有一定的创新之处。

2 理论基础与文献综述

2.1 理论基础

跨国企业在全球环境演变中起着至关重要的作用。当前，环境问题成为国际社会亟待应对的问题。如何促进企业的可持续发展和绿色转型成为时代命题。环境问题成为各国企业，尤其是跨国企业面临的关键问题。进行对外直接投资的企业面临着外部投资环境的高度不确定性，东道国投资经营风险（如政治、经济、贸易和社会文化壁垒），以及更广泛的社区、客户、投资者等利益相关者的期望，尤其是可持续发展观下如何协调企业绩效与环境绩效的难题。

因此，对外直接投资企业的环保行为策略值得深入探究，并延伸出对其环保行为驱动因素的思考，即对外直接投资企业的环保行为由何驱动。究其原因，企业难以凭借自身的经济属性来解决外部环境风险和挑战，而企业的社会责任实践和环境责任履行可能用来缓解企业风险，或是有助于企业建立竞争优势。因此，本书从国际投资和企业环保行为的角度出发，基于战略性企业社会责任理论，思考如何应对对外直接投资企业海外经营风险，并从企业社会责任相关理论中推导出关于企业环保行为动机的理论框架。

2.1.1 战略性企业社会责任理论

现代公司金融学的经典观点之一是股东价值最大化观，其强调公司只对股东的利益最大化负责，除契约范围内的义务外，公司既没有责任为其他利益相关者的利益服务，也没有责任增进社会福利（Friedman，1970）。而以 Freeman（1984）为代表的学者则从利益相关者的角度出发，认为公司应该考虑每个利益相关者的利益。利益相关者是指能够影响企业目标的实现或在企业实现目标过程中受到影响的主体，包括投资者、员工、供应链上下游企业和政府等。企业能否持续经营和发展不仅取决于其经济目标的完成，即对股东的责任，还需要考虑社会目标，即是否能对其他利益相关者产生影响。因此，企业与主要利益相关者之间具有相互依赖关系（Chakravarthy，1986；Donaldson & Preston，1995）。

企业履行社会责任，能够更好地留住高质量员工，提高产品和服务营销的效率，产生道德资本或是形成商誉，从而增强企业的生存能力（Mitchell et al.，1997），并能在企业负面事件期间减少监管机构的惩罚行为（Godfrey，2005；Shiu & Yang，2017）。为了与利益相关者建立更好的关系，企业会通过绿色创新、节能减排等一系列环保行为，提高企业的社会责任绩效（Carroll，1979）。良好的社会责任绩效能够提高客户或供应商的忠诚度（Lado & Wilson，1994）、减少员工流失、提高企业声誉和市场份额（Barney & Hansen，1994），最终促进企业财务绩效的提高（Wang & Qian，2011）。

随着研究的不断深入和理论的不断完善，学术界对社会责任的关注焦点从"是否"履行社会责任向"如何"履行社会责任转变，企业社会责任的性质从纯粹的利他行为向企业战略转变。学者开始从战略视角探究企业履行社会责任的意义，战略性企业社会责任（Strategic Corporate Social Responsibility）的研究应运而生（Porter & Kramer，2006，2011；吉利和刘钟敏，2018）。在此基础上，学术界进一步探究了企业履行社会责任的经济后果。

在战略性企业社会责任的观点下，企业自主地从更广泛的角度思考其与社会的关系，将社会问题纳入企业战略范畴，实现企业利益和社会利益的协调统一。战略观点下的企业社会责任具有两个重要的特点：第一，战略性企业社会责任源于企业的自愿且主动性参与，而非被动参与；第二，战略性企业社会责任可以谋求企业利益和社会效益的"双赢"（吉利和刘钟敏，2018）。企业环保行为的实质是将其环境成本内部化，实现企业发展与环境契合、与战略整合、与社会共享价值。目前，战略性企业社会责任理论已经成为解释企业环保行为动机和逻辑的重要理论之一（Zhang et al.，2010；Gao et al.，2012）。

2.1.2 合法性理论

合法性理论从供给的角度解释了企业履行社会责任的原因，即企业履行社会责任能够从利益相关者那里得到无形回报。Suchman（1995）将合法性定义为"在某种社会构建的规范、价值、信念和定义体系中，对一个实体的行为的感知或假设是合意的、恰当的或适当的"。合法性源于个人和组织的行为符合特定社会环境下的规范和信念。根据这个定义，企业合法性的一个关键点在于外部利益相关者对企业的评估和期望。企业履行社会责任是满足社会期望、寻求合法性的制度化实践（Campbell，2007；Luo et al.，2016；Wang & Qian，2011）。企业可以通过履行社会责任来向东道国利益相关者传递企业的社会承诺，从而提高企业在东道国的合法性（Yang & River，2009）。换言之，企业履行社会责任的本质是通过将资源用于做好事来谋求社会合法性。

外部利益相关者对企业的评估和认知会受到制度环境中的政治、社会因素的影响。这意味着外部利益相关者对企业的评估和期望不是一成不变的，而是随着嵌入情境的变化而不断发展的（Flammer，2013）。在应对全球环境问题的时代背景下，绿色可持续发展已成为各国政府的未来发展路线，绿色环保转型是企业实现可持续发展的重要路径。符合社会的期望是维持企业合法性的重要途径，违背社会期望将会引发利益相关者对企业的不满（Campbell，2007；黄敏学等，2008）。因此，对于进行对外直接投资的企业来说，积极承担环境责任是达到利益相关者对企业的预期、获得合法性的重要途径。本书依据企业对外直接投资这一场景，检验东道国制度环境对企业环保行为的影响，合法性理论为解释企业开展环保行为的逻辑提供了重要的理论依据。

2.1.3 信号传递理论

信号传递理论通常用来解决资本市场中由信息不对称引发的一系列问题，如逆向选择问题。在"柠檬市场"中，市场交易的一方如果能够利用多于另一方的信息使自己受益而使对方受损时，处于信息劣势的这一方便难以顺利做出买卖决策，于是价格随之扭曲，并失去了平衡供给、促成交易的作用，进而导致市场效率的降低，产生"劣币驱逐良币"现象。企业的信息披露实质上是信号传递的过程，企业是信号传递过程的起点，好公司为了避免被市场误认为是"柠檬"，往往主动披露更多、更及时的信息以传递积极信号，达到将公司与业绩差公司相区分的目的。大量研究表明，信息不对称会对资源的有效配置、公司的投融资决策和成本等产生负面影响（Myers & Majluf，1984；Easley & O'Hara，2004；曾颖和陆正飞，2006）。公司内部激励因素和外部压力因素共同促成了企业进行信号传递的动机，促进了企业信息透明度的提升（谭劲松等，2010）。为了向市场传递真实价值的信号，内部控制质量较好的公司更愿意披露内部鉴证报告（林斌和饶静，2009）。

类似地，企业可以通过社会责任报告来向外界传递未来业绩、战略定位、企业声誉等外界各方难以察觉的信息（DesJardine et al.，2021）。企业社会责任信息披露向投资者发出信号，表明企业在盈余管理等方面采取了更负责任的行动（Kim et al.，2012）。同时，还能向外界传达企业积极的社会责任战略，以减少或规避企业因违规行为或惩罚带来的外部风险（Baloria et al.，2019）。相反，企业未进行社会责任信息披露可能会向外界传递公司具有风险或面临监管的信号（Blacconiere & Patten，1994），可能为企业带来不利影响。

对于对外直接投资企业来说，面对海外投资经营过程中与投资者、消费者及其他利益相关者之间可能存在的信息不对称问题，企业进行社会责任信息披露能够向利益相关者发出企业非完全自利的信号，在利益相关者中形成良好的企业公民形象。随着积极信号的持续释放并被外部投资者有效接收时，企业可以不断积累积极归因，从而形成良好的声誉资本，有助于缓解企业的外来者劣势并降低外部风险。

2.1.4 声誉理论

不同于信号传递主要面向资本市场，声誉的形成更多依赖于利益相关者对于企业的积极认知和友好评价的不断累积。企业声誉不仅可以呈现出企业在与内外部利益相关者的关系生态中的相对地位，还能展现出企业在其竞争环境和制度环境中的相对位置。Fombrun（1998）从财务业绩、产品质量、员工关系、社区参与、环境表现和组织事务六个方面明确了企业声誉的构成。现有文献普遍认为，社会责任能够帮助企业在利益相关者中树立良好形象，建立声誉（Turban & Greening，1997；Williams & Barrett，2000）。

作为一种积极信号的不断积累，声誉有助于利益相关者区分并预测企业的选择。因为企业和产品的许多特征是外部利益相关者难以看见的，声誉作为一种积极信号，可以增加外部利益相关者对企业的信心和认同。声誉较差的企业也试图通过更积极地履行社会责任来改善利益相关者对企业原有声誉的负面评价（Yoon et al.，2006）。总体来看，企业可以通过履行社会责任、建立差异化的优势，获得良好的声誉，从而帮助企业获得更高的客户忠诚度、产品溢价、竞争优势和客户满意度（Walsh & Wiedmann，2004）。企业声誉代表了企业在外部利益相关者心目中的形象（Roberts & Dowling，2002），在为企业带来更高的市场竞争力的同时，更能成为一种实现企业战略目标的手段。因此，对于进行对外直接投资的企业来说，承担社会责任以及进行社会责任信息披露有助于企业向外界传递积极信号，建立良好的声誉和形象，对于企业获得利益相关者的支持、合法性以及竞争优势具有积极影响。

2.2　对外直接投资的经济后果的文献综述

大量研究分别从宏观省份、中观行业和微观企业层面探究了对外直接投资的经济后果，本节将聚焦于生产效率、环境绩效以及技术创新三个方面进行文献回顾。

2.2.1　对外直接投资与生产效率

我国的对外直接投资总量已稳步增长至世界前列，对国家生产效率以及企业生产效率都具有较强的影响。在国家层面上，从投资国（母国）的角度出发，对外直接投资产生的逆向技术溢出效应能够对全要素生产率产生积极影响（叶娇和赵云鹏，2016），显著地提高母国的全要素生产率。此外，我国的对外直接投资还能够促进绿色全要素生产率的增长（朱文涛等，2019；张建和李占风，2020；Guo & Wang，2023），提高我国的区域绿色技术研发效率和绿色成果转化效率（杨世迪和刘亚军，2021）。从被投资国（东道国）的视角出发，中国对外直接投资通过经济规模效应、技术溢出效应和产业结构效应对共建"一带一路"国家的经济起到推动作用（苏仙红等，2023）。我国对发展中国家直接投资产生的逆向技术溢出对全要素生产率产生正向影响，呈现出"先援助后获益"的演化过程。

在地区和行业层面上，对外直接投资也表现出积极的作用效果，有利于促进企业母国或地区的产业结构升级（王丽和张岩，2016），推动制造业服务化，提升制造业国内服务化水平（聂飞，2020），并显著地改善了中国整体资本和劳动力资源的错配，提高了资源配置效率（白俊红和刘宇英，2018），对国内就业产生了显著的正向促进作用（李磊等，2016）。

在企业层面上，中国企业的对外直接投资对企业产出和企业收益具有促进效应（杨连星等，2019；苏二豆和薛军，2021），总体上能够促进企业绩效的提升（Piperopoulos et al.，2018）。企业进行对外直接投资不仅能够促进企业出口（蒋冠宏和蒋殿春，2014；苏二豆和薛军，2020），还能提高出口产品质量，增加出口的深度边际并扩展广度边际。孔群喜等（2019）实证检验发现，对外投资对企业自身经济增长质量具有显著的正向效应，且无论企业的投资深度如何，向发达国家进行投资的行为都更有利于提高企业的经济增长质量。

2.2.2 对外直接投资与环境绩效

已有文献分别从东道国和母国视角探究对外直接投资对环境绩效的影响，主要形成了两种假说，即"污染天堂假说"和"污染光环假说"。"污染天堂假说"（Pollution Haven Hypothesis）认为，环境规制的强度变化会导致污染密集型产业从环境规制严格的国家转移到环境规制宽松的国家（Walter & Ugelow, 1979; Copeland & Scott, 1994）。随着国际分工的不断深化，发展中国家在生产污染密集型产品方面占据优势。为了谋求经济增长，这些国家降低国内环境规制水平，吸引污染密集型的低质量外商直接投资的流入，从而使该国成为"污染避难所"。相反，"污染光环假说"（Pollution Halo Hypothesis）则支持外商直接投资对东道国生态环境具有积极影响的说法，认为跨国公司在进行对外投资的过程中，会给东道国带来先进的生产技术和完善的管理体系，产生技术溢出效应，推动东道国绿色技术的进步，最终提高能源分配及使用效率，从而减少环境污染物排放。

大量基于东道国视角的研究验证了"污染天堂假说"，即外商直接投资会导致东道国污染物排放量增加（Lee, 2013; Kivyiro & Arminen, 2014）。发达国家对发展中国家进行高污染产业直接投资，加剧了发展中国家的环境污染。在此基础上，东道国发展水平的差异可能在一定程度上影响外商直接投资对东道国产生的环境效应，即外商直接投资会加重低收入国家环境污染水平，而对其他发展水平的国家无影响（Hoffmann et al., 2005）。我国学者研究发现，外商直接投资与中国环境污染物排放之间存在显著正相关关系（余东华和张明志，2016），且存在一定的区域性差异（王竹君等，2020），同样支持了"污染天堂假说"。

相反，也有部分研究支持"污染光环假说"。有学者较早地通过实证研究发现，发达国家对外直接投资有助于激励发展中国家发展清洁产业来降低环境污染。外商直接投资对环境污染具有多种途径的综合影响，影响因素不同，对环境产生的效应也不同（Grossman & Krueger, 1995; Kirkpatrick & Shimamoto, 2008）。大量基于中国数据的实证研究发现，外商直接投资对中国环境产生的效应总体来说是积极的，即降低了环境污染（杨子晖和田磊，2017；邵朝对等，2021）。外商直接投资的流入提升了我国的经济发展水平，使人民对环境质量有了更高的要求，迫使政府加大对环境治理的投入，从而改善了我国的环境（包群等，2010）。中国对外直接投资显著降低了污染物排放量，提高了东道国（地区）能源利用效率，改善了当地环境质量（刘玉博和吴万宗，2017）。

基于母国视角的研究也并未就对外直接投资与母国生态环境的关系得出统一的结论。部分文献认为，对外直接投资会改善母国的生态环境，有利于减少工业行业的污染排放（龚梦琪和刘海云，2018；Hao et al.，2020）。企业对外直接投资的增加会显著改善本地城市的空气质量，同时会减少本地城市向周边城市的污染溢出（欧阳艳艳等，2020）。也有研究认为，对外直接投资可能并不会直接影响母国环境污染，而是通过规模效应、结构效应和技术效应综合影响母国环境污染，该影响取决于三种效应作用的方向和大小（周力和庞辰晨，2013）。并且，中国对外直接投资对母国环境的影响存在基于母国金融发展水平的"双门槛效应"，即随着地区金融水平的提高，对外直接投资对母国环境污染的抑制作用更强（杨果和郑强，2021）。

2.2.3 对外直接投资与技术创新

对外直接投资作为对国家资源禀赋和生产要素在世界范围内进行配置的一种方式，对于国家生产效率和生态环境具有极大的影响。深入剖析对外直接投资发挥作用的内在机制发现，对外直接投资主要通过逆向技术溢出效应对母国的产业结构、生产效率和生态环境产生影响。

梳理宏微观视角下对外直接投资与技术创新关系的相关研究发现，已有的研究结论并未统一。第一，对外直接投资与技术创新正相关。我国对外直接投资具有积极的逆向技术溢出效应，对国内创新能力产生了显著的正向影响（杜龙政和林润辉，2018；陈培如和冼国明，2020），尤其是对发达国家的投资对企业创新具有更强的促进作用（Piperopoulos et al.，2018；Amendolagine et al.，2018）。对外直接投资显著地提高了企业的创新产出，对外直接投资对发明专利申请的贡献具有持续性，会通过提高研发投入和外部学习效应来促进企业创新（明秀南等，2019）。对共建"一带一路"国家的直接投资也可以通过多种逆向创新溢出渠道促进中国企业创新（王桂军和张辉，2020），且"一带一路"倡议提出后，这种促进作用更为显著。此外，来自其他新兴市场国家的经验证据也表明，对外直接投资的模式和国际选址决策对创新具有显著的影响（Amendolagine et al.，2022；Samant et al.，2023），对高收入国家的投资促进了产品创新，对低收入国家的投资促进了工艺创新（Thakur-Wernz et al.，2019）。

第二，对外直接投资与技术创新负相关，或者二者关系呈现复杂的非线性特征。尹东东和张建清（2016）基于2003~2012年的省际面板数据，发现现阶段我国OFDI尚未表现出积极的逆向技术溢出效应。对外直接投资对区域创新具有动态抑制性影响，其创新溢出呈现出"U"形三重门槛特征，只有高水平或是较高强度的对外直接投资才能促进区域创新水平提升（李勃昕等，2021）。深入探究对外直接投资的类型发现，中国资源寻求型对外直接投资对母国创新具有一定的抑制作用（贾妮莎等，2020）。新时代中国对外直接投资的逆向创新溢出效应呈现出复杂的非线性特征，只有高水平的对外直接投资才能有效激发正向创新溢出（李勃昕等，2019）。

2.3 东道国制度环境对企业行为影响的文献综述

东道国制度环境包括经济制度、法律制度、文化和政治关系等，均会影响对外直接投资企业的行为决策。由于跨境资本的流动涉及两国制度，对跨国经营者权益保护的难度加大，与本地投资者相比，跨国企业承担更大的风险。普遍而言，在制度质量较高的区域，法律约束力较强，经济环境较为容易掌握，营商环境的复杂性较低，企业面临的资本、产品和劳动力市场之间交易不确定性较低，可预期收益更加稳定。并且，较高的法治化程度能有效约束政府的行为，其行政过程也更程序化、透明化、系统化，腐败行为得到有效遏制，从而降低了外来资本寻租的可能性。总体来看，一方面，东道国制度环境作为企业对外直接投资区位选择的重要依据，是影响企业国际化决策的重要因素；另一方面，东道国制度环境也会对国际化企业的行为决策产生影响。

2.3.1 东道国制度环境对企业对外直接投资决策的影响

随着中国对外直接投资的日益增加，大量文献集中探讨了东道国的制度环境对我国对外直接投资区位选择和投资规模的影响，主要存在以下两种观点：

第一，东道国制度质量对中国对外直接投资区位选择具有正向影响。东道国良好的宏观经济环境对吸引外资流入有较大的正向作用（Daude & Stein，2007）。东道国自然资源、市场规模和东道国制度环境是中国企业对外直接投资的重要外部牵引力（赵云辉等，2020；蒙奕铭等，2022；张海伟等，2022）。东道国政治越稳定、政府工作效率越高以及法治越健全，我国企业对外直接投资的风险就越低（蒋冠宏，2015），区位选择决策越偏好于制度质量较高的国家或地区（Zhang et al.，2011）。邓明（2012）发现，经济与法治制度对中国面向发展中国家的对外直接投资有显著的正向效应，但对中国面向发达国家的对外直接投资的影响不显著。王恕立和向姣姣（2015）从东道国和母国制度质量的双重约束视角出发，考察了东道国政治、经济与法律对对外直接投资选择和规模的影响，发现中国的对外直接投资选择和投资规模表现出不同的制度偏好。

第二，东道国制度环境对中国企业进行对外直接投资具有负向或不显著的影响。Buckley 等（2007）利用 1984~2001 年中国对 49 个国家的对外直接投资数据进行研究发现，中国对外直接投资有市场寻求动机，双边贸易、文化接近度、东道国通货膨胀与中国对外直接投资正相关，东道国制度质量与中国对外直接投资负相关，而汇率、距离因素以及东道国战略资产对中国对外直接投资的影响不显著。Kolstad 和 Wiig（2012）也得出了相似的研究结论。潘镇等（2008）考察了不同国家制度环境差异对于外资企业生存的影响，发现投资国和我国的制度距离越大，外资企业遭受失败的可能性越大，且企业管理制度距离和法律制度距离的影响最为显著。张建红和周朝鸿（2010）以中国企业海外并购为例，发现东道国的制度质量对中国企业海外收购的直接影响不显著，但东道国的制度质量对产业保护和收购经验有着显著的负向调节作用。杨其静和谭曼（2022）则认为，中国企业在对外投资决策中并不存在单纯的制度偏好，而是会根据投资行业的专用性投资强度特征和东道国的制度环境特征做出彼此匹配的理性抉择。在区分中国企业的上下行投资方向后发现，中国跨国企业更倾向于到制度顺差、制度逆差小的国家投资（吴小节等，2023）。周经和王媌（2020）发现，共建"一带一路"国家制度环境不确定性对我国企业"走出去"开展对外承包工程具有显著的不利影响。

2.3.2 东道国制度环境对于对外直接投资企业行为的影响

已有文献广泛关注了东道国制度环境对企业国际化的方式、模式和区位选择等的影响，并初步探讨了东道国制度环境对于跨国企业的经营和发展的影响。已有研究从国际化企业的业绩表现、创新绩效以及社会责任表现等角度讨论了东道国制度环境可能产生的不同影响。

基于产业组织经济学和资源基础观，以往文献认为，国家层面的文化、行政、地理和经济差异是影响跨国企业绩效的重要因素（Cantwell，2009）。Makino 等（2004）验证了东道国差异对于海外子公司业绩的重要性，认为"东道国效应"是海外子公司产生绩效差异的决定因素。Andrews 和 Meyer（2023）通过推进研究时间线，以及扩大东道国—母国的数据集，发现东道国效应并未对海外子公司的业绩产生强烈的影响。这表明随着生产、消费和投资的全球化，海外企业业绩的波动可能会受到全球因素的影响，东道国的差异虽然可能在一定程度上影响企业的结构和战略，但对海外子公司业绩的影响可能性较小。

在企业创新绩效方面，东道国发展水平的差异会对企业生产率的提升具有较大影响（蒋冠宏和蒋殿春，2014）。其中，东道国制度发展水平对海外并购企业创新绩效有显著的正向效应，当企业吸收能力增强时这种正向效应会变得更加显著。蔡冬青和刘厚俊（2012）基于东道国制度环境视角指出，东道国高效的公共治理、严格的知识产权保护制度以及完善的技术市场体制对我国对外直接投资企业的技术创新起到了促进作用。

在企业的社会责任表现方面，国家因素如经济发展阶段、文化和机构等因素的差异对企业的社会责任表现具有较大影响（Cai et al.，2016）。在新兴市场东道国中，外国公司在高环境压力下的表现会优于本土公司，且由于东道国利益相关者会对外国公司的母国具有不同的评估标准，往往对来自高环境压力国家的企业具有更高的关注度，从而推动这类企业提高环境表现来满足利益相关者对公司环境责任的期望（Kim et al.，2012）。外国投资者也被认为会促进企业的社会责任实践，且当外国投资者来自高监管质量国家时，这种积极效应更强（Li et al.，2020）。东道国与母国的地理距离、制度距离和文化距离会显著影响跨国企业的社会责任表现（Campbell et al.，2012）。

2.4 企业环保行为影响因素的文献综述

随着可持续发展理念成为全球共识，企业作为全球经济活动的细胞，对于推动可持续发展进程、形成全球环境治理体系具有重要作用。可持续发展理念推动了企业进行绿色转型，以达到节能减排的环保目标。在 ESG 投资的热潮下，企业 ESG 信息披露提供了企业在环境保护、社会责任等领域的非财务信息，内外部利益相关者对于企业环境、社会、治理（ESG）信息的需求不断增长。企业 ESG 评级则体现了企业在 ESG 领域的责任承担，可以被视为评估企业环境责任和社会责任履行程度的指标。基于此，下文将依次对企业绿色创新、ESG 信息披露和 ESG 评级的影响因素相关研究进行梳理和回顾。

2.4.1 绿色创新的影响因素

生态环保已成为全球重要议题，绿色创新对节能减排、减少环境污染具有极大的促进作用，是实现经济增长与环境保护相协调的重要动能。探究绿色创新的驱动因素不仅有助于识别企业绿色创新决策的动机和逻辑，还能为企业进行绿色转型提供指导和借鉴，对于推动产业结构升级和实现可持续发展具有重要意义。据此，本节将从环境规制政策、公司治理和高管个人特征、企业及行业特征、外部利益相关者角度综述绿色创新影响因素的相关文献。

2.4.1.1 环境规制政策

关于环境规制能否诱发绿色技术创新的问题，国内外相关研究主要有以下三种观点：

第一，环境规制增加了企业的污染治理成本，影响了绿色创新投入，进而阻碍了绿色技术创新（Joshi et al.，2001；Hottenrott & Rexh，2015；Zhao & Sun，2015）。

第二，环境规制能够产生创新补偿效应，促进企业绿色生产的创新与扩散（Berrone et al.，2013；韩晓祎和许雯雯，2023）。"波特假说"认为，合理的环境规制能够激励企业创新生产技术和生产工艺，优化资源配置，从而激发企业的"创新补偿"效应，实现环境质量改善与企业竞争力提升的"双赢"（Porter & Linde，1995）。严格的环境监管和规范压力会积极影响公司进行环境创新的倾向（Berrone et al.，2013）。命令控制型环境规制对绿色技术创新意愿的诱导性更强，市场激励型环境规制对绿色技术创新行为的诱导性更强（王娟茹和张渝，2018；胡珺等，2020）。依靠环境规制推动绿色技术创新的关键在于规制工具的选择，收缴排污费和增加环境保护财政支出比环境行政处罚和颁布地方性法规更加有效（郭进，2019）。其中，排污费"倒逼"了企业绿色创新能力，而环保补助"挤出"了企业绿色创新能力（李青原和肖泽华，2020）。环境权益交易市场政策和低碳城市试点政策均诱发了试点地区污染行业内企业的绿色创新活动，且主要促进了绿色发明专利的产生（齐绍洲等，2018；徐佳和崔静波，2020）。

第三，环境规制对绿色创新的影响具有不确定性，即不同强度的环境规制政策对绿色创新的影响存在明显的差异（张娟等，2019），对于绿色创新的数量和质量的影响不一（陶锋等，2021）。环境规制初期导致了企业成本增加，对企业创新效率产生负向影响；但随着环境质量得到改善，又会反过来促进创新效率的提升（曹霞和于娟，2015）。王锋正和郭晓川（2015）认为，"波特假说"具有前提条件，当考虑行业规模与科技活动人员投入时，提高环境规制强度能促进资源型产业绿色技术创新。只有环境规制强度跨越特定门槛值时，"波特假说"才能成立（沈能和刘凤朝，2012）。

2.4.1.2 公司治理和高管个人特征

公司治理水平是影响企业绿色创新的要素之一。环境政策作为外生力量，能够有效引导企业积极开展绿色技术创新，但其落地效果仍有赖于企业内部公司治理决策的有效性。无效的公司治理可能是影响企业环境效率的主要障碍（Amore & Bennedsen，2016）。董事会治理不仅对企业绿色技术创新具有正向显著影响，还能增强环境规制对企业绿色技术创新的积极影响（王锋正和陈方圆，2018）。机构投资者作为公司治理的重要外部力量，也可能在促进绿色创新方面发挥作用。Jiang 和 Bai（2022）发现，机构投资者的实地访问与绿色创新水平呈正相关关系。其中，压力敏感型机构投资者的实地考察只会诱导企业迎合投资者进行战略性的绿色创新，而抗压型机构投资者的实地考察则会促进企业进行实质性的绿色创新。

高管对环境保护的认知程度决定了企业的环境战略发展方向。Gadenne 等（2009）将高管环保意识区分为一般环保意识和环保收益意识，前者指高管出于社会责任和道德约束推动企业绿色创新，以减少企业行为对环境的负面影响；后者是指高管出于逐利动机，将绿色创新作为降低成本、增加收益的重要手段。高管团队环境注意力（吴建祖和华欣意，2021）和 CEO 绿色经历（卢建词和姜广省，2022）均会显著正向影响企业绿色创新战略，有助于提升企业的绿色创新水平。管理者的环保意识越强，企业越有可能实行前瞻性环境战略。王旭和王非（2019）从财税政策与公司治理层面探讨了政府补贴与高管激励对企业绿色创新的影响，发现薪酬激励的创新补偿效应能够提升财税补贴政策对企业绿色创新的促进作用，而声誉激励对财税补贴与绿色创新关系的影响并不显著。

此外，也有文献检验了高管个人特征对绿色创新的影响。Arena 等（2017）发现，具有傲慢特质的高管会过度依赖自己的看法来做出决策，高估绿色创新项目成功的可能性，从而增加企业绿色创新投入。高管任期、男性高管占比、具有生产/研发/技术背景的管理者比重对绿色创新有显著负向影响，高管受教育程度、年龄、在政府机构任职的比重对绿色创新有显著正向影响（田丹和于奇，2017）。CEO 开放性特征通过提升企业风险承担水平与研发投入、吸引机构投资者、构建绿色发展战略等渠道，来推动企业的绿色创新（许松涛等，2022）。

2.4.1.3　企业及行业特征

企业及行业特征会影响企业的环境风险及环境策略，进而影响其绿色创新水平。例如，在《环境空气质量标准》实施后，高环境风险行业的企业的绿色创新积极性显著提高，尤其是国有企业和非专利密集型企业（王馨和王营，2021）。重污染行业企业进行数字化转型能够通过提升企业的信息共享水平和知识整合能力显著促进企业绿色技术创新（宋德勇等，2022）。从企业类型来看，相较于民营企业，国有企业具有更强的绿色技术创新意愿，绿色技术创新程度也更高，且绿色技术创新累计年限更长（钟优慧和杨志江，2021）。相较于非家族企业，家族企业具有更强的绿色创新倾向，这主要源于家族企业内部对于延伸型社会情感财富的保存动机以及外部制度压力的驱动（马骏等，2020）。

2.4.1.4　外部利益相关者

随着环境问题引发企业内外部利益相关者的担忧，客户、社会、供应商等利益相关者群体也在推动着企业进行绿色创新、践行可持续发展理念。武春友和吴荻（2009）认为，企业绿色管理行为实质上是市场机制下企业的自组织行为。随着经济的全球化与消费者需求的多元化，形成了包括供应商、竞争者和客户的供应链之间的竞争。在绿色供应链管理方面，企业绿色供应链管理活动中的内部环境管理、生态设计和企业与消费者的协作对企业的绿色产品创新及绿色流程创新具有显著正向影响（伊晟和薛求知，2016）。基于权变理论和组织信息处理理论，在环境具有不确定性的背景下，供应商和客户绿色压力均对绿色创新行为产生显著的正向影响（Zhao et al.，2018；Du et al.，2018），且政府激励型和强制型环境规制分别在供应商绿色压力、客户绿色压力与绿色创新意愿的关系间起正向调节作用（侯艳辉等，2021）。拥有绿色创新意愿的企业在面对市场风险时，可以通过提高绿色创新效率来增强企业的竞争优势。

媒体和社会公众环境监督对于企业绿色创新具有重要意义。舆论压力能显著促进企业绿色创新，应该积极发挥公众和媒体监督对企业绿色创新的促进作用，并通过加强环境监管促使舆论压力更好地推动企业绿色创新。张玉明等（2021）基于2012~2018年中国沪深两市重污染上市企业的实证研究发现，媒体关注能够显著提高重污染企业的绿色技术创新绩效。但也有研究发现，媒体关注仅对绿色技术创新投入产生显著正向影响，当媒体关注与市场化水平共同作用时，才会影响绿色技术创新产出（赵莉和张玲，2020）。

2.4.2　ESG 信息披露的影响因素

企业社会责任意味着企业对更多社会目标的追求，即企业试图满足更广泛的利益相关者或社会的需求和期望，而不只是最大化其市场价值。随着可持续投资理念在全球范围的推广，各界对企业社会责任（CSR）以及企业环境、社会、治理（ESG）信息的需求不断增长。在此背景下，大量文献探究了企业 ESG 信息披露的影响因素。本节首先对企业 ESG 信息披露的潜在动机相关文献进行回顾，这些动机包括信号传递动机、声誉保险动机、缓解信息不对称和信息披露成本。其次从企业和管理层特征、行业特征以及外部利益相关者角度对企业 ESG 信息披露的影响因素相关文献进行总结。

2.4.2.1　企业 ESG 信息披露的潜在动机

第一，信号传递动机。企业的社会责任信息披露包含了不同于第三方机构评级和财务报告的其他信息。企业可以通过社会责任报告来向外界传递与未来业绩、战略定位、企业声誉等相关的、外界各方难以察觉的信息（DesJardine et al.，2021）。同时，高质量的社会责任报告预示着企业有能力开展长期的可持续性行动并会长期关注不同利益相关者的利益（Truong et al.，2021）。较好地披露社会责任信息的企业实施盈余操纵的概率较低（Kim et al.，2012），传递了企业最大限度减少违规行为或处罚风险的战略信息（Baloria et al.，2019）。企业自愿进行社会责任信息披露来展示未来良好的财务业绩表现（Lys et al.，2015）和获得独特的声誉优势（Melo & Garrido-Morgado，2012）。相反，未进行社会责任信息披露可能会向外界传递企业存在风险或是未来监管成本的信号。企业通过社会责任信息披露向利益相关者发出企业非完全自利的信号，在利益相关者心中形成良好的企业公民形象。随着积极信号的持续释放并被外部投资者有效接收，企业可以不断积累积极归因，从而形成良好的声誉资本。

第二，声誉保险动机。企业社会责任在抵御未来可能发生的声誉损害方面发挥着积极的作用（Shiu & Yang，2017；傅超和吉利，2017；吉利等，2018，2022），这可能是企业进行 ESG 信息披露的决定性因素之一。社会责任声誉可以缓解企业的社会责任表现或财务不当行为引发的投资者负面反应。当影响较大的 CSR 不当行为发生时，过去进行了 CSR 信息披露的公司相对于没有进行 CSR 信息披露的公司引发的负面市场反应更小（Christensen，2016）。面临更高政治风险的企业也可能利用 CSR 信息披露来管理与监管者的关系、构建良好的声誉（Neu et al.，1998），或是用来抵消不良环境表现造成的潜在负面影响（Cho et al.，2012）。企业社会责任声誉良好的企业可能会应对更高的标准，从而导致在发生不当行为时受到更严厉的惩罚。Bartov 等（2021）发现，企业社会责任表现可能会放大资本市场对财务重述公告的负面反应，从而导致公司产生声誉溢价损失。因此，将企业社会责任作为一种声誉保险形式的公司必须考虑到负面事件发生后声誉损失的潜在影响。

第三，缓解信息不对称。企业社会责任信息披露的信号传递作用和声誉保险作用都建立在社会责任信息披露增加了投资者决策价值的基础上。企业是否自愿进行信息披露部分取决于企业缓解与其股东和利益相关者之间信息不对称的意愿，以及企业对披露其社会责任绩效的需求（Clarkson et al.，2008）。企业社会责任信息披露具有价值相关性，能够缓解与投资者和客户间的信息不对称，从而降低企业的股权资本成本（Dhaliwal et al.，2011；Truong et al.，2021）。

第四，信息披露成本。影响企业社会责任披露行为的因素还包括披露企业社会责任活动相关的潜在成本。企业对于某些费用的披露意愿可能影响社会责任报告中的信息。Ryou 等（2022）发现，随着产品市场竞争的加剧，企业自愿披露社会责任的可能性、频率和时间都会减少。一些研究表明，企业社会责任可能与诉讼风险相关（Choi & Jung，2021；Chakraborty et al.，2023；Freund et al.，2023）。在企业自愿提供的企业社会责任报告大幅增加的背景下，ESG 相关诉讼风险的增加引起了金融机构和资深投资者的关注（Henriques，2022）。因此，企业在进行非财务信息披露决策时，还需考虑其带来的额外成本。

2.4.2.2 企业 ESG 信息披露的影响因素

在回顾了企业披露 ESG 信息潜在动机相关文献的基础上，本节进一步从企业基本特征、行业特征以及外部利益相关者等方面对企业 ESG 信息披露的影响因素相关文献进行总结回顾。

第一，企业的基本特征如公司规模（Cowen et al.，1987；沈洪涛，2007；Hahn & Kühnen，2013）、所有权结构（Cormier et al.，2005；Höllerer，2013）、公司治理体系和管理层特征（Mallin et al.，2013）等会影响企业的社会责任信息披露。规模较大的公司可能承受更大的公众监督压力，从而激励企业进行社会责任活动和信息披露（Cormier & Magnan，2003；Thorne et al.，2014）。由于大规模企业的信息披露成本可能小于其进行实际社会责任活动的成本，因而大规模企业可能进行更多的社会责任信息披露（Wickert et al.，2016）。

在企业的所有权结构方面，企业的股权集中度与环境信息披露负相关（Cormier et al.，2005），当信息不对称程度较高或是公司需要向更多股东进行沟通时，企业会披露更多的社会责任信息。

公司治理整体上对社会责任信息披露水平有显著正向影响，这主要是股权结构治理以及管理层治理两种治理机制作用的叠加（张正勇等，2012）。长期的管理层激励计划和董事会会议次数等也与企业的社会责任信息披露正相关（Dalla Via & Perego，2018）。拥有企业社会责任治理委员会的公司会更自愿地披露企业社会责任（Bui et al.，2020；Zhang et al.，2021）。

管理层的个人特征如受教育水平（Lewis et al.，2014）、个人见解（Adams & McNicholas，2007；Parker，2014）、种族文化（Haniffa & Cooke，2005）、过度自信（McCarthy et al.，2017）以及社会责任相关经验（Peters & Romi，2015）等，都会显著影响企业的社会责任信息披露。企业家学历、年龄、社会声誉与企业社会责任信息披露水平之间存在显著的正向关系（张正勇和吉利，2013）。此外，管理层偏好可能使企业在披露企业非营利性社会责任活动的影响时侧重于披露对社会的益处而非给企业带来的成本（Moser & Martin，2012）。进一步地，管理层也可能利用社会责任信息披露来进行印象管理，如"漂绿"行为（Pinnuck et al.，2021）。

第二，企业所处行业特征也会影响其社会责任信息披露（Cowen et al.，1987；Cho & Patten，2007；Gamerschlag et al.，2011；Byrd et al.，2016；Grougiou et al.，2016）。重污染行业企业可能会披露更多的环境信息（Gamerschlag et al.，2011），烟酒企业可能会披露更多的社会友好行为信息（Byrd et al.，2016），即相较于其他行业，环境敏感性或消费者敏感性行业具有较高的社会责任信息披露质量。社会责任信息披露有利于这些行业的企业获得其经营合法性，对于缓解企业争议活动引起的诉讼风险具有积极作用，还能向社会公众传达出企业试图解决自身商业模式带来的社会问题的积极信号。

行业竞争程度越高的企业越可能将披露社会责任信息作为信号传递的一种方

式，且国有企业更可能在相同行业竞争中利用社会责任信息传递公司信息，并能够获得市场的积极反应（谭雪，2017）。也有研究关注企业披露社会责任报告的时机，发现在自然灾害或环境事故等发生之后，企业的社会责任信息披露会显著增加（Heflin & Wallace，2017；Bonetti et al.，2023），这验证了企业社会责任的信号传递功能和声誉保险功能。

第三，企业利益相关者的信息需求和外部压力推动企业进行社会责任信息披露。当投资者非常关注社会责任时，这种信息需求会推动管理者披露社会责任信息（Suttiiee & Phapruke，2009；Naughton et al.，2019）。企业对于投资者和利益相关者信息需求的回应意愿进一步推动了企业的 CSR 信息披露（Islam & Van Staden，2018；Michelon et al.，2020）。股东是影响企业披露社会责任信息的重要因素（Reid & Toffel，2009；Gamerschlag et al.，2011）。企业社会责任信息披露可能会受到机构投资者偏好（Pawliczek et al.，2021）、积极主义股东（Baloria et al.，2019）、产权性质（Chi et al.，2020）等因素的影响。来自机构投资者的压力促使企业披露并调整其社会责任报告，以更好地反映机构投资者的偏好（Dhaliwal et al.，2011；Solomon et al.，2011）。

政府和政策制定者作为企业重要的外部利益相关者，不仅可以通过规制政策直接影响企业的环境信息披露（沈洪涛和冯杰，2012），还能间接通过政治威慑或公共权威来影响企业进行社会责任信息披露的意愿（Reid & Toffel，2009；Marquis & Qian，2014），使企业能够"多做多说"（Delmas & Toffel，2008；Innes & Sam，2008）。企业进行社会责任信息披露能够使其在利益相关者中获得合法性，或是向利益相关者传递企业积极开展社会活动的信号（Cho & Patten，2007；Cho et al.，2015）。

从利益相关者的视角出发，金融性债务契约能够积极促进企业披露环境信息（吕明晗等，2018）。其他外部利益相关者如媒体、公众等产生的外部压力也会影响企业社会责任信息披露的意愿和质量。外部监管和治理水平越高，企业环境信息披露质量越高（叶陈刚等，2015）。陶莹和董大勇（2013）基于合法性理论与压力理论，发现政策导向报道、非负面报道对企业社会责任信息披露具有显著的积极影响，媒体关注主要通过声誉机制促进企业的社会责任信息披露。翟胜宝等（2022）认为，现阶段媒体关注有助于企业 ESG 信息披露质量提升，这种影响通过优化企业内部控制与强化企业外部监督得以实现。然而，曾辉祥等（2018）研究发现，媒体关注在利用水资源信息披露降低企业风险方面并不能发挥显著的促进效果，他们认为媒体的治理效应十分有限。儒家文化从客观上对企业披露社会责任信息施加了外部舆论压力，从伦理道德层面提高了社会公众及企业自身的社会责任意识，令企业更加自觉地披露高质量社会责任信息（邹萍，2020）。

2.4.3 第三方 ESG 评级的影响因素

ESG（环境、社会和治理）作为一种关注企业环境、社会和治理表现的新型投资理念和评价标准，在全球企业活动和金融投资领域备受关注。ESG 理念为企业实现高质量发展指明了道路，第三方 ESG 评级结果提供了补充的非财务信息，可以帮助投资者识别企业潜在的长期价值，为投资者决策提供参考，在利益相关者评价公司运营情况时起到重要作用。可以看出，良好的 ESG 评级能够对企业产生一系列积极影响，如倒逼企业提高绿色创新数量（刘柏等，2022），提高企业对外直接投资的竞争优势（谢红军和吕雪，2022），以及通过缓解企业融资约束、改善企业经营效率、降低财务风险来实现企业价值的提升（王琳璘等，2022）。

聚焦于企业的第三方 ESG 评级影响因素，学术界主要基于企业社会责任视角进行了扩展性探究，主要从外部制度环境、管理层特征、投资者特征和企业特征方面进行考量。

在外部制度环境方面，宏观的国家经济发展（Cai et al.，2016）、法律制度起源（Liang & Renneboog，2017）等可能会影响企业的 ESG 表现，民法法系国家的企业社会责任评分高于普通法系国家。王禹等（2022）基于《中华人民共和国环境保护税法》的出台进行准自然实验，发现重污染企业的 ESG 表现在《中华人民共和国环境保护税法》出台后显著改善，表明税制绿色化有助于提升重污染企业的可持续发展能力。类似地，王贞洁和王惠（2022）基于我国低碳城市试点的场景进行研究发现，低碳城市试点政策显著促进了企业高质量发展，发挥了统筹经济效益和社会效益的积极作用。政府采购通过将企业和政府建立联系，具有一定的"背书效应"，在提升企业的外部融资水平和引导企业提升环保专业知识水平的同时，也促进了外部媒体对企业的关注和监督，形成"认证效应""引导效应""倒逼效应"，从而改善企业 ESG 表现（王小平，2023）。此外，公众环境关注作为一种外部非正式制度，近年来在推动企业绿色转型方面也发挥着重要作用。公众所传递的民意和产品偏好，可以促使企业转变其生产经营理念，改变其对 ESG 实践的态度（Wu et al.，2019；Gu et al.，2022）。外部媒体关注度和企业的公司治理水平越高，企业的社会责任水平越高，体现了外部监督和内部治理对于提升企业 ESG 表现的积极作用。

在管理层特征方面，过度自信的 CEO 低估了企业风险，从而可能承担更少的社会责任，与企业的社会责任水平呈负相关关系（McCarthy et al.，2017）。朱文莉和邓蕾（2017）检验了女性高管特征对企业社会责任履行的影响，发现女性高管的人数、比例，以及女性董事、女性高管持股均与企业社会责任履行呈正相关关系，但在非正常公司治理环境下，女性高管权力过度集中和失控可能会对企业社会责任造成消极影响。吕英等（2014）总结了女性高管影响企业社会责任的相关理论基础，包括女性主义关怀理论、社会角色理论和团体动力学等，回顾了女性高管参与公司治理继而影响企业社会责任的相关文献。Meng 和 Zhu（2023）研究发现，女性高管通过推动企业数字化，促进了企业绩效的提升，且女性高管占比对企业 ESG 绩效的影响呈倒"U"形，临界点约为 33%。

在投资者特征方面，机构投资者持股、国有股权等显著影响企业的 ESG 绩效。文献普遍支持机构投资者持股显著提高了企业的 ESG 绩效（王海妹等，2014；Dyck et al., 2019）。共同机构投资者作为资本市场的重要参与者，能够发挥治理效应和协同效应来提升企业的 ESG 表现（何青和庄朋涛，2023）。Hsu 等（2021）整合了 2004～2007 年 44 个国家的上市公司股权性质数据，研究表明，国有企业对环境问题的反应更积极。

在企业特征方面，Xu 和 Wu（2021）发现，来自中国的贸易冲击对美国企业的 ESG 业绩产生了重大影响，美国公司有动机寻求更多的 ESG 参与来使其产品区别于中国商品，形成产品差异化。Boubakri 等（2016）基于来自 54 个国家的企业交叉上市的经验证据进行研究，发现交叉上市公司比国内未交叉上市公司具有更好的社会责任表现。企业其他特征，如数字化转型也对企业 ESG 绩效产生积极影响（胡洁等，2023）。企业数字化转型代表企业从传统生产模式向数字化、智能化发展方向转变，不仅能够降低企业履行社会责任的成本、提升履责效率、为企业提升 ESG 表现提供物质激励，还有利于提高投资者 ESG 投资能力和监管部门 ESG 治理能力。

上述文献从外部制度环境、管理层特征、投资者特征以及企业特征角度对企业 ESG 评级的影响因素进行了分析，并探讨了这些因素作用机制。文献中对于企业 ESG 绩效的衡量大多采用来自第三方评级机构的评级结果。然而，目前全球范围内已经有超 600 家评级机构，第三方评级机构数量不断增加，由于评级标准、数据来源和度量方式等的区别，各个机构对一个企业的 ESG 评级结果可能呈现出巨大分歧，从而可能给投资者决策带来困难。这个问题引发了学术界对于 ESG 评级分歧的关注和探索，研究问题主要集中于：ESG 评级分歧从何而来？ESG 评级分歧具有怎样的经济后果？

Chatterji 等（2016）较早发现了 ESG 评级分歧现象，通过比较 KLD、Asset4、Calvert、FTSE4Good、DJSI 和 Innovest 的评级结果，发现了评级结果之间惊人的不一致性，即使对不同评级机构（或体系）的衡量内容差异进行调整，评级结果仍然存在分歧。评级分歧的存在意味着社会责任可能难以被可靠地衡量，也意味着第三方 ESG 评级机构的评级效度仍然较低。但外部使用者只要了解评级分歧的来源，不同的评级结果就可以成为衡量独特的社会责任的有效指标。此外，公司 ESG 信息披露方式的多样性、评级机构对于被评级公司同行群体界定方式的不一致、ESG 评级机构研究人员对于缺失数据的处理方法的差异，都可能会导致 ESG 评级的分歧（Kotsantonis & Serafeim，2019），且 ESG 评级差异会随着 ESG 信息披露的增加而增大。Abhayawansa 和 Tyagi（2021）将 ESG 评级分歧归因于 ESG 结构差异和方法差异。Berg 等（2022）进一步对 ESG 评级差异的来源进行了测量，基于六家著名评级机构——KLD、Sustainalytics、Moody's ESG（Vigeo-Eiris）、S&P Global（RobecoSAM）、Refinitiv（Asset4）和 MSCI 的 ESG 评级数据，将 ESG 评级分歧的来源分解为范围、度量和权重，并发现其对评级分歧的解释力度占比分别为 56%、38% 和 6%。以上研究使投资者逐步意识到评级分歧现象及其重要性，呼吁投资者关注评级机构的测量内容和评级分歧的具体来源，并引导投资者识别各评价体系中与自身投资决策相关的 ESG 结构来获得有价值的评级信息。

在 ESG 评级分歧的影响因素方面，现有文献主要探究了企业 ESG 信息披露对于 ESG 评级分歧的影响。Christensen 等（2022）采用彭博 ESG 得分衡量企业的 ESG 信息披露水平，基于 MSCI、Thomson Reuters 和 Sustainalytics 的 ESG 评级数据研究发现，ESG 信息披露实际上会导致更大的分歧，这与传统的信用评级和分析师预测中"更多的信息披露与较低的评级分歧相关"的结论相反，且这种分歧更多是由环境和社会相关披露而不是治理相关披露导致的。Kimbrough 等（2022）则在美国自愿披露 ESG 报告的背景下，分析了企业 ESG 信息披露对于 ESG 评级分歧的影响，研究发现，对于自愿发布 ESG 报告的公司，ESG 评级机构间的分歧较小。其中，披露环境和社会方面的信息有助于减少评级机构对于该方面表现的分歧。此外，ESG 报告的长度与分歧负相关，文本的积极语调和更多黏性词汇与分歧正相关，当公司的 ESG 报告具有较高质量时，如经过第三方鉴证（尤其是经四大会计师事务所鉴证）、报告遵循可持续发展报告标准（GRI）时，ESG 信息披露降低评级分歧的效应越强。Kimbrough 等（2022）认为，ESG 报告对于评级机构是有用的。他们基于来自不同 ESG 披露政策国家的企业样本，以及不同来源的 ESG 信息披露数据进行研究，得出了相反的结论，他们的研究为投资者深入了解 ESG 评级分歧提供了经验证据。不同于此，马文杰和余伯健（2023）从企业所有权属性的视角分析了中外 ESG 评级分歧的特征及形成动因。国内外评级机构对于国企和非国企的评级存在非对称性，这种分歧来源于中外评级机构对于企业承担的稳定经济、保障就业等社会责任以及是否按照国际标准进行信息披露的评价存在差异。他们基于中国的 ESG 评级数据，提供了企业股权性质影响评级分歧的证据。

ESG 评级分歧现象给信息使用者的投资决策带来了困难。ESG 评级的不确定性会导致更高的市场风险感知、更高的市场溢价和较低的投资者需求（Avramov et al.，2021）。ESG 评级分歧可能会削弱 ESG 信息的风险管理作用，增加投资者的信息搜寻成本。更大的 ESG 分歧与更高的回报波动、较大的绝对价格波动和较低的外部融资可能性有关（Christensen et al.，2022）。总体看来，ESG 评级分歧可能会增加信息使用难度、降低信息效率，给资本市场中的投资决策带来消极影响。

2.5　文献评述

目前，大量关于对外直接投资研究的出发点是剖析企业开展对外直接投资的动机及其相关经济后果，旨在提高资本和技术资源在世界范围内的配置效率。在我国逐步扩大对外开放的过程中，我国的对外直接投资总量超过了外资引入总量，位居世界前列，在我国经济结构中具有重要意义。学术界从国家层面、行业层面和企业层面讨论了对外直接投资对经济增长、产业升级、技术创新和企业绩效等方面的影响。随着企业开展对外直接投资的范围不断扩大，不同东道国特征对企业行为的影响也逐渐进入了学者讨论的范畴。一方面，东道国的制度环境特征影响了对外直接投资企业的区位选择；另一方面，东道国的制度环境也影响了跨国企业的行为逻辑。例如，国家经济水平的差异体现了创新技术和环保意识的差距，从而影响对外直接投资企业的创新水平；国家法治水平和环境政策差异可能会影响企业的环境战略；不同国家法律体系起源可能会影响企业的 ESG 表现等。

关于企业环保行为影响因素的研究则主要集中在各个国家国内的资本市场和环境规制政策对于企业环保决策的影响，而较少从微观视角探究国际环境规制政策对跨国企业环保行为决策的影响。对于企业开展环保行为的动机和影响因素，国内外学者从环境规制政策、公司治理和高管个人特征、企业及行业特征、外部利益相关者层面展开了大量的探究，也考察了跨国投资对企业技术创新和环境表现的影响。虽然有研究发现，国内的法律制度和环境政策能够影响本土企业的 ESG 表现、信息披露水平或是绿色创新，甚至推动本土企业进行海外投资从而实现污染转移的目的。但较少有研究关注多个国家环境规制政策对外来企业环境行为的综合影响。不同于单一国家环境规制对于企业环保行为的影响，国际环境规制的差异能够为企业提供选择不同应对策略的机会，其对企业环保行为的影响具有更加丰富的特征。

　　即使是在跨国投资的研究场景下，现有研究也更多关注发达国家的制度环境对于企业的影响，而鲜少探究在对外直接投资分布范围更加广泛的情况下，多个东道国的复杂制度特征对对外直接投资企业环保行为决策的影响。由于不同国家的资源禀赋、主要风险等方面存在差异，随着对外开放的进一步深化，以及"一带一路"倡议的提出与落实，中国企业在世界范围内的投资不断增加，在抵御海外投资风险的同时，还需要面对各国可持续发展带来的环境风险挑战。跨国投资企业是全球环境治理体系中的重要部分，分析对外直接投资企业的环保行为决策对于推动全球环境治理具有重要的理论意义和现实意义。

　　此外，在跨国投资相关研究中，现有文献较多关注来自发达经济体的跨国企业的行为，而较少以发展中国家为主体，探究来自发展中国家的跨国企业的环保行为。中国作为经济体量最大的新兴市场国家，探究东道国制度环境对于中国对外直接投资企业环保行为决策的影响能够为其他国家提供借鉴，并为在抵御环境风险的同时，实现绿色转型和可持续发展提供来自中国的经验证据。

3 制度背景与现状分析

3.1 制度背景

自改革开放以来，我国对外直接投资总量稳定持续增加，对外开放水平持续提高。2001 年，中国加入世界贸易组织，开始全方位地融入多边贸易体系，这是中国深度参与经济全球化的里程碑，标志着中国改革开放进入历史新阶段。不同阶段的国家经济发展战略和不断变化的国际局势对我国的对外开放政策提出了挑战。此后，我国不断调整对外开放布局。企业国际化在践行对外开放政策方面具有重要作用，我国企业应该积极走出去，在国际竞争中开辟一片新的"蓝海"。

近年来，我国已经形成了更大范围、更宽领域、更深层次的对外开放格局。中国企业积极参与对外直接投资，在国际环境中开拓国际市场、谋求高质量发展。同时，它们也面临着跨国投资的国别风险和制度差异，纷繁复杂的国际形势和国际制度环境给跨国企业的经营带来了挑战。

3.2 中国上市公司对外直接投资现状分析

聚焦于中国上市公司的对外直接投资现状，本书基于 2006~2021 年中国上市公司的对外直接投资数据（海外子公司数据起始于 2006 年，期末对外直接投资总额数据起始于 2008 年），剔除了金融行业、ST 企业样本，以及设立在我国港澳台地区和设立在百慕大、开曼群岛、英属维尔京群岛等"避税天堂"的海外子公司数据后,对我国上市公司的对外直接投资现状进行描述性统计①。

3.2.1 企业对外直接投资的参与情况分析

从上市公司对外直接投资参与情况来看,上市公司参与对外直接投资的比例较低。如表 3-1 所示,样本期间,参与对外直接投资(ISOFDI)的公司年度样本占全样本的 29%,表明我国上市公司参与对外直接投资的总体水平较低,上市公司作为对外直接投资的主体力量仍具有较大的发展空间。

表 3-1   上市公司对外直接投资参与情况

Variable	N	Mean	SD	Min	P25	P50	P75	Max
ISOFDI	39856	0.29	0.46	0.00	0.00	0.00	1.00	1.00
OFDI	11712	4.00	6.37	1.00	1.00	2.00	4.00	141.00
Hostcoun	11712	2.65	2.99	1.00	1.00	2.00	3.00	45.00

从上市公司对外直接投资的参与程度来看,上市公司的对外直接投资普遍呈现投资规模差异大、投资范围分布广的特点。首先,在进行对外直接投资的企业中,平均每个公司有 4 个海外子公司(OFDI),企业的海外子公司数最大为 141,最小为 1,标准差为 6.37,表明企业间的对外直接投资规模具有较大差异。其次,上市公司的对外直接投资分布在全球各国,平均每个公司约在 2.65 个东道国进行投资,企业的对外直接投资东道国数量(Hostcoun)最大为 45,最小为 1,标准差为 2.99,表明企业的对外直接投资范围分布较广,预示着企业会面临复杂的东道国制度环境。总体来说,企业间的对外直接投资参与程度差异较大。

3.2.2 企业对外直接投资的投入情况分析

上市公司对外直接投资的投入体量差异较大,但相对规模总体较小。本书分别采用期末对外直接投资总额(OFDIsize)和期末对外直接投资总额与总资产的占比(OFDIrate)来衡量企业的对外直接投资投入情况。如表 3-2 所示,从上市公司对外直接投资的投入金额来看,上市公司期末对外直接投资总额(OFDIsize)最大值为 1000.72 亿元,最小值为 0 元,标准差为 16.64,且其中位数为 0.20 亿元,小于其均值 2.61 亿元,表明上市公司的对外直接投资的投入体量差异巨大。从上市公司对外直接投资的相对规模来看,企业对外直接投资期末总额占比(OFDIrate)的均值为 2.04%,最大值为 71.34%,最小值为 0%,标准

① 为了呈现上市公司对外直接投资以及东道国制度环境的原始状况,本章的相关数据均未进行缩尾处理。

差为 0.05，表明企业进行对外直接投资的相对规模普遍较小，对外直接投资的投入体量占总资产的比重较小。

表 3-2　上市公司对外直接投资投入情况

Variable	N	Mean	SD	Min	P25	P50	P75	Max
OFDIsize	7231	2.61	16.64	0.00	0.04	0.20	1.04	1000.72
OFDIrate	7231	2.04	0.05	0.00	0.08	0.40	1.77	71.34

注：由于数据的可获得性限制，未获得 2008 年以前的上市公司期末对外直接投资总额数据。

3.2.3　企业对外直接投资的发展趋势分析

从企业对外直接投资的发展趋势来看，2020 年以前，对外直接投资企业的数量和比例逐年增长，呈现出"走出去"的发展浪潮。如图 3-1 所示，2006 年，我国 A 股上市公司进行对外直接投资的数量为 132 家，仅占当年上市公司数量的 10.8%。截至 2021 年，进行对外直接投资的上市公司数量升至 1408 家，比例升至 32.1%。其中，2019 年进行对外直接投资的上市公司占比最高，为 42%；2020 年进行对外直接投资的上市公司数量最高，为 1648 个，表明我国 A 股上市公司进行对外直接投资的热情持续增长，但 2020 年新冠疫情暴发也对企业的对外直接投资产生了一定的负面影响。

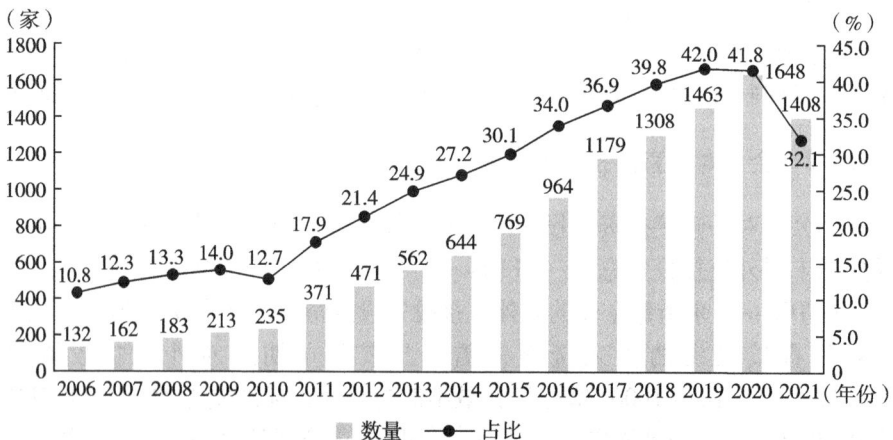

图 3-1　上市公司进行对外直接投资年度趋势

2018 年以前，企业总体的对外直接投资规模呈现出稳步增长的趋势。如图 3-2 所示，企业的期末对外直接投资总额在 2011 年之前处于较低水平，在 2012 年快速增长，随后几年保持稳定的增长速度，与图 3-1 中企业进行对外直接投资的年度分布呈现出相似的发展趋势。其中，2018 年上市公司的期末对外直接投资总额达到高点，为 3791.06 亿元。2021 年中国上市公司的期末对外直接投资总额有所下滑，这也与新冠疫情有关，其对企业开展对外直接投资产生了一定的负面影响。

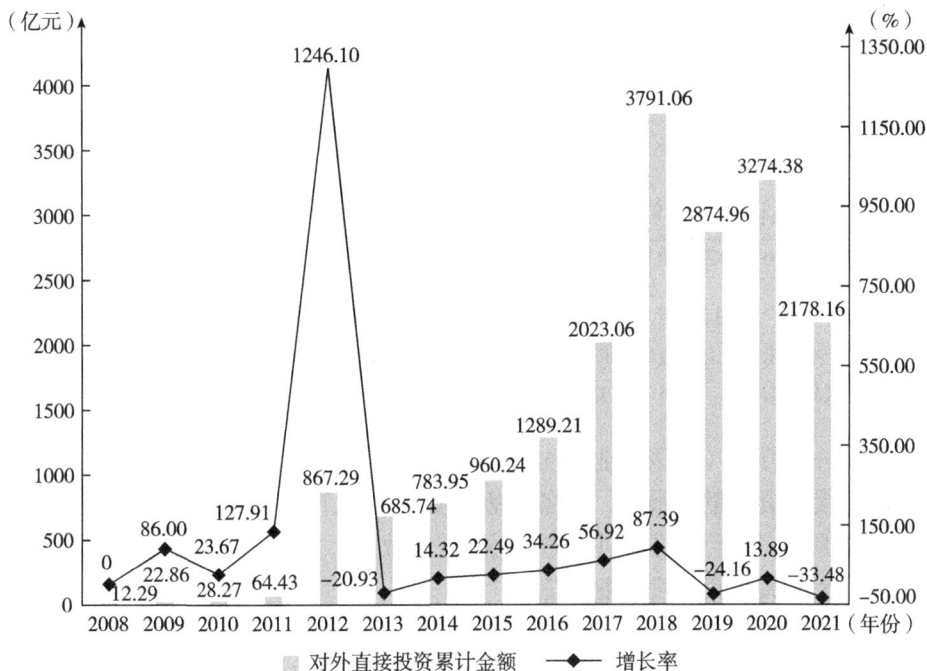

图 3-2　上市公司对外直接投资总额存量的年度趋势

企业的对外直接投资增量在 2012 年呈现陡然增长，随后增长趋势较为平稳。如图 3-3 所示，企业的对外直接投资增量在 2011 年之前较低，在 2012 年出现了一股对外直接投资的热潮，随后呈现出稳步增长的发展趋势（2018 年后增速放缓）。这是由于 2012 年中国政府加快实施"走出去"战略步伐，大力推动对外投资便利化，积极鼓励有条件的各种所有制企业开展对外投资，企业融入经济全球化的内生动力日益增强。由此，我国企业兴起了"走出去"的热潮。

3.2.4　企业对外直接投资行业分布特征分析

为了探究上市公司对外直接投资的行业分布，本书分别从参与对外直接投资的上市公司数量以及上市公司对外直接投资额度两个方面进行分析。样本期间，共有 2011 家非金融行业上市公司参与了对外直接投资。在上市公司对外直接投资额度方面，首先，对样本期间的上市公司对外直接投资额度求年度平均值；其

（亿元）

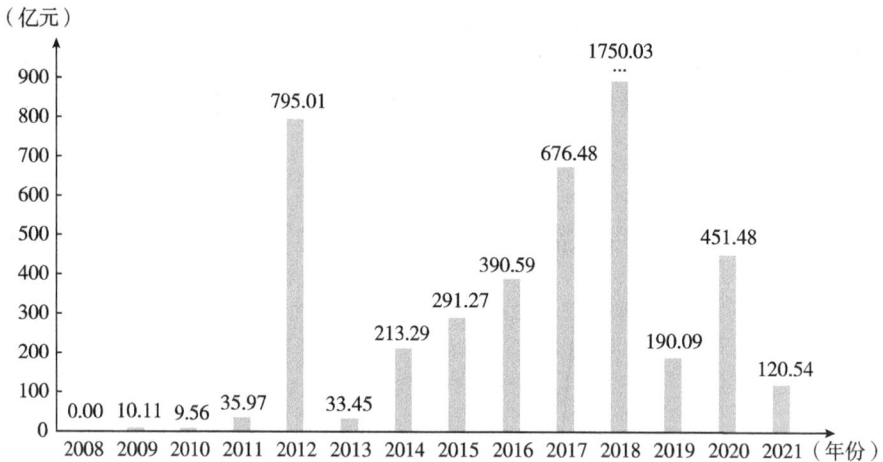

图3-3　上市公司对外直接投资总额增量的年度趋势

注：由于本书未获得上市公司期末对外直接投资总额数据，故以2008年为基准年计算上市公司期末对外直接投资总额的增量，2008年的增量记为0。

次，按照一级行业（二级行业）分类加总获得一级行业（二级行业）的年度平均对外直接投资总量；最后，将各一级行业（二级行业）的年度平均对外直接投资总量除以各行业的对外直接投资企业数量，即获得一级行业（二级行业）的对外直接投资年度行业均值。

参与对外直接投资的企业主要集中在制造业，信息传输、软件和信息技术服务业以及批发和零售业领域。如图3-4所示，中国上市公司的对外直接投资涵盖了制造业，信息传输、软件和信息技术服务业，批发和零售业，建筑业等18个行业大类（剔除金融行业）。2006~2021年，参与对外直接投资的2011家上市公司中制造业企业的数量最多，为1494家，这也与制造业行业的上市公司数量最多保持一致。其次是信息传输、软件和信息技术服务业，批发和零售业。在不考虑行业企业数量和权重的情况下，初步表明进行对外直接投资的主体是实体经济，制造业行业企业参与对外直接投资的积极性较高。

在上市公司年度平均对外直接投资总额的一级行业总量分布中，制造业的年度平均对外直接投资总额远超其他行业，位居第一；采矿业，信息传输、软件和信息技术服务业分别位于第二和第三。如图3-5所示，制造业的年度期末对外直接投资总额高达801.81亿元，采矿业为179.85亿元，信息传输、软件和信息技术服务业为102.27亿元。虽然批发和零售业、建筑业两个行业中参与对外直接投资的企业数量较多，但其年度平均对外直接投资总额仅位居第八和第五，这也与该行业的轻资产属性相关。

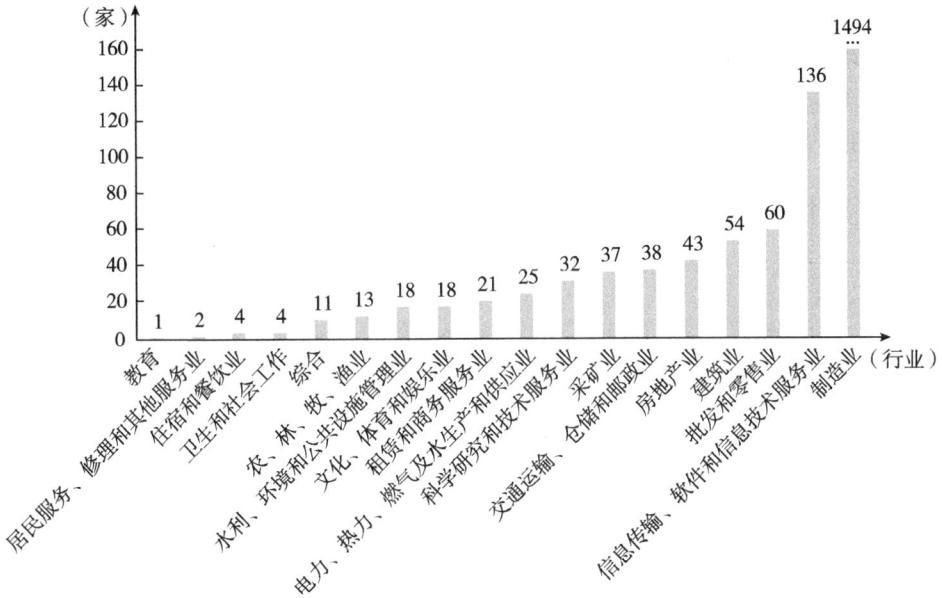

图3-4 参与对外直接投资的上市公司数量：一级行业分布

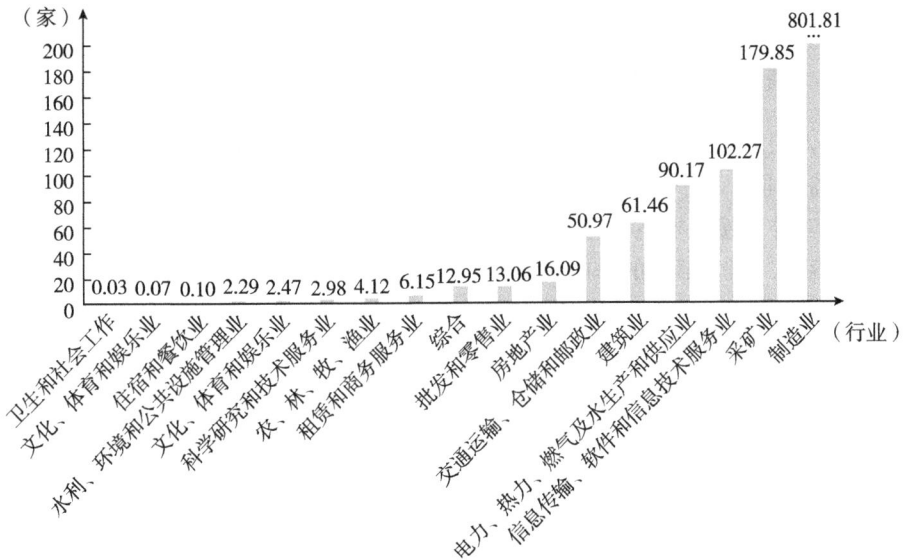

图3-5 上市公司年度平均对外直接投资总额：一级行业总量分布

在上市公司年度平均对外直接投资总额的行业总量分布基础上，进一步计算出各行业企业的平均对外直接投资额度，电力、热力、燃气及水的生产和供应业的企业平均对外直接投资额度位居第一，采矿业和综合分别位居第二和第三。如

图 3-6 所示，电力、热力、燃气及水的生产和供应业中企业的平均对外直接投资额度最高，为 14.03 亿元；采矿业位居第二，为 12.85 亿元；综合业位居第三，为 5.85 亿元。虽然制造业的年度平均对外直接投资总额最高，但制造业行业的企业年度平均对外直接投资额度仅位居第八。

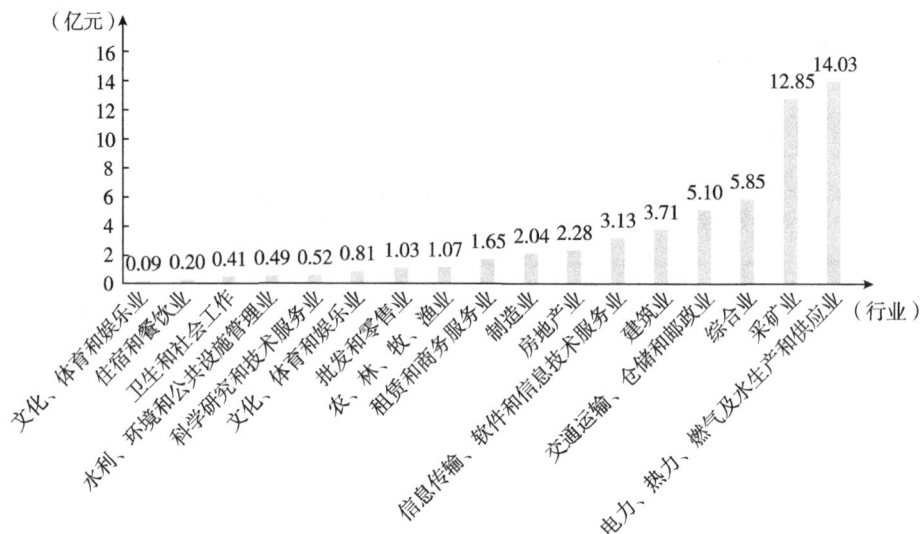

图 3-6 上市公司年度平均对外直接投资总额：一级行业均值分布

在具体的二级行业分类中，图 3-7 列示了参与对外直接投资的企业数量排名前 10 位的行业，其中，8 个行业属于制造业。计算机、通信和其他电子设备制造业进行对外直接投资的企业数量最多（252 家），排名第二的是专用设备制造业（176 家），排名第三的是电气机械及器材制造业（144 家）。

在上市公司年度平均对外直接投资总额的二级行业总量分布中，汽车制造业的年度平均对外直接投资总额位居第一，有色金属冶炼及压延加工业紧随其后位居第二，化学原料及化学制品制造业位居第三。图 3-8 列示了年度平均对外直接投资总额排名前 15 位的二级行业，其中，9 个行业属于制造业。虽然计算机、通信和其他电子设备制造业行业中进行对外直接投资的企业数量较多，但其年度平均对外直接投资总额仅位于第八，表明该行业企业进行对外直接投资的个体规模较小。

在上市公司年度平均对外直接投资总额的行业总量分布基础上，进一步计算出各二级行业企业的平均对外直接投资额度，电信、广播电视和卫星传输服务，黑色金属矿采选业以及道路运输业分别位列前三。如图 3-9 所示，排名前 15 的行业大多为具有重资产属性的矿采选业，电信、广播电视和卫星传输服务的企业平均对外投资额度最高，为 58.57 亿元。

（家）

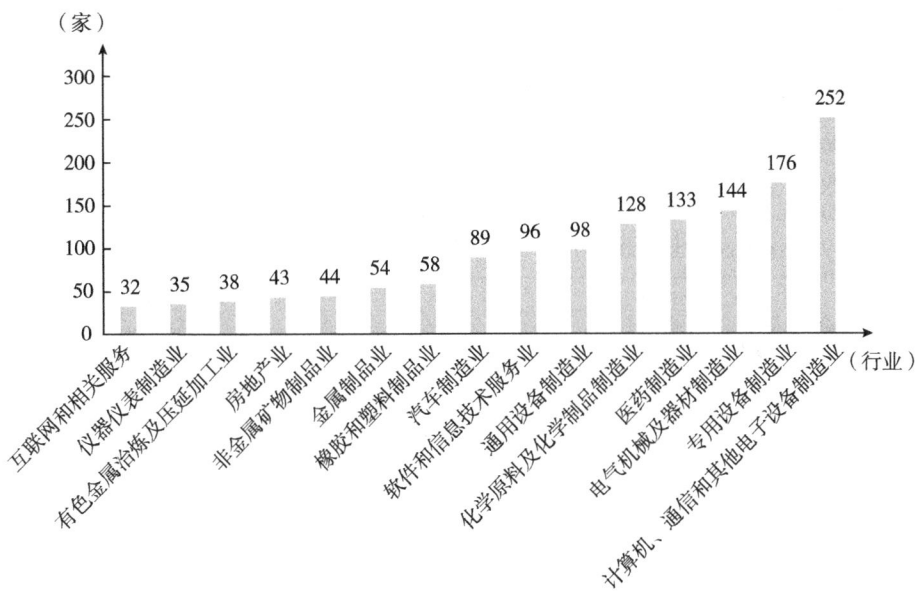

图 3-7　参与对外直接投资的上市公司数量：二级行业分布

（亿元）

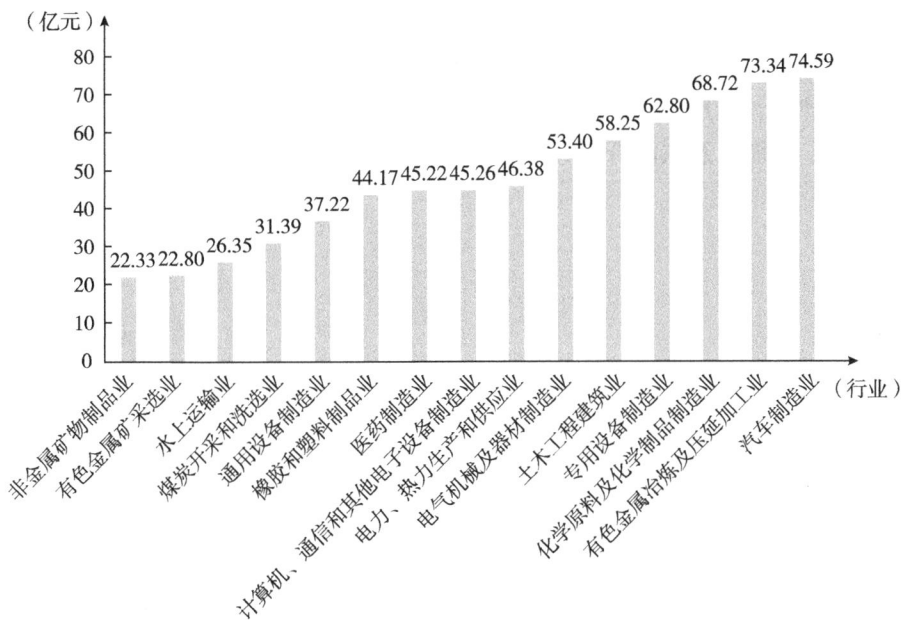

图 3-8　上市公司年度平均对外直接投资总额：二级行业总量分布

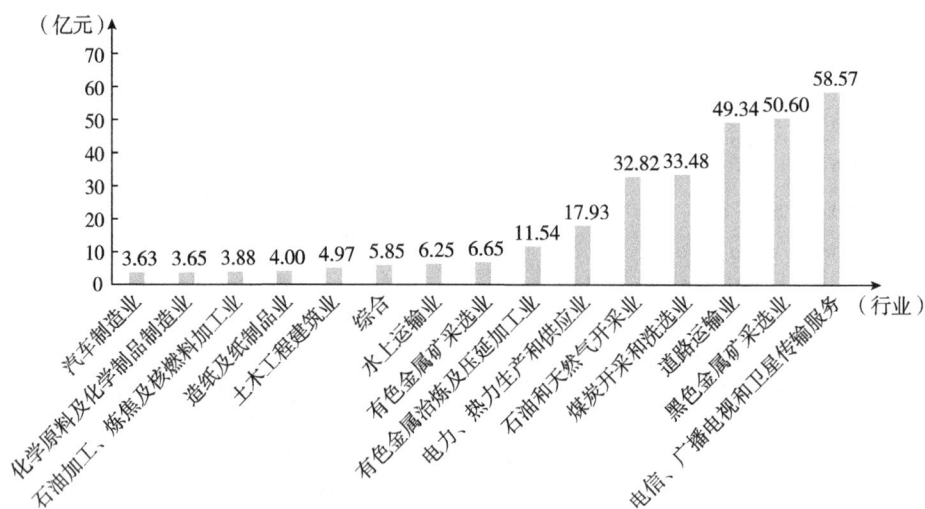

图 3-9   上市公司年度平均对外直接投资总额：二级行业均值分布

3.2.5   企业对外直接投资地区分布特征分析

图 3-10 列示了参与对外直接投资的上市公司的地理分布情况。广东省、浙江省、江苏省、北京市、上海市进行对外直接投资的上市公司数量位列前五，山东省、福建省、四川省紧随其后，表明进行对外直接投资的上市公司仍然主要分布在北京、上海以及东南沿海等发达地区。

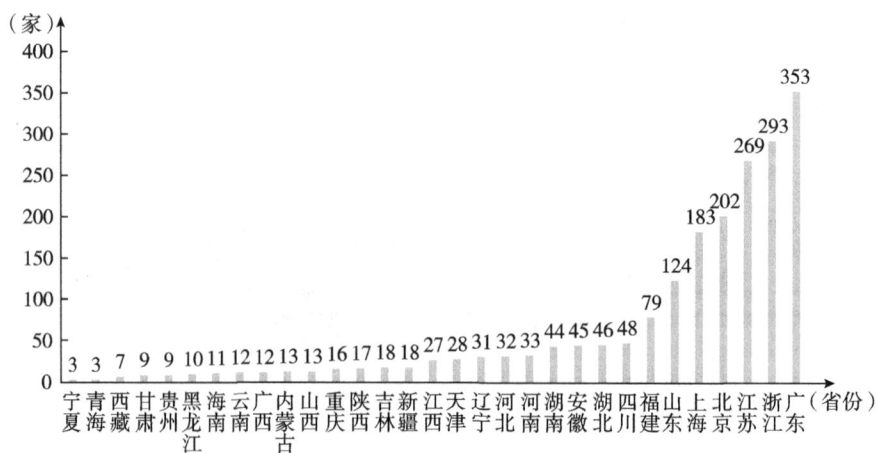

图 3-10   参与对外直接投资的上市公司数量：地理分布

　　将样本期间的上市公司对外直接投资总额求得年度平均值，按地区加总得到各省份（自治区、直辖市）的对外直接投资总额。图 3-11 列示了上市公司年度平均对外直接投资总额的地理分布情况。北京市、山东省、浙江省、上海市、四川省的期末对外直接投资总额位列前五，原本位于进行对外直接投资上市公司数量第三的江苏省掉出前五，位居第八。总体来说，上市公司对外直接投资仍主要聚集在北京、上海以及东南沿海等发达地区。

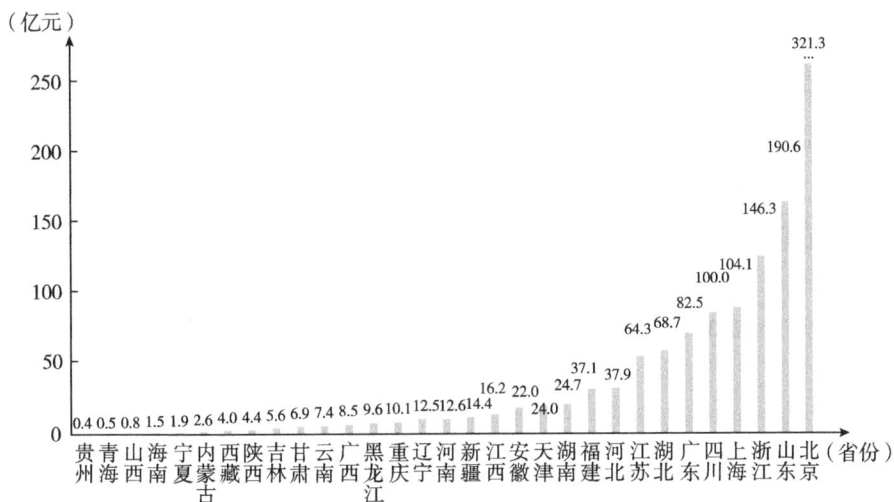

图 3-11　上市公司年度平均对外直接投资总额：地理分布

　　将样本期间的上市公司对外直接投资总额的年度增量求得年度平均值，按地区加总得到各省份（自治区、直辖市）的对外直接投资增量。图 3-12 列示了上市公司对外直接投资年度平均增量的地理分布情况。北京市、山东省、四川省、浙江省和上海市位列前五。结合上市公司年度平均对外直接投资总额的地理分布（见图 3-11）分析发现，北京市、山东省和浙江省的企业对外直接投资水平稳居前列，四川省的企业参与对外直接投资的热情较高，对外直接投资发展水平提升较快。

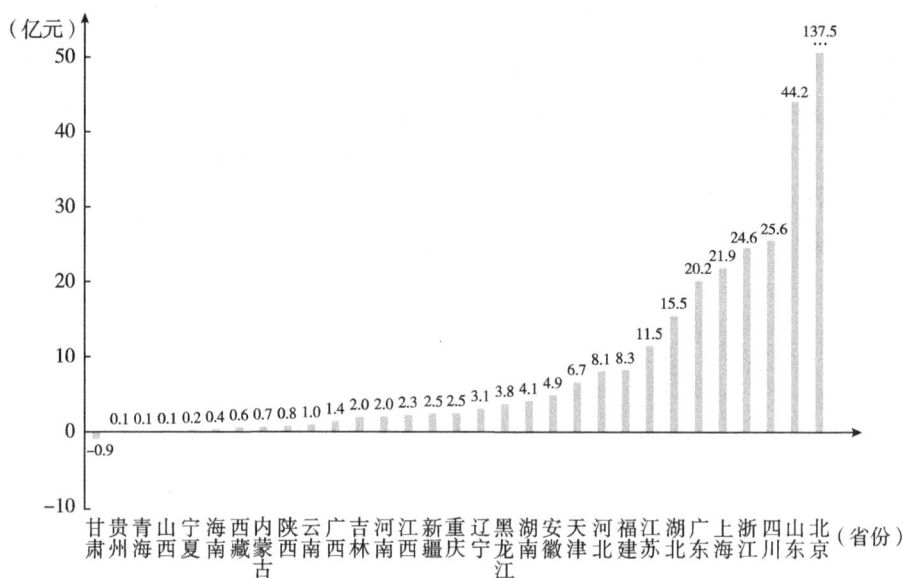

图 3-12 上市公司对外直接投资年度平均增量：地理分布

3.3 东道国制度环境的描述性统计与分析

中国上市公司的对外直接投资广泛分布在全球多个国家，且每个上市公司可能去多个东道国进行对外直接投资。因此，本书将 2006~2021 年"上市公司—年度—海外子公司—东道国"维度的基础样本转化为"上市公司—年度—东道国"维度样本，合并东道国制度环境数据后，对东道国的制度环境水平（东道国层面）以及企业面临的东道国制度环境（企业层面）进行了描述性统计，具体包括东道国经济发展、国家治理以及环境规制三个维度。

3.3.1 东道国分布特征分析

从上市公司的分布来看，我国企业的对外直接投资广泛分布在 150 个国家。表 3-3 列示了参与对外直接投资的上市公司的东道国分布。上市公司对外直接投资数量的前五位东道国分别是美国、新加坡、德国、日本、印度。在中国上市公司的对外直接投资东道国中，既有欧美等发达国家，也有印度、越南、泰国、南非等发展中国家，表明我国企业积极融入并拓展海外市场。

表3-3　上市公司对外直接投资的东道国分布

排名	国家	数量	排名	国家	数量	排名	国家	数量	排名	国家	数量	排名	国家	数量	排名	国家	数量
1	美国	995	26	柬埔寨	58	51	老挝	21	76	马耳他	8	101	马里	5	126	斐济	2
2	新加坡	487	27	瑞士	56	52	爱尔兰	21	77	巴勒斯坦	8	102	阿尔及利亚	4	127	中非利国	2
3	德国	425	28	土耳其	48	53	刚果（金）	21	78	新几内亚	8	103	博茨瓦纳	4	128	苏里南	2
4	日本	337	29	比利时	41	54	阿根廷	20	79	乌干达	8	104	阿塞拜疆	4	129	塞拉利昂	2
5	印度	253	30	缅甸	37	55	蒙古国	20	80	白俄罗斯	8	105	突尼斯	4	130	哥斯达黎加	2
6	澳大利亚	242	31	匈牙利	36	56	毛里求斯	19	81	塔吉克斯坦	8	106	北马其顿	4	131	伊拉克	1
7	英国	231	32	瑞典	36	57	巴拿马	19	82	吉尔吉斯斯坦	7	107	加蓬	3	132	洪都拉斯	1
8	越南	229	33	捷克	36	58	挪威	17	83	伊朗	7	108	阿曼	3	133	危地马拉	1
9	马来西亚	200	34	新西兰	34	59	秘鲁	17	84	津巴布韦	7	109	厄立特里亚	3	134	黑山	1
10	泰国	193	35	巴基斯坦	33	60	坦桑尼亚	17	85	克罗地亚	7	110	卢旺达	3	135	巴哈马	1
11	韩国	186	36	罗马尼亚	31	61	塞舌尔	17	86	苏丹	6	111	安哥拉	3	136	圣马力诺	1
12	印度尼西亚	176	37	智利	31	62	加纳	15	87	利比里亚	6	112	希腊	3	137	叙利亚	1
13	加拿大	166	38	尼日利亚	31	63	埃塞俄比亚	15	88	委内瑞拉	6	113	拉脱维亚	3	138	尼日尔	1
14	荷兰	160	39	丹麦	30	64	塞尔维亚	15	89	卡塔尔	6	114	特立尼达和多巴哥	3	139	圭亚那	1
15	意大利	134	40	芬兰	29	65	摩洛哥	14	90	科特迪瓦	6	115	多米尼加	3	140	列支敦士登	1
16	法国	131	41	以色列	28	66	塞浦路斯	14	91	巴巴多斯	6	116	乌拉圭	3	141	马拉维	1
17	巴西	119	42	肯尼亚	28	67	赞比亚	13	92	巴林	6	117	吉布提	3	142	摩纳哥	1
18	俄罗斯	115	43	哈萨克斯坦	27	68	乌克兰	12	93	约旦	6	118	波黑	2	143	密克罗尼西亚联邦	1
19	墨西哥	114	44	沙特阿拉伯	27	69	斯洛伐克	12	94	纳米比亚	5	119	塞内加尔	2	144	乍得	1
20	阿拉伯	106	45	孟加拉国	27	70	文莱	12	95	尼泊尔	5	120	阿尔巴尼亚	2	145	布基纳法索	1
21	西班牙	81	46	哥伦比亚	26	71	斯里兰卡	11	96	朝鲜	5	121	阿富汗	2	146	土库曼斯坦	1
22	卢森堡	81	47	萨摩亚	24	72	葡萄牙	11	97	斯洛文尼亚	5	122	莫桑比克	2	147	萨尔瓦多	1
23	南非	76	48	奥地利	23	73	保加利亚	10	98	玻利维亚	5	123	瓦努阿图	2	148	东帝汶	1
24	波兰	69	49	乌兹别克斯坦	22	74	厄瓜多尔	10	99	立陶宛	5	124	毛里塔尼亚	2	149	尼加拉瓜	1
25	菲律宾	60	50	埃及	22	75	刚果（布）	9	100	爱沙尼亚	5	125	多哥	2	150	牙买加	1

合计　6833

表 3-4　上市公司海外子公司的东道国分布

排名	国家	数量	排名	国家	数量	排名	国家	数量	排名	国家	数量	排名	国家	数量	排名	国家	数量
1	美国	2691	26	利比里亚	101	51	芬兰	37	76	委内瑞拉	15	101	约旦	6	126	苏里南	3
2	新加坡	1187	27	柬埔寨	100	52	加纳	36	77	吉尔吉斯斯坦	15	102	喀麦隆	6	127	莫桑比克	3
3	德国	925	28	新西兰	96	53	蒙古国	35	78	文莱	14	103	爱沙尼亚	6	128	洪都拉斯	2
4	澳大利亚	699	29	菲律宾	86	54	秘鲁	35	79	乌克兰	14	104	卡塔尔	6	129	哥斯达黎加	2
5	日本	588	30	土耳其	68	55	爱尔兰	34	80	塔吉克斯坦	13	105	斐济	5	130	阿尔巴尼亚	2
6	英国	449	31	瑞典	68	56	老挝	33	81	科特迪瓦	12	106	突尼斯	5	131	塞拉利昂	2
7	越南	443	32	缅甸	68	57	乌兹别克斯坦	32	82	巴布亚新几内亚	11	107	朝鲜	5	132	瓦努阿图	2
8	印度	420	33	比利时	67	58	阿根廷	32	83	玻利维亚	11	108	希腊	5	133	中非共和国	2
9	荷兰	356	34	刚果(金)	66	59	赞比亚	31	84	津巴布韦	10	109	北马其顿	5	134	尼加拉瓜	2
10	马来西亚	347	35	智利	60	60	孟加拉国	31	85	纳米比亚	10	110	博茨瓦纳	5	135	黑山	1
11	印度尼西亚	339	36	捷克	59	61	沙特阿拉伯	30	86	白俄罗斯	10	111	特立尼达和多巴哥	4	136	巴哈马	1
12	意大利	333	37	以色列	58	62	毛里求斯	27	87	乌干达	9	112	阿塞拜疆	4	137	圭亚那	1
13	加拿大	308	38	匈牙利	57	63	塞尔维亚	25	88	尼泊尔	9	113	厄立特里亚	4	138	密克罗尼西亚联邦	1
14	韩国	307	39	罗马尼亚	54	64	坦桑尼亚	24	89	巴巴多斯	9	114	塞内加尔	4	139	东帝汶	1
15	泰国	297	40	巴拿马	48	65	塞浦路斯	23	90	乌拉圭	9	115	卢旺达	4	140	摩纳哥	1
16	法国	276	41	挪威	48	66	埃塞俄比亚	22	91	加蓬	9	116	多哥	4	141	列支敦士登	1
17	西班牙	267	42	奥地利	47	67	保加利亚	22	92	立陶宛	8	117	阿尔及利亚	4	142	尼日尔	1
18	巴西	210	43	丹麦	46	68	塞舌尔	21	93	伊朗	8	118	波黑	4	143	布基纳法索	1
19	墨西哥	197	44	肯尼亚	45	69	斯里兰卡	20	94	斯洛文尼亚	8	119	拉脱维亚	4	144	叙利亚	1
20	俄罗斯	186	45	巴基斯坦	43	70	马耳他	20	95	巴林	7	120	毛里塔尼亚	4	145	乍得	1
21	卢森堡	153	46	尼日利亚	43	71	摩洛哥	20	96	伊拉克	7	121	安哥拉	3	146	萨尔瓦多	1
22	南非	149	47	哈萨克斯坦	43	72	葡萄牙	19	97	马里	7	122	多米尼加	3	147	危地马拉	1
23	阿拉伯长国	147	48	萨摩亚	40	73	斯洛伐克	16	98	克罗地亚	7	123	阿富汗	3	148	牙买加	1
24	瑞士	117	49	埃及	37	74	厄瓜多尔	15	99	苏丹	7	124	圣马力诺	3	149	土库曼斯坦	1
25	波兰	104	50	哥伦比亚	37	75	刚果(布)	15	100	吉布提	6	125	阿曼	3	150	马拉维	1
合计								14027									

从上市公司海外子公司的分布来看，由于有的企业在一个东道国仅设立一个或少量海外子公司，而在某些东道国设有多个海外子公司，从而造成了上市公司海外子公司的东道国分布的排名差异，因此，上市公司海外子公司的东道国分布特征与上市公司参与对外直接投资流向的东道国分布（见表3-3）相似但不完全相同。表3-4列示了上市公司对外直接投资的海外子公司的东道国分布。我国企业在全球各国的对外直接投资水平差异较大，美国仍为我国企业投资设立海外子公司的首选目的地。我国上市公司在美国投资设立了2691个海外子公司，位居第一，其次分别是新加坡、德国、澳大利亚、日本、英国、越南、印度等。

3.3.2　东道国经济发展分析

表3-5分别对东道国经济发展和中国经济发展水平进行了描述性统计。样本期间，东道国的人均GDP均值为16846美元，最大值为189487美元，而最小值仅为195美元，表明不同东道国之间的经济发展水平存在巨大差异。我国人均GDP的均值为6906美元，最大值为12556美元，最小值为2099美元，表明我国的经济发展水平正在快速增长。对比东道国和我国经济发展水平的最大值发现，我国的经济发展水平距离世界前列仍有差距，我国的经济发展水平仍需不断提高。

表3-5　东道国和中国的经济发展描述性统计（按国家—年度样本统计）

Variable	N	Mean	SD	Min	P25	P50	P75	Max
PGDP	2355	16846	26087	195	1904	5967	20261	189487
CHNPGDP	16	6906	2947	2099	3832	7020	8817	12556

注：单位：现价美元。

将样本期间各东道国和中国的经济发展水平求得年度均值进行分析。表3-6列示了样本期间东道国和中国年度平均经济发展水平的排序。人均GDP最多的国家为摩纳哥。排序前10的国家中，除卡塔尔和美国外，其余均为欧洲国家。

表3-6　东道国和中国年度平均经济发展水平

排序	国家	PGDP	排序	国家	PGDP	排序	国家	PGDP
1	摩纳哥	169443	5	瑞士	81719	9	美国	55237
2	列支敦士登	154598	6	卡塔尔	67925	10	圣马力诺	55091
3	卢森堡	113709	7	爱尔兰	64089	11	瑞典	54536
4	挪威	85050	8	丹麦	59425	12	澳大利亚	54194

续表

排序	国家	PGDP	排序	国家	PGDP	排序	国家	PGDP
13	新加坡	53951	45	拉脱维亚	14997	77	土库曼斯坦	5621
14	荷兰	51474	46	匈牙利	14452	78	伊朗	5554
15	奥地利	48592	47	克罗地亚	14181	79	圭亚那	5468
16	芬兰	48208	48	乌拉圭	14157	80	阿塞拜疆	5365
17	加拿大	46752	49	波兰	13565	81	厄瓜多尔	5363
18	比利时	45325	50	塞舌尔	13558	82	波黑	5168
19	德国	44464	51	智利	13508	83	北马其顿	5139
20	英国	43805	52	委内瑞拉	11641	84	伊拉克	5063
21	法国	40849	53	俄罗斯联邦	11287	85	纳米比亚	4956
22	日本	40485	54	巴拿马	11285	86	斐济	4886
23	阿拉伯	40050	55	阿根廷	10908	87	牙买加	4867
24	新西兰	38520	56	土耳其	10366	88	叙利亚	4768
25	以色列	35709	57	罗马尼亚	10060	89	阿尔巴尼亚	4496
26	意大利	34983	58	哥斯达黎加	10000	90	阿尔及利亚	4387
27	文莱	34678	59	马来西亚	9775	91	突尼斯	4016
28	巴哈马	30092	60	墨西哥	9609	92	约旦	3870
29	西班牙	29706	61	哈萨克斯坦	9609	93	萨摩亚	3830
30	塞浦路斯	29022	62	巴西	9487	94	危地马拉	3644
31	韩国	27359	63	毛里求斯	8942	95	萨尔瓦多	3490
32	马耳他	25179	64	加蓬	8419	96	蒙古国	3405
33	斯洛文尼亚	24235	65	保加利亚	7902	97	乌克兰	3292
34	希腊	22785	66	黑山	7241	98	印度尼西亚	3274
35	巴林	22412	67	苏里南	7166	99	安哥拉	3236
36	葡萄牙	22181	68	中国	6947	100	斯里兰卡	3200
37	沙特阿拉伯	21152	69	南非	6910	101	密克罗尼西亚	3034
38	捷克	20722	70	博茨瓦纳	6705	102	摩洛哥	2961
39	阿曼	19153	71	塞尔维亚	6542	103	瓦努阿图	2836
40	爱沙尼亚	19006	72	多米尼加	6462	104	埃及	2830
41	斯洛伐克	17727	73	哥伦比亚	6262	105	刚果（布）	2729
42	特立尼达和多巴哥	17367	74	白俄罗斯	6251	106	菲律宾	2692
43	巴巴多斯	16696	75	泰国	5776	107	玻利维亚	2630
44	立陶宛	15618	76	秘鲁	5751	108	巴布亚新几内亚	2371

排序	国家	PGDP	排序	国家	PGDP	排序	国家	PGDP
109	越南	2308	123	肯尼亚	1369	137	乌干达	734
110	尼日利亚	2283	124	塞内加尔	1342	138	布基纳法索	717
111	吉布提	2176	125	孟加拉国	1295	139	卢旺达	681
112	洪都拉斯	2150	126	巴基斯坦	1256	140	多哥	675
113	科特迪瓦	1943	127	津巴布韦	1118	141	利比里亚	612
114	乌兹别克斯坦	1836	128	柬埔寨	1093	142	埃塞俄比亚	563
115	尼加拉瓜	1776	129	吉尔吉斯斯坦	1092	143	莫桑比克	531
116	老挝	1772	130	东帝汶	1074	144	厄立特里亚	507
117	加纳	1758	131	缅甸	973	145	尼日尔	506
118	毛里塔尼亚	1622	132	坦桑尼亚	880	146	阿富汗	501
119	苏丹	1597	133	塔吉克斯坦	823	147	塞拉利昂	500
120	印度	1551	134	尼泊尔	821	148	中非共和国	455
121	喀麦隆	1451	135	乍得	813	149	马拉维	451
122	赞比亚	1398	136	马里	776	150	刚果（金）	437

图 3-13 展示了中国 2006~2021 年相对于东道国的人均 GDP 变化趋势。与 150 个东道国相比，在 2006 年，中国的人均 GDP 仅位于第 100 名。随着中国经济发展水平的快速提升，截至 2021 年，中国攀升至第 50 名。随着中国经济和世界经济的快速发展，我国企业进行对外直接投资面临的东道国经济环境也在不断发生变化。

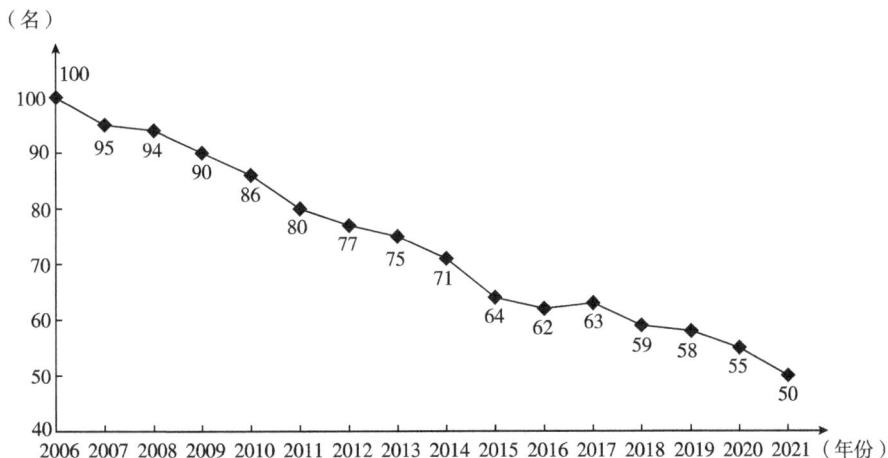

图 3-13 中国 2006~2021 年经济发展（PGDP）变化趋势

表 3-7 列示了中国对外直接投资企业的东道国经济发展水平描述性统计。首先，聚焦于企业对外直接投资面临的东道国经济环境。由于企业面临多个东道国的不同经济发展水平，因此，分别选取东道国人均 GDP 的最大值（Maxgdp）以及加权平均值（Wagdp）（以样本在各东道国的子公司数量占海外子公司总数的比例为权重）代表企业面临的东道国经济发展水平。其中，最高经济发展水平（Maxgdp）的最大值为 135682.80 美元（现价美元，后同），最小值为 263.73 美元，表明企业进行对外直接投资的目的地在经济发展环境上存在极大差异。加权平均经济发展水平（Wagdp）的最大值为 135682.80 美元，最小值为 263.73 美元，同样表明对外直接投资企业所去的东道国经济发展水平差异较大。

表 3-7　对外直接投资企业的东道国经济发展（按对外直接投资公司—年度样本统计）

Variable	N	Mean	SD	Min	P25	P50	P75	P90	Max
Maxgdp	11704	50517.01	24619.90	263.73	41103.26	56762.73	63027.68	69287.54	135682.80
Wagdp	11704	39212.71	20110.01	263.73	25980.26	42783.32	54571.63	62805.25	135682.80
Isupgdp	11704	0.89	0.31	0.00	1.00	1.00	1.00	1.00	1.00
Allupgdp	11704	0.62	0.48	0.00	0.00	1.00	1.00	1.00	1.00
Upgdphostnum	11704	1.94	2.13	0.00	1.00	1.00	2.00	4.00	28.00
Upgdphostrate	11704	0.78	0.34	0.00	0.60	1.00	1.00	1.00	1.00
Upgdpsubnum	11704	2.35	4.50	0.00	1.00	1.00	2.00	5.00	104.00
Upgdpsubrate	11704	0.70	0.43	0.00	0.00	1.00	1.00	1.00	1.00

其次，聚焦于企业对外直接投资东道国的上下行分布特征，基于各东道国和中国的人均 GDP（PGDP）数据，区分出我国企业对外直接投资的上下行东道国，即当该年度东道国 PGDP 大于中国时，认为企业对外直接投资去往上行经济发展东道国；反之，则去往下行经济发展东道国。

本书对企业对外直接投资的东道国经济发展进行了如下几个方面的描述性统计和分析：在企业对外直接投资的上下行流向方面，有 89% 的企业对外直接投资至少去往一个上行经济发展东道国（Isupgdp），所有对外直接投资均去往上行经济发展东道国（Allupgdp）的样本占 62%。在企业的对外直接投资上下行经济发展东道国分布方面，企业的上行经济发展东道国数量（Upgdphostnum）的均值为 1.94，有的企业投资并未去往任何上行经济发展东道国，有的企业的投资去往了 28 个上行经济发展东道国。企业对外投资的上行经济发展东道国数量占企业对外投资全部东道国数量比重（Upgdphostrate）的平均值为 0.78，即平均每个样本约有 78% 的上行经济发展东道国，表明企业间的对外直接投资东道国的经济发展分布差异较大，且总体上企业更倾向于去上行经济发展东道国进行对外直接投资。在企业的对外直接投资上下行海外子公司方面，平均每个样本有 2.35 个子公司在上行经济发展东道国投资。企业的上行经济发展海外子公司数量占企业全部海外子公司数量比重（Upgdpsubrate）的平均值为 0.70，同样表明企业更倾向于去上行经济发展东道国进行对外直接投资。

3.3.3 东道国国家治理分析

表 3-8 分别对东道国和中国的国家治理水平进行了描述性统计。采用世界银行的世界治理指数（WGI）来衡量国家的治理水平。样本期间，东道国治理指数的均值为 -0.02，最大值为 1.92，而最小值为 -2.06，表明不同东道国之间的治理水平存在巨大差异。我国治理指数的均值为 -0.51，最大值为 -0.24，最小值为 -0.70。

表 3-8   东道国和中国的国家治理描述性统计（按国家—年度样本统计）

Variable	N	Mean	SD	Min	P25	P50	P75	Max
WGI	2400	-0.02	0.92	-2.06	-0.72	-0.18	0.69	1.92
CHNwgi	16	-0.51	0.15	-0.70	-0.63	-0.56	-0.37	-0.24

注：采用世界银行的世界治理指数（WGI）衡量各国的治理水平，该指标的分布区间为 -2.5~2.5。

将样本期间内各东道国和中国的国家治理水平求得年度均值进行分析。表 3-9 列示了样本期间东道国及中国年度平均国家治理水平的排序。国家治理水平最高的国家为芬兰，其次为挪威、新西兰和丹麦。排序较靠前的国家中，除加拿大外均为欧洲国家。

表 3-9   东道国和中国年度平均国家治理水平

排序	国家	WGI	排序	国家	WGI	排序	国家	WGI
1	芬兰	1.814	5	瑞士	1.748	9	列支敦士登	1.592
2	挪威	1.768	6	瑞典	1.708	10	加拿大	1.584
3	新西兰	1.763	7	卢森堡	1.689	11	澳大利亚	1.518
4	丹麦	1.757	8	荷兰	1.618	12	奥地利	1.515

排序	国家	WGI	排序	国家	WGI	排序	国家	WGI
13	新加坡	1.458	45	以色列	0.537	77	阿尔巴尼亚	-0.204
14	德国	1.441	46	阿拉伯	0.527	78	卢旺达	-0.219
15	爱尔兰	1.414	47	塞舌尔	0.513	79	圭亚那	-0.273
16	英国	1.341	48	意大利	0.501	80	萨尔瓦多	-0.276
17	日本	1.304	49	卡塔尔	0.486	81	斯里兰卡	-0.28
18	比利时	1.27	50	密克罗尼西亚	0.482	82	多米尼加	-0.304
19	美国	1.17	51	纳米比亚	0.415	83	赞比亚	-0.314
20	法国	1.156	52	克罗地亚	0.392	84	土耳其	-0.324
21	巴巴多斯	1.113	53	希腊	0.34	85	马拉维	-0.334
22	爱沙尼亚	1.073	54	瓦努阿图	0.316	86	秘鲁	-0.349
23	马耳他	1.071	55	马来西亚	0.279	87	印度尼西亚	-0.357
24	圣马力诺	1.057	56	南非	0.147	88	墨西哥	-0.374
25	葡萄牙	1.029	57	罗马尼亚	0.116	89	摩洛哥	-0.38
26	斯洛文尼亚	0.976	58	阿曼	0.113	90	波黑	-0.389
27	摩纳哥	0.975	59	特立尼达和多巴哥	0.104	91	沙特阿拉伯	-0.391
28	智利	0.963	60	牙买加	0.095	92	泰国	-0.396
29	乌拉圭	0.921	61	保加利亚	0.079	93	哥伦比亚	-0.403
30	塞浦路斯	0.918	62	加纳	0.064	94	布基纳法索	-0.435
31	巴哈马	0.899	63	黑山	0.063	95	坦桑尼亚	-0.44
32	捷克	0.885	64	巴拿马	0.055	96	越南	-0.442
33	西班牙	0.816	65	苏里南	-0.027	97	菲律宾	-0.451
34	立陶宛	0.789	66	斐济	-0.072	98	中国	-0.508
35	韩国	0.765	67	蒙古国	-0.079	99	厄瓜多尔	-0.516
36	毛里求斯	0.76	68	巴西	-0.1	100	莫桑比克	-0.549
37	拉脱维亚	0.672	69	阿根廷	-0.108	101	玻利维亚	-0.556
38	波兰	0.671	70	约旦	-0.117	102	哈萨克斯坦	-0.563
39	萨摩亚	0.663	71	塞尔维亚	-0.139	103	东帝汶	-0.575
40	斯洛伐克	0.66	72	北马其顿	-0.172	104	加蓬	-0.625
41	博茨瓦纳	0.652	73	突尼斯	-0.172	105	巴布亚新几内亚	-0.626
42	哥斯达黎加	0.613	74	塞内加尔	-0.183	106	塞拉利昂	-0.639
43	匈牙利	0.59	75	巴林	-0.184	107	乌克兰	-0.645
44	文莱	0.545	76	印度	-0.197	108	乌干达	-0.672

续表

排序	国家	WGI	排序	国家	WGI	排序	国家	WGI
109	洪都拉斯	-0.686	124	多哥	-0.837	139	土库曼斯坦	-1.196
110	尼日尔	-0.696	125	阿塞拜疆	-0.846	140	津巴布韦	-1.289
111	危地马拉	-0.696	126	柬埔寨	-0.852	141	缅甸	-1.295
112	尼加拉瓜	-0.706	127	孟加拉国	-0.855	142	委内瑞拉	-1.366
113	肯尼亚	-0.714	128	吉尔吉斯斯坦	-0.88	143	厄立特里亚	-1.373
114	白俄罗斯	-0.721	129	埃塞俄比亚	-0.912	144	乍得	-1.422
115	马里	-0.726	130	科特迪瓦	-0.913	145	朝鲜	-1.438
116	利比里亚	-0.75	131	安哥拉	-0.996	146	中非共和国	-1.509
117	尼泊尔	-0.752	132	伊朗	-0.998	147	伊拉克	-1.54
118	埃及	-0.766	133	喀麦隆	-1.004	148	叙利亚	-1.56
119	吉布提	-0.788	134	刚果（布）	-1.076	149	苏丹	-1.597
120	俄罗斯	-0.79	135	巴基斯坦	-1.109	150	刚果（金）	-1.626
121	阿尔及利亚	-0.791	136	乌兹别克斯坦	-1.117	151	阿富汗	-1.683
122	毛里塔尼亚	-0.802	137	尼日利亚	-1.155			
123	老挝	-0.834	138	塔吉克斯坦	-1.165			

图 3-14 展示了中国 2006~2021 年相对于东道国国家治理水平的变化趋势。与 150 个东道国相比，在 2006 年，中国的国家治理水平位于第 108 名。其间，中国的国家治理指数波动增长，截至 2021 年，攀升至第 84 名，增长迅速。

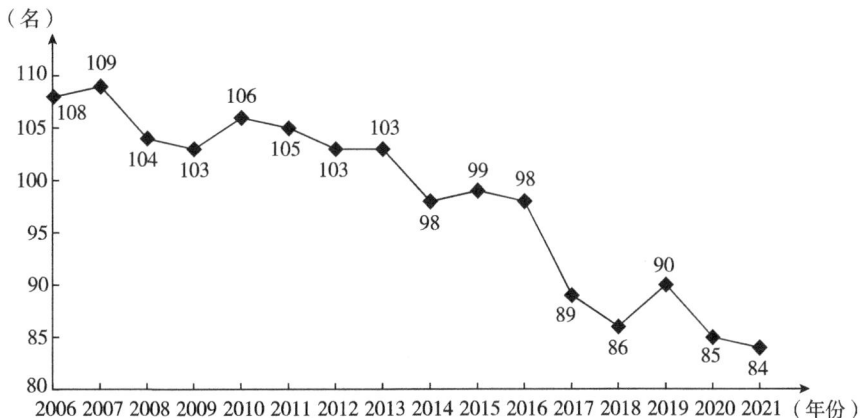

图 3-14　中国 2006~2021 年国家治理（WGI）变化趋势

表3-10列示了中国对外直接投资企业的东道国国家治理水平描述性统计。首先，聚焦于企业对外直接投资面临的具体东道国国家治理环境。由于企业面临多个东道国的不同国家治理水平，因此，分别选取东道国国家治理指数的最大值（Maxwgi）以及加权平均值（Wawgi）（以样本在各东道国的子公司数量占海外子公司总数的比例为权重）代表企业面临的东道国国家治理水平。其中，最高国家治理水平（Maxwgi）的最大值为1.88，最小值为-1.71，表明企业进行对外直接投资的目的地在国家治理环境上存在极大差异。加权平均国家治理水平（Wawgi）的最大值为1.88，最小值为-1.71，同样表明对外直接投资企业去往的东道国国家治理水平差异较大。

表3-10 对外直接投资企业的东道国国家治理（按对外直接投资公司—年度样本统计）

Variable	N	Mean	SD	Min	P25	P50	P75	Max
Maxwgi	11712	1.11	0.66	-1.71	0.98	1.36	1.52	1.88
Wawgi	11712	0.81	0.67	-1.71	0.44	1.02	1.30	1.88
Isupwgi	11712	0.94	0.23	0.00	1.00	1.00	1.00	1.00
Allupwgi	11712	0.75	0.43	0.00	1.00	1.00	1.00	1.00
Upwgihostnum	11712	2.25	2.50	0.00	1.00	1.00	3.00	34
Upwgihostrate	11712	0.88	0.27	0.00	1.00	1.00	1.00	1.00
Upwgisubnum	11712	2.89	5.14	0.00	1.00	1.00	3.00	117
Upwgisubrate	11712	0.82	0.36	0.00	1.00	1.00	1.00	1.00

其次，聚焦于企业对外直接投资东道国的上下行分布特征，基于各东道国和中国的国家治理指数（WGI）数据，区分出我国企业对外直接投资的上下行东道国，即当该年度东道国国家治理指数大于中国时，认为企业对外直接投资去往上行国家治理东道国；反之，则去往下行国家治理东道国。

对企业对外直接投资的东道国国家治理进行了如下几个方面的描述性统计和分析：在企业对外直接投资的上下行流向方面，有94%的企业对外直接投资至少去往一个上行国家治理东道国（Isupwgi），所有对外直接投资均去往上行国家治理东道国（Allupwgi）的样本占75%。在企业的对外直接投资上下行国家治理东道国分布方面，企业的上行国家治理东道国数量（Upwgihostnum）的均值为2.25，有的企业投资并未去往任何上行国家治理东道国，而有的企业去往34个上行治理东道国。企业的上行国家治理东道国数量占企业全部东道国数量比重（Upwgihostrate）的平均值为0.88，表示平均每个样本约有88%的上行国家治理东道国，说明总体上企业更倾向于去上行国家治理东道国进行对外直接投资。在企业的对外直接投资海外子公司方面，平均每个样本有 2.89 个子公司在上行国家治理东道国，最大值为 117。企业的上行国家治理海外子公司数量占企业全部海外子公司数量比重（Upwgisubrate）的平均值为 0.82，同样表明我国企业更倾向于去国家治理水平较高的东道国进行投资。

3.3.4　东道国环境规制分析

表 3-11 分别对东道国和中国的环境规制进行了描述性统计。本书采用环境治理指数中的空气质量得分来衡量东道国的环境规制强度，空气质量得分越高，则代表国家的环境规制越强。样本期间，东道国空气质量的均值为 71.46，最大值为 100，而最小值为 0，表明不同东道国之间的环境规制存在巨大差异。我国空气质量得分的均值为 24.09，最大值为 56.10，最小值为 1.05。

表 3-11　东道国和中国的环境规制描述性统计（按国家—年度样本统计）

Variable	N	Mean	SD	Min	P25	P50	P75	Max
PM2.5	2400	71.46	27.73	0.00	53.34	77.78	98.66	100.00
CHNPM	16	24.09	19.71	1.05	3.48	26.09	38.22	56.10

注：采用环境绩效指数（EPI）中的子项目 PM2.5 得分来衡量各国的环境规制强度，该指标的分布区间为 0～100。

将样本期间内各东道国和中国的环境规制强度求得年度均值进行分析。表 3-12 列示了样本期间东道国及中国年度平均环境规制强度情况。环境规制强度最高的国家为澳大利亚，其次为瑞典、挪威和芬兰。

表 3-12　东道国和中国年度平均环境规制强度

排名	国家	PM2.5	排名	国家	PM2.5	排名	国家	PM2.5
1	澳大利亚	98.96	9	丹麦	94.51	17	毛里求斯	90.56
2	瑞典	98.78	10	英国	94.27	18	萨摩亚	89.73
3	挪威	98.65	11	美国	93.44	19	瓦努阿图	89.52
4	芬兰	98.35	12	法国	92.94	20	哥伦比亚	89.07
5	新西兰	98.26	13	葡萄牙	92.89	21	西班牙	88.56
6	爱沙尼亚	97.22	14	巴布亚新几内亚	91.09	22	委内瑞拉	88.55
7	爱尔兰	96.85	15	卢森堡	90.80	23	巴西	88.23
8	加拿大	96.20	16	拉脱维亚	90.71	24	坦桑尼亚	87.97

排名	国家	PM2.5	排名	国家	PM2.5	排名	国家	PM2.5
25	尼加拉瓜	87.55	57	乌克兰	79.56	89	多哥	71.09
26	莫桑比克	87.33	58	牙买加	79.47	90	赞比亚	70.96
27	厄瓜多尔	87.21	59	巴哈马	79.44	91	塞拉利昂	70.75
28	德国	87.11	60	希腊	79.36	92	中非共和国	70.70
29	俄罗斯	87.03	61	突尼斯	79.25	93	加纳	70.00
30	立陶宛	87.01	62	墨西哥	78.99	94	吉布提	69.43
31	瑞士	86.55	63	白俄罗斯	78.61	95	波兰	69.05
32	斐济	86.50	64	北马其顿	78.55	96	新加坡	68.86
33	马耳他	86.49	65	南非	78.52	97	塞尔维亚	68.82
34	多米尼加	85.77	66	文莱	78.32	98	保加利亚	68.06
35	哈萨克斯坦	85.73	67	圣马力诺	78.16	99	约旦	66.43
36	巴拿马	85.45	68	克罗地亚	77.96	100	蒙古国	66.34
37	塞舌尔	85.09	69	斯洛伐克	77.66	101	阿富汗	65.63
38	菲律宾	85.03	70	捷克	77.61	102	柬埔寨	65.15
39	哥斯达黎加	84.78	71	吉尔吉斯斯坦	77.57	103	博茨瓦纳	64.83
40	日本	84.36	72	巴巴多斯	77.32	104	玻利维亚	64.60
41	乌干达	82.88	73	匈牙利	77.24	105	阿尔巴尼亚	64.07
42	肯尼亚	82.87	74	以色列	77.15	106	阿尔及利亚	63.54
43	萨尔瓦多	82.65	75	纳米比亚	76.99	107	朝鲜	63.47
44	圭亚那	82.34	76	利比里亚	76.15	108	斯里兰卡	63.08
45	波黑	82.33	77	罗马尼亚	75.52	109	厄立特里亚	62.87
46	摩洛哥	82.19	78	卢旺达	73.86	110	埃塞俄比亚	62.45
47	比利时	81.89	79	危地马拉	73.45	111	韩国	61.21
48	加蓬	81.83	80	黑山	73.14	112	特立尼达和多巴哥	60.72
49	苏里南	81.32	81	阿根廷	73.11	113	刚果（金）	60.35
50	津巴布韦	81.29	82	智利	73.09	114	伊朗	59.53
51	奥地利	81.07	83	秘鲁	72.38	115	乌拉圭	58.92
52	洪都拉斯	81.02	84	塞浦路斯	71.95	116	印度尼西亚	57.97
53	斯洛文尼亚	80.43	85	土耳其	71.24	117	喀麦隆	57.94
54	意大利	80.23	86	科特迪瓦	71.22	118	东帝汶	57.67
55	马来西亚	80.08	87	列支敦士登	71.15	119	老挝	57.23
56	荷兰	79.56	88	摩纳哥	71.15	120	安哥拉	56.44

续表

排名	国家	PM2.5	排名	国家	PM2.5	排名	国家	PM2.5
121	阿塞拜疆	56.42	132	泰国	50.57	143	尼泊尔	40.62
122	布基纳法索	55.38	133	缅甸	50.39	144	沙特阿拉伯	36.91
123	尼日利亚	54.26	134	毛里塔尼亚	48.27	145	埃及	33.35
124	塔吉克斯坦	52.67	135	乌兹别克斯坦	48.09	146	伊拉克	29.41
125	越南	52.52	136	阿曼	47.67	147	密克罗尼西亚	25.27
126	土库曼斯坦	52.38	137	巴林	47.64	148	中国	24.09
127	马拉维	52.14	138	乍得	47.17	149	印度	24.07
128	叙利亚	51.86	139	尼日尔	43.65	150	巴基斯坦	14.48
129	塞内加尔	51.77	140	马里	43.37	151	孟加拉国	12.00
130	卡塔尔	51.60	141	苏丹	41.39			
131	刚果（布）	51.10	142	阿拉伯	40.68			

　　表3-13列示了公司层面的东道国环境规制强度。首先，聚焦于企业对外直接投资面临的具体东道国政府环境规制。由于企业面临多个东道国的不同环境规制水平，因此，分别选取东道国环境规制的最大值（Maxpm）以及加权平均值（Wapm）（以样本在各东道国的子公司数量占海外子公司总数的比例为权重）代表企业面临的东道国环境规制水平。其中，最高环境规制水平（Maxpm）的最大值为100，最小值为0，表明企业进行对外直接投资的目的地在环境规制上存在极大差异。加权平均环境规制（Wapm）的最大值为100，最小值为0，同样表明对外直接投资去往的东道国环境规制水平差异较大。

表3-13　对外直接投资企业的东道国环境规制（按对外直接投资公司一年度样本统计）

Variable	N	Mean	SD	Min	P25	P50	P75	P90	Max
Maxpm	11712	83.59	20.42	0.00	78.00	88.52	100.00	100.00	100.00
Wapm	11712	75.30	21.12	0.00	62.90	78.80	93.41	100.00	100.00
Isuppm	11712	0.59	0.49	0.00	0.00	1.00	1.00	1.00	1.00
Alluppm	11712	0.30	0.46	0.00	0.00	0.00	1.00	1.00	1.00
Uppmhostnum	11712	1.13	1.57	0.00	0.00	1.00	1.00	3.00	19.00
Uppmhostrate	11712	0.44	0.42	0.00	0.00	0.46	1.00	1.00	1.00
Uppmsubnum	11712	1.28	3.26	0.00	0.00	0.00	1.00	3.00	98.00
Uppmsubrate	11712	0.38	0.45	0.00	0.00	0.00	1.00	1.00	1.00

其次，聚焦于企业对外直接投资东道国的上下行分布特征，基于各东道国和中国的国家空气质量得分数据，区分出我国企业对外直接投资的上下行东道国。本书以东道国环境规制的年度均值作为识别上下行环境规制的门槛，即当该年度东道国空气质量得分大于东道国环境规制的年度均值时，认为企业对外直接投资去往上行环境规制东道国；反之，则去往下行环境规制东道国。

对企业对外直接投资的东道国环境规制进行了如下几个方面的描述性统计和分析：在企业对外直接投资的上下行流向方面，有59%的企业对外直接投资至少去往一个上行环境规制东道国（Isuppm），所有对外直接投资均去往上行环境规制东道国（Alluppm）的样本占30%。在企业的对外直接投资上下行东道国分布方面，企业的上行环境规制东道国数量（Uppmhostnum）的均值为1.13，有的企业投资并未去往任何上行环境规制东道国，有的企业去往19个上行环境规制东道国。企业的上行环境规制东道国数量占企业全部东道国数量比重（Uppmhostrate）的平均值为0.44，表示平均每个样本约有44%的上行环境规制东道国，说明对外直接投资企业在上行环境规制东道国的投资分布相对较少。在企业的对外直接投资海外子公司方面，平均每个样本有1.28个子公司在上行环境规制东道国，最大值为98。企业在上行环境规制东道国的海外子公司数量占企业全部海外子公司数量比重（Uppmsubrate）的平均值为0.38，同样表明我国对外直接投资企业在上行环境规制东道国的投资比例较小，意味着东道国严格的环境规制可能对企业的海外经营产生极大的影响。

3.4　本章小结

本章对企业的对外直接投资现状、东道国制度环境的情况进行描述性统计分析，并总结如下：第一，参与对外直接投资的上市公司数量和占比逐年增长，其中，2012年我国企业对外直接投资增长迅猛。第二，企业对外直接投资普遍呈现投资规模差异大、投资东道国范围分布广的特点。第三，从一级行业分布来看，参与对外直接投资的企业主要集中在制造业，信息传输、软件和信息技术服务业，批发和零售业，制造业中参与对外直接投资的公司数量及对外直接投资总额最高，电力、热力燃气及水的生产和供应业的企业平均对外直接投资额度位居第一。从二级行业分布来看，计算机、通信和其他电子设备制造业进行对外直接投资的企业数量最多，汽车制造业的对外直接投资总额最高，电信、广播电视和卫星传输服务行业的企业平均对外直接投资额度位居第一。第四，从对外直接投资企业的地区分布来看，进行对外直接投资的上市公司仍然主要分布在北京、上海以及东南沿海等发达地区。北京市、山东省和浙江省的企业的对外直接投资稳居前列，四川省的企业参与对外直接投资的热情较高、对外直接投资发展水平提升较快。

在东道国制度环境方面，我国企业的对外直接投资广泛分布在 150 个国家，既有欧美的发达国家，也有柬埔寨、缅甸、印度等发展中国家，这为本书的研究提供了上下行投资兼而有之的场景。在经济发展方面，截至 2021 年，我国的经济发展水平攀升至第 50 位，距离世界前列仍有差距。随着我国经济发展水平的快速提升和世界经济的不断发展，我国企业进行对外直接投资面临的东道国经济环境也在不断发生变化，进行对外直接投资将面临的巨大的东道国环境规制压力。

4 东道国制度环境与对外直接投资企业绿色创新

4.1 引言

全球环境保护和可持续发展问题正在推动世界各国加快构建全球环境治理体系。《巴黎协定》从环境保护与治理上明确了全球共同追求的"硬指标",将世界各国都纳入呵护地球生态、确保人类发展的命运共同体中,为全球应对气候变化的行动做出统一安排。我国为应对气候问题提出了"2030 年前碳达峰"和"2060 年前实现碳中和"的"双碳"目标,在全球环境治理体系中扮演着重要的角色。随着国际社会对全球可持续发展进程的不断推进,如何平衡经济、社会和环境问题成为必须面对的难题。实践和理论均表明,创新是可持续发展的关键驱动力(Silvestre & Țîrcă, 2019),尤其绿色创新对于生态环保和节能减排具有重要作用,是减轻环境负担的有效途径(Zhang et al., 2017;Long et al., 2017)。在我国企业广泛开展对外直接投资的现实背景下,企业将面临更大的环保风险和更高的环境不确定性,环境风险急剧上升,这种外部制度环境压力将极大地推动对外直接投资企业的绿色创新发展。

改革开放以来,我国对外开放政策经历了从"引进来"到"走出去"的转变,对外直接投资总量稳定持续增加。截至 2021 年底,中国共 2.86 万家境内企业在国(境)外设立 4.6 万家企业,分布在全球 190 个国家(地区)。

随着越来越多的企业开展对外直接投资,全球可持续发展理念和国际环境的变化也将对我国企业的行为决策产生更深远的影响。"走出去"的企业不仅在东道国具有天然的外来者劣势,在此国际背景下也面临着更大的国际环境挑战和利益相关者压力。复杂的东道国制度环境以及增长的不确定性风险可能会推动我国对外直接投资企业加快可持续发展进程,积极开展绿色环保创新活动,从而更好地实现绿色发展。

一方面,基于跳板理论,来自新兴经济体的企业可能基于技术并购等目的开展对外直接投资活动,实现关键资源的获取及知识技术的双向溢出,基于学习效应不断吸收东道国先进的生产技术以提升企业自身的创新能力(Nair et al.,2016;Hong et al.,2019),从而提升企业的核心能力与特定优势,在全球竞争中占据优势地位。另一方面,基于战略性企业社会责任观,企业积极承担社会责任有助于企业获得合法性(Bansal,2005;Delmasm & Toffel,2008),赢得消费者和社会公众的认可(石军伟等,2009;Hornstein & Zhao,2018)以及减少外来者劣势(Dyer,2015;潘镇等,2020)。因此,企业不仅可能通过学习效应获取先进的绿色产品设计或是绿色生产工艺,从而不断提升企业的绿色创新水平,还可能将绿色创新作为一种缓解利益相关者对企业环境表现关注的社会责任战略工具,以减少对外直接投资的不确定性和风险。在现有研究中,关于企业对外直接投资与绿色创新关系并未形成统一结论,对外直接投资可能有助于企业获得逆向技术溢出效应,促进创新发展(毛其淋和许家云,2014;陈培如和冼国明,2020);但也可能只是污染和落后产业转移的方式,并未提高企业创新(杨子晖和田磊,2017;龚梦琪和刘海云,2018)。鲜有研究从东道国制度环境视角深入分析对外直接投资企业在复杂东道国制度环境下的绿色创新决策及其影响机制。

基于此,东道国制度环境如何影响对外直接投资企业的绿色创新亟待探究。本章旨在通过探究东道国制度环境对企业绿色创新的影响,厘清对外直接投资企业的绿色创新决策的行为动机和理论逻辑。为了回答以上问题,本章基于 2006~2021 年我国沪深 A 股上市公司对外直接投资及东道国制度环境数据,实证检验了东道国制度环境对于对外直接投资企业的绿色创新的影响。研究发现,企业进行对外直接投资显著促进了绿色创新;东道国的经济发展、国家治理和环境规制显著积极影响了对外直接投资企业的绿色创新水平,表明东道国制度环境的差异性会切实影响对外直接投资企业进行绿色创新的动机,对企业的绿色创新水平产生差异性影响。经过一系列的稳健性检验,本章的研究结论仍然成立。接下来,进一步从绿色创新的不同类别,如绿色发明专利和绿色实用新型专利,以及绿色创新的方向,如源头管控创新和末端治理创新角度分析了东道国制度环境对不同类型和方向的绿色创新的影响。异质性分析从是否重污染行业、企业的海外投资年限以及是否有海外背景高管三个方面验证了对外直接投资企业提高绿色创新水平的风险管理动机和合法性动机。此外,对企业的经济后果进行了检验,发现绿色创新对于企业未来的海外盈利和企业价值具有积极作用,而对短期价值的提升没有显著的影响。且东道国经济发展及国家治理水平均能够增强绿色创新对于企业海外业绩和市场价值的积极作用，但东道国的环境规制强度则会削弱绿色创新对市场价值的促进作用，表明在较强环境规制下，绿色创新仍有利于企业长期价值的提升，但环境规制会抑制投资者对绿色创新企业长期价值的增量预期。

本章主要在以下三个方面拓展和丰富了现有研究：

第一，从对外直接投资和东道国制度环境角度拓展了绿色创新影响因素的相关研究。以往研究主要检验了单一国家的环境规制强度和不同环境规制工具对绿色创新的影响（Pascual et al.，2013；李青原和肖泽华，2020），而本章将企业绿色创新的影响因素从国内的环境规制和市场机制政策拓展到全球因素和国别差异，发掘了东道国制度环境这一影响绿色创新表现的重要因素，为当前经济全球化背景下研究企业的创新行为决策和绿色创新动因提供了新的视角。

第二，从东道国视角，基于东道国经济发展、环境规制和国家治理，探究了企业对外直接投资影响绿色创新的作用机制。以往关于对外直接投资对企业价值、企业绩效以及投融资行为等的影响没有得到一致性的结论（杜龙政和林润辉，2018；李勃昕等，2021；吴崇等，2021），可能是忽略了东道国的制度环境问题对研究结论的差异性影响。而本章进一步从东道国制度环境视角深入剖析企业对外直接投资影响绿色创新的作用机制，发现不同东道国制度环境对企业的绿色创新具有差异性作用。企业需要基于不同的内在动机在东道国采用差异性绿色创新策略来应对企业的海外投资风险。本章的研究结论丰富了对外直接投资企业的绿色创新动机研究。

第三，从绿色创新的视角丰富了企业对外直接投资相关经济后果的研究。以往研究大多立足于宏观层面如国家或地区层面，探究对外直接投资的影响因素（王永钦等，2014；陈琳等，2019；戴翔和王如雪，2022）及技术创新和绿色绩效相关的经济后果（毛其淋和许家云，2014；陈培如和冼国明，2020）。区别于此，本章聚焦于微观企业层面，检验了对外直接投资对企业绿色创新的影响。一方面，在当前时代背景和国际环境趋势下，探究企业对外直接投资的绿色创新效应对于完善全球环境治理体系具有重要的现实意义。另一方面，绿色创新可以作为一种新兴的战略性企业社会责任行为，为解释企业对外直接投资的行为决策提供新的理论逻辑。

本章的其余部分安排如下：第二部分为理论分析与假设发展；第三部分为研究设计；第四部分为实证结果与分析；第五部分为进一步研究；第六部分为异质性分析；第七部分为经济后果检验；第八部分为本章小结。

4.2 理论分析与假设发展

4.2.1 企业对外直接投资与绿色创新

企业对外直接投资必然会面临外部投资环境的高度不确定性，面对东道国投资经营风险如政治、经济、贸易和社会文化壁垒，以及更广泛的社区、客户、投资者等利益相关者的期望。一方面，基于战略性企业社会责任观，企业承担社会责任可以帮助企业减少劣势（Zaheer，1995），赢得消费者认可和社会认同（Hornstein & Zhao，2018），获得政府的赞许和支持（Su & He，2010；Long & Yang，2016）。另一方面，对外直接投资的企业通过跨国投资实现关键资源的获取及知识技术的双向溢出，不断吸收东道国先进的生产技术以提升企业自身的创新能力（刘东丽和刘宏，2017），从而有利于企业进行绿色创新。因此，企业对外直接投资基于以下机理对绿色创新产生促进作用：

第一，为获得合法性和进行风险管理。合法性是组织生存发展的关键性资源。合法性理论认为（Edwin & Dow，1978），企业组织的生存权和其他权利都需要社会赋予，如果企业的活动与其所在社会体制的目标和价值一致，那么企业就取得了合法地位。由此，企业进行海外投资需要考虑东道国政府、社区、媒体和社会公众等非市场因素对其合法性的影响。我国企业进行对外直接投资可能由于违反东道国制度监管或社会规范要求面临更高的诉讼风险。东道国更加严格的环境规制会提高企业的生产成本，加剧企业的环境违规风险。绿色创新是治理污染的高质量环保行为，能够更加有效地促进污染减排，降低企业的环境违规风险，提升环境绩效，从而切实提高企业的绿色竞争力。积极的绿色创新环境责任表现有助于降低外界对企业的感知风险，帮助企业获得生存所需的合法性（钟洪武，2007；Berrone et al.，2013；Attig et al.，2016）。同时，更高的政府监管效率及执法能力促使企业严格遵守东道国的规章制度，对企业的公司治理和环境责任表现可能具有积极的影响。因此，基于东道国政府和社会的多重制度监管压力，尤其是面临增长的环境违规风险，对外直接投资企业更可能采取积极的绿色创新战略来谋求东道国的合法性和进行风险管理。

第二，为缓解外来者劣势。国际社会对企业环境表现的高度关注会加剧我国企业的外来者劣势。对外直接投资企业在东道国作为外来的存在，与当地的企业相比具有天然的劣势，在东道国市场通常面临更高的生产和贸易成本（Baik et al. , 2013）。为此，对外直接投资企业试图提高自己的声誉和知名度，吸引更多的海外投资者，提高企业的竞争力。在利益相关者理论下，企业社会责任具有正外部性，能够增强外部利益相关者对企业的感知和认可，缓解沟通和心理距离的不利影响，对企业价值产生促进作用。社会责任作为一种企业区别于其他竞争者的战略工具，在新常态下对国际化企业提升海外形象具有积极作用。基于声誉理论，企业通过承担环境责任来响应投资者、消费者和海外员工等利益相关者的要求，以建立良好的企业形象和提高企业声誉。企业的绿色创新向外界传递了企业积极承担环境责任的信号，向东道国社会公众展示了企业为保护环境和节能减排而做出的努力，迎合东道国的社会规范、社会价值和社会信念体系。因此，绿色创新作为企业履行环境责任的具体表现，有助于减少企业的外来者劣势。企业有动机选择积极的绿色创新策略来应对对外直接投资面临的外来者劣势。

第三，基于学习效应，进行对外直接投资的企业可能获得逆向技术溢出效应。企业在经济制度完善、技术先进的东道国更可能接近高水平的技术和创新，通过不断地学习和吸收相关创新知识等，对企业的创新发展产生积极作用。基于以上分析，本章提出以下假设：

假设4-1：在其他条件不变的情况下，企业对外直接投资水平与绿色创新正相关。

4.2.2 东道国制度环境与绿色创新

由于东道国制度环境是对外直接投资企业行为决策的重要影响因素，且既有研究探讨对外直接投资与创新的关系时，可能忽略了东道国制度环境对于对外直接投资企业行为决策的影响，本章将从东道国经济发展、环境规制和国家治理三个维度出发，基于东道国制度环境视角探索对外直接投资影响企业绿色创新决策的作用机制。

东道国经济发展作为东道国制度水平和规制强度的综合体现，表征着国家的创新发展水平，也体现了国家推动可持续发展的经济能力。自20世纪90年代以来，经济发展与环境质量之间的关系一直受到学者的关注。根据环境库兹涅茨曲线假说（Grossman & Krueger, 1995），环境质量或污染物排放水平与人均收入之间呈现一种倒"U"形关系，即在经济增长初期，污染排放会随着收入的增长不断增加；当收入超过一定水平后，环境质量逐步好转。这一现象也在经验上得到验证，如许多发展中国家的城市污染水平随着经济增长不断提高。相反，发达国家的城市污染在20世纪80年代以后较之前10年则有所减少。Romer（1986，1990）和Lucas（1988）提出的内生经济增长模型强调，知识的积累是经济增长的主要原因，内生技术进步是经济持续增长的决定性因素。创新水平往往与经济

增长正相关 (Guloglu & Tekin, 2012)。因此, 东道国的经济发展水平在宏观层面上影响了国家的污染排放强度, 即较高的经济发展水平不仅提升了社会对良好生态环境的需求, 还从技术创新层面为污染减排提供了技术支撑, 从而对抑制污染排放具有积极作用, 进而可能进一步推动企业进行绿色创新。对外直接投资企业在经济技术发达的东道国更可能接触到先进的生产技术资源和有效的节能减排设计等, 从而可能对企业的绿色创新产生积极影响。此外, 消费者也是企业绿色创新的重要驱动力, 对于经济发展水平较高的国家而言, 其消费者对于绿色环保产品具有一定的偏好并愿意为之支付溢价。企业出于满足海外消费者绿色产品需求的动机, 会更愿意进行绿色创新以提高海外收益。而经济发展水平较低的国家由于政府能力较弱, 实物资本和技术资本匮乏, 其社会、环境或可持续性驱动因素可能难以推动外来投资企业进行绿色创新投资, 从而对海外直接投资企业的绿色创新影响较弱。基于此, 东道国的经济发展水平可能对企业的绿色创新具有积极影响。

从国家治理的角度来看, 国家治理水平体现了国家的政治稳定性、法治建设和资本市场的完善程度, 是推动可持续发展的制度基础。治理水平较高的国家意味着更严格的政府监管和更高的执法效率, 对企业环境负外部性的行为具有更强的约束力。制度理论解释了企业由于外部压力推动而进行的绿色创新行为。Scott (1995) 提出, 规制压力主要是指政府的行政指令、约束要求或者法律法规的强制力, 通过强制力量驱动企业实施绿色创新。面对东道国较高的治理效率和较强的监管能力, 高污染、低效能的企业可能无法获得制度合法性, 或是要付出更高的环境治理成本。严格的制度监管会促使企业进行绿色创新以降低环境污染所产生的合规成本。因此, 我国对外直接投资企业可能迫于东道国治理压力进行绿色创新, 以避免其不合法行为所带来的监管处罚成本, 并谋求在东道国的制度合法性。此外, 在治理水平较高的东道国中, 较完善的资本市场不仅能更好地进行资源配置, 还可能对公司治理产生积极影响, 引导企业采取积极的绿色创新战略。基于此, 东道国的国家治理水平可能对企业的绿色创新具有积极影响。

从环境规制的角度来看, 东道国环境规制直接影响其环境治理强度。在环境规制更为严格的国家, 对外直接投资企业具有更大的环境规制压力, 面临较高的违规风险, 且一旦发生违规将会承受严重的法律或行政惩处。环境规制是影响企业绿色创新的重要因素, 可能会产生创新补偿效应, 从而促进企业绿色生产的创新与扩散。"波特假说"指出, 合理的环境规制能够激励企业的创新生产技术和生产工艺, 优化资源配置, 从而激发企业的"创新补偿"效应, 实现环境质量改善与企业竞争力提升的"双赢" (Porter & Linde, 1995)。环境规制压力会从违规风险和合规成本的角度积极影响公司进行环境创新的倾向。基于此, 东道国的环境

规制可能对企业的绿色创新具有积极影响。基于以上分析,本章提出以下假设:

假设4-2a:在其他条件不变的情况下,东道国经济发展水平与企业绿色创新正相关。

假设4-2b:在其他条件不变的情况下,东道国国家治理水平与企业绿色创新正相关。

假设4-2c:在其他条件不变的情况下,东道国环境规制强度与企业绿色创新正相关。

4.3 研究设计

4.3.1 样本选择与数据来源

本章选取2006~2021年沪深A股上市公司为初始研究样本。由于企业海外直接投资的部分数据从2006年开始统计,出于可获得性限制,本章以2006年为初始年份。对初始样本进行以下筛选和处理:①剔除金融行业的样本。②剔除ST类公司样本。③剔除设立在我国港、澳、台地区以及设立在百慕大、开曼群岛、英属维尔京群岛等"避税天堂"的海外子公司数据。④剔除其他财务数据和公司治理数据有缺失的样本。最终得到11170个对外直接投资公司—年度样本和38299个上市公司—年度总样本。

本章的数据来源如下:对外直接投资数据来自CSMAR数据库,经手工整理计算得到,其他财务数据来自CSMAR数据库;企业的绿色创新数据来源于CNRDS数据库;东道国经济发展和国家治理数据来自世界银行,东道国环境规制数据来自耶鲁大学环境法律与政策中心(YCELP)与哥伦比亚大学国际地球科学信息网络中心(CIESIN)联合发布的环境绩效指数(Environmental Performance Index,EPI),经手工整理获得。为了消除极端值的影响,本章对所有连续变量进行了上下1%的缩尾处理。

4.3.2 变量定义

4.3.2.1 被解释变量

本章的被解释变量为绿色创新。以往研究普遍认为,企业的专利数量能够较好地表征企业的创新水平,且专利申请数据相比专利授权数据更加可靠及时。因此,借鉴李青原和肖泽华(2020)、王馨和王营(2021)的研究,本章利用绿色专利申请数量的自然对数来衡量企业的绿色创新水平（Grepat），具体为绿色发明专利和绿色实用新型专利数量之和加 1 的自然对数。本章也在后文中采用绿色专利授权数量的自然对数进行稳健性检验。

4.3.2.2 解释变量

本章的解释变量分别为企业对外直接投资（OFDI）和东道国制度环境。东道国制度环境分为以下三个维度：东道国经济发展（Maxgdp）、东道国国家治理（Maxwgi）和东道国环境规制（Maxpm）。

企业对外直接投资（OFDI）采用企业当年的海外子公司数量衡量，并使用企业期末对外直接投资总额的自然对数（OFDIamount）进行稳健性检验。

由于上市公司的对外直接投资广泛分布在全球各个国家，且每个上市公司的对外直接投资可能去往多个东道国。因此，本章将 2006~2021 年"上市公司—年度—海外子公司—东道国"维度的基础样本（子公司层面）转化为"公司—年度—东道国"维度样本，合并东道国制度环境相关数据后，整理呈现为公司—年度样本数据，对企业面临的东道国制度环境（公司层面）进行衡量。

一般情况下，企业在海外经营中面对来自多个东道国的不同强度制度环境时，会受到各东道国制度环境的不同程度影响。而基于合法性理论，企业的行为决策可能会受到风险和合法性的驱动。当企业能够良好应对更强的外部制度环境压力时，在较弱的制度环境下也能很好地应对面临的风险。因此，企业可能受到更严格的制度环境驱动来采取应对行为，即受到最强东道国制度环境的影响更大。借鉴 Hernndez 和 Nieto（2015）、Marano 和 Kostova（2016）的研究，本章采用企业对外直接投资各东道国的经济发展、国家治理和环境规制的最大值衡量企业面临的东道国制度环境，并在后文采用企业面临的东道国制度环境的加权平均数（以样本在各东道国的子公司数量占海外子公司总数的比例为权重）进行稳健性检验。

其中，东道国经济发展（Maxgdp）为企业进行对外直接投资的东道国人均 GDP 的最大值，经济发展水平初步体现了国家的制度环境质量。东道国国家治理（Maxwgi）为企业进行对外直接投资的东道国国家治理指数（World Governance Index，WGI）的最大值，东道国的国家治理指数越高，东道国就会拥有越好的制度环境和越高的治理水平。东道国环境规制（Maxpm）采用企业进行对外直接投资的东道国空气质量得分的最大值来衡量，东道国的空气质量越好，意味着其环境规制越严格。东道国的空气质量为环境绩效指数（Environmental Performance Index，EPI)[①] 中的 PM2.5 得分，得分越高，则空气质量越好、环境规

[①] https：//doi.org/10.7927/f54c-0r44.

制越强。

4.3.2.3 控制变量

借鉴齐绍洲等（2018）、李青原和肖泽华（2020）、王馨和王营（2021）的研究，本章选取以下可能影响企业绿色创新的指标作为控制变量：企业规模（Size）、资产负债率（Lev）、资产收益率（Roa）、现金流水平（Cfo）、企业成长性（Growth）、固定资产占比（Fixed）、股权集中度（Top1）、机构持股（IIholder）、公司年龄（Age）、产权性质（Soe）、母国地区环境规制（Proenvstr），并控制了公司固定效应（Firm）和年度固定效应（Year）。具体变量定义如表4-1所示。

表4-1　变量定义

变量类别	变量名称	变量代码	变量定义
被解释变量	绿色创新	Grepat	ln（绿色专利申请数量+1）
解释变量	对外直接投资	OFDI	海外子公司的数量
	东道国经济发展	Maxgdp	对外直接投资的东道国人均GDP的最大值
	东道国国家治理	Maxwgi	对外直接投资的东道国国家治理指数（WGI）的最大值
	东道国环境规制	Maxpm	对外直接投资的东道国PM2.5得分的最大值
控制变量	企业规模	Size	ln（期末总资产）
	资产负债率	Lev	总负债/期末总资产
	资产收益率	Roa	净利润/期末总资产
	现金流水平	Cfo	经营活动产生的现金流量净额/期末总资产
	企业成长性	Growth	（本期营业收入-上期营业收入）/上期营业收入
	固定资产占比	Fixed	固定资产/总资产
	股权集中度	Top1	第一大股东持股比例
	机构持股	IIholder	机构投资者的持股比例
	公司年龄	Age	ln（企业年龄+1）
	产权性质	Soe	若为国企则取1，否则取0
	母国地区环境规制	Proenvstr	（省份治污投资/省份工业增加值）/（省份工业增加值/省份GDP）

4.3.3　研究模型

为了检验本章的研究假设，构建模型（4-1）和模型（4-2），采用OLS回归估计系数，控制了公司固定效应和年度固定效应，并采用稳健标准误估计。预期对外直接投资（OFDI）、东道国经济发展（Maxgdp）、东道国国家治理（Maxwgi）和东道国环境规制（Maxpm）的系数 β1 显著为正。

$$\text{Grepat}=\beta 0+\beta 1 \text{OFDI}+\beta j \text{Controls}+\sum \text{Firm}+\sum \text{Year}+\varepsilon \tag{4-1}$$

$$\text{Grepat}=\beta 0+\beta 1 \text{Maxgdp}（\text{Maxwgi}，\text{Maxpm}）+\beta j \text{Controls}+\sum \text{Firm}+\sum \text{Year}+\varepsilon \tag{4-2}$$

4.4 实证结果与分析

4.4.1 描述性统计分析

表 4-2 是主要变量的描述性统计结果。Panel A 是对全样本的描述性统计。样本期间，平均每个样本有 1.121 个海外子公司，企业的海外子公司数最大为 31，最小值为 0，表明企业的对外直接投资水平存在较大差异。企业绿色创新的平均值为 0.770，最大值为 4.615，标准差为 1.114，表明企业的绿色创新水平总体较低，且企业间差距较大。

表 4-2 主要变量的描述性统计

Panel A 全样本描述性统计								
Variable	N	Mean	SD	Min	P25	P50	P75	Max
Grepat	38299	0.770	1.114	0.000	0.000	0.000	1.386	4.615
OFDI	38299	1.121	3.202	0.000	0.000	0.000	1.000	31.000
Size	38299	22.060	1.292	19.717	21.116	21.869	22.793	26.105
Lev	38299	0.423	0.205	0.051	0.258	0.418	0.579	0.884
Roa	38299	0.041	0.060	-0.228	0.016	0.040	0.070	0.202
Cfo	38299	0.049	0.071	-0.162	0.009	0.048	0.090	0.252
Growth	38299	0.187	0.407	-0.627	-0.015	0.123	0.301	2.397
Fixed	38299	0.218	0.165	0.002	0.088	0.184	0.310	0.710
Top1	38299	35.149	15.069	8.770	23.280	33.110	45.400	75.100
IIholder	38299	45.010	24.709	0.326	25.179	47.140	64.730	92.139
Age	38299	2.807	0.384	1.609	2.565	2.833	3.091	3.497
Soe	38299	0.384	0.486	0.000	0.000	0.000	1.000	1.000
Proenvstr	38299	0.633	0.544	0.066	0.295	0.443	0.775	2.781

Panel B 对外直接投资样本（子样本）描述性统计

Variable	N	Mean	SD	Min	P25	P50	P75	Max
Grepat	11170	1. 207	1. 328	0. 000	0. 000	0. 693	2. 079	4. 615
OFDI	11170	3. 914	5. 152	1. 000	1. 000	2. 000	4. 000	31. 000
Maxgdp	11170	10. 571	0. 988	6. 967	10. 640	10. 947	11. 051	11. 672
Maxwgi	11170	1. 127	0. 630	−0. 974	1. 037	1. 364	1. 520	1. 793
Maxpm	11170	84. 060	19. 641	10. 900	78. 050	89. 300	100. 000	100. 000
Size	11170	22. 570	1. 365	19. 717	21. 593	22. 364	23. 334	26. 105
Lev	11170	0. 443	0. 194	0. 051	0. 294	0. 442	0. 588	0. 884
Roa	11170	0. 042	0. 061	−0. 228	0. 017	0. 040	0. 072	0. 202
Cfo	11170	0. 053	0. 066	−0. 162	0. 015	0. 051	0. 091	0. 252
Growth	11170	0. 195	0. 376	−0. 627	0. 003	0. 137	0. 306	2. 397
Fixed	11170	0. 199	0. 142	0. 002	0. 090	0. 173	0. 276	0. 710
Top1	11170	34. 217	15. 083	8. 770	22. 445	32. 220	44. 720	75. 100
IIholder	11170	45. 397	25. 581	0. 326	23. 356	47. 561	66. 265	92. 139
Age	11170	2. 849	0. 361	1. 609	2. 639	2. 890	3. 091	3. 497
Soe	11170	0. 297	0. 457	0. 000	0. 000	0. 000	1. 000	1. 000
Proenvstr	11170	0. 595	0. 511	0. 066	0. 276	0. 424	0. 711	2. 781

Panel B 是对进行对外直接投资的子样本的描述性统计。对外直接投资的平均值为 3.914，说明平均每个对外直接投资样本有 3.914 个海外子公司，大于中位数 2，进一步表明企业的对外直接投资水平差异较大。在东道国制度环境方面，企业对外直接投资东道国的经济发展水平均值为 10.571，最大值为 11.672，标准差为 0.988；东道国国家治理水平的均值为 1.127，最大值为 1.793，标准差为 0.630；东道国环境规制的均值为 84.060，最大值为 100，标准差为 19.641，表明对外直接投资企业的东道国制度环境水平总体较高，企业面临的东道国环境规制强度存在极大的差异。对外直接投资企业的绿色创新均值为 1.207，最大值为 4.615，标准差为 1.328，意味着在进行对外直接投资的样本中，企业间的绿色创新水平仍然存在较大差异。

4.4.2 相关性分析

表 4-3 报告了变量的相关系数。企业对外直接投资与绿色创新的相关系数在 1%的水平上显著为正，东道国制度环境与绿色创新水平的相关系数也在 1%的水

平上显著为正，以上皆表明企业进行对外直接投资有利于促进绿色创新，且东道国制度环境对于提升对外直接投资企业的绿色创新水平具有积极作用，初步验证了假设 4-1 和假设 4-2a、4-2b、4-2c。

表 4-3　主要变量相关性分析

Variables	Grepat	OFDI	Maxgdp	Maxwgi	Maxpm	Size	Lev	Roa
Grepat	1.00	0.20***	0.12***	0.16***	0.07***	0.45***	0.28***	-0.06***
OFDI	0.17***	1.00	0.46***	0.51***	0.32***	0.33***	0.16***	-0.03***
Maxgdp	0.11***	0.26***	1.00	0.59***	0.27***	0.18***	0.01	0.01
Maxwgi	0.14***	0.30***	0.90***	1.00	0.38***	0.25***	0.10***	-0.01
Maxpm	0.08***	0.24***	0.54***	0.52***	1.00	0.12***	0.07***	-0.03***
Size	0.49***	0.33***	0.14***	0.18***	0.11***	1.00	0.52***	-0.11***
Lev	0.29***	0.17***	0.00	0.04***	0.04***	0.52***	1.00	-0.46***
Roa	-0.04***	-0.02***	0.00	0.01***	0.01**	-0.04***	-0.38***	1.00
Cfo	-0.02***	0.01***	0.02***	0.01***	0.02***	0.03***	-0.21***	0.43***
Growth	-0.01	0.03***	0.03***	0.03***	-0.02***	0.01	-0.01**	0.23***
Fixed	-0.02***	-0.04***	-0.03***	-0.02***	0.02***	0.12***	0.09***	-0.07***
Top1	0.04***	0.01*	-0.03***	0.00	0.03***	0.16***	0.05***	0.14***
Ilholder	0.15***	0.11***	0.03***	0.06***	0.10***	0.43***	0.20***	0.13***
Age	0.07***	0.07***	0.03***	-0.01	-0.11***	0.17***	0.15***	-0.10***
Soe	0.19***	0.03***	-0.01*	0.02***	0.06***	0.39***	0.31***	-0.10***
Proenvstr	-0.03***	-0.02***	-0.02***	0.01	0.07***	0.07***	0.03***	0.01
Variables	Cfo	Growth	Fixed	Top1	Ilholder	Age	Soe	Proenvstr
Grepat	-0.03***	0.01	-0.03***	0.01	0.12***	0.08***	0.17***	-0.06***
OFDI	0.03***	0.01	-0.06***	-0.01	0.09***	0.08***	0.01	-0.03***
Maxgdp	0.05***	0.03***	-0.05***	-0.09***	0.01	0.14***	-0.07***	-0.10***
Maxwgi	0.01	0.02**	-0.03***	0.02*	0.08***	-0.01	0.07***	0.03***
Maxpm	0.00	-0.06***	0.03***	0.04***	0.09***	-0.13***	0.07***	0.09***
Size	0.03***	-0.01	0.04***	0.11***	0.40***	0.22***	0.36***	0.04***
Lev	-0.21***	-0.04***	0.05***	0.05***	0.19***	0.16***	0.31***	0.02*
Roa	0.47***	0.31***	-0.08***	0.11***	0.10***	-0.11***	-0.18***	0.01
Cfo	1.00	0.05***	0.21***	0.09***	0.14***	-0.01	-0.04***	0.02**
Growth	0.02***	1.00	-0.07***	0.00	0.01	-0.10***	-0.11***	-0.03***

Variables	Cfo	Growth	Fixed	Top1	IIholder	Age	Soe	Proenvstr
Fixed	0.20***	-0.07***	1.00	0.07***	0.10***	-0.04***	0.09***	0.11***
Top1	0.09***	0.00	0.08***	1.00	0.49***	-0.12***	0.22***	0.07***
IIholder	0.13***	0.02***	0.14***	0.49***	1.00	-0.01	0.38***	0.09***
Age	-0.01	-0.07***	-0.03***	-0.14***	-0.01**	1.00	0.13***	-0.07***
Soe	-0.04***	-0.09***	0.14***	0.22***	0.38***	0.11***	1.00	0.09***
Proenvstr	-0.01**	0.00	0.06***	0.07***	0.08***	-0.05***	0.11***	1.00

注：右上方为 Spearman 相关系数，左下方为 Pearson 相关系数；***、**、*分别表示在 1%、5%和 10%的水平上显著。

4.4.3　企业对外直接投资与绿色创新的实证结果与分析

表 4-4 是模型（4-1）的回归结果，主要考察企业的对外直接投资对绿色创新的影响。其中，第（1）列不加入其他控制变量，仅在控制公司和年度固定效应的基础上考察对外直接投资对企业绿色创新的影响，对外直接投资（OFDI）的回归系数为 0.029，且在 1%的水平上显著。第（2）列为加入控制变量的结果，对外直接投资（OFDI）的回归系数在 1%的水平上显著为正。为保证研究结论的稳健性，第（3）列将模型（4-1）的回归样本限制在进行对外直接投资的子样本中，对外直接投资（OFDI）的回归系数在 1%的水平上显著为正，仍然支持本章假设。表明公司的对外直接投资越多，对企业绿色创新的积极作用越强，验证了假设 4-1。

表 4-4　企业对外直接投资与绿色创新回归结果

Variables	Grepat		
	（1）	（2）	（3）
OFDI	0.029***	0.016***	0.009***
	(14.24)	(7.90)	(3.33)
Size		0.310***	0.382***
		(31.31)	(14.73)
Lev		-0.129***	-0.034
		(-3.42)	(-0.37)
Roa		-0.083	0.079
		(-0.95)	(0.43)

Variables	Grepat		
	（1）	（2）	（3）
Cfo		−0.075	−0.117
		（−1.24）	（−0.87）
Growth		−0.005	−0.020
		（−0.53）	（−0.93）
Fixed		0.169***	−0.201
		（3.43）	（−1.42）
Top1		−0.002**	0.001
		（−2.53）	（0.37）
IIholder		−0.000	0.000
		（−0.40）	（0.24）
Age		0.184***	−0.026
		（3.65）	（−0.23）
Soe		0.050*	−0.101
		（1.95）	（−1.58）
Proenvstr		0.011	−0.029
		（1.16）	（−1.62）
_cons	0.742***	−6.540***	−7.307***
	（179.37）	（−26.32）	（−11.05）
N	38299	38299	11170
Firm	Yes	Yes	Yes
Year	Yes	Yes	Yes
r2_a	0.646	0.661	0.759

注：***、**、*分别表示在1%、5%和10%的水平上显著，括号内为 t 值。

4.4.4 东道国制度环境与企业绿色创新的实证结果与分析

企业进行对外直接投资为何能影响其绿色创新水平？本章进一步探究东道国制度环境对企业绿色创新决策的影响。在企业进行对外直接投资后，面对东道国不同于母国的制度环境，包括经济发展、国家治理和环境规制等制度差异，企业无论是基于海内外利益相关者群体的期望，还是出于主动获取竞争优势的动机，抑或是出于东道国政府和法律法规的合规性压力，都可能促进其绿色创新水平的提高。

表 4-5 是模型（4-2）的回归结果，解释变量是东道国制度环境，包括东道国经济发展（Maxgdp）、东道国国家治理（Maxwgi）和东道国环境规制（Maxpm），用于检验东道国制度环境对于企业绿色创新的影响。结果显示，东道国经济发展（Maxgdp）、东道国国家治理（Maxwgi）和东道国环境规制（Maxpm）均在 1% 的水平上显著为正，表明东道国制度环境确实是影响对外直接投资企业绿色创新决策的重要因素，对于提升企业的绿色创新水平具有积极作用，验证了本章的假设 4-2a、4-2b、4-2c。

表 4-5　东道国制度环境与企业绿色创新回归结果

Variables	Grepat					
	（1）	（2）	（3）	（4）	（5）	（6）
Maxgdp	0.086***	0.049***				
	(5.16)	(3.00)				
Maxwgi			0.152***	0.088***		
			(6.06)	(3.57)		
Maxpm					0.004***	0.003***
					(5.65)	(4.45)
Size		0.393***		0.390***		0.395***
		(15.59)		(15.47)		(15.83)
Lev		−0.010		−0.012		−0.021
		(−0.11)		(−0.13)		(−0.23)
Roa		0.070		0.070		0.078
		(0.38)		(0.38)		(0.43)
Cfo		−0.128		−0.123		−0.128
		(−0.95)		(−0.91)		(−0.95)
Growth		−0.019		−0.019		−0.019
		(−0.90)		(−0.90)		(−0.91)
Fixed		−0.206		−0.207		−0.202
		(−1.45)		(−1.46)		(−1.43)
Top1		0.000		0.000		0.001
		(0.26)		(0.23)		(0.31)
IIholder		0.000		0.000		0.000
		(0.37)		(0.34)		(0.29)

Variables	Grepat					
	(1)	(2)	(3)	(4)	(5)	(6)
Age		−0.038		−0.039		−0.041
		(−0.33)		(−0.34)		(−0.35)
Soe		−0.102		−0.103		−0.107*
		(−1.59)		(−1.61)		(−1.68)
Proenvstr		−0.031*		−0.030*		−0.031*
		(−1.71)		(−1.71)		(−1.72)
_cons	0.309*	−8.005***	1.042***	−7.503***	0.905***	−7.759***
	(1.76)	(−12.21)	(35.75)	(−11.50)	(16.37)	(−11.97)
N	11170	11170	11170	11170	11170	11170
Firm	Yes	Yes	Yes	Yes	Yes	Yes
Year	Yes	Yes	Yes	Yes	Yes	Yes
r2_a	0.749	0.759	0.749	0.759	0.749	0.759

注：***、**、*分别表示在1%、5%和10%的水平上显著，括号内为t值。

4.4.5 稳健性检验

4.4.5.1 绿色创新的长期效应检验

为了保证研究结论的稳健性，本章考虑了当期对外直接投资和东道国制度环境对企业绿色创新长期效应的影响。采用提前一期的绿色创新作为被解释变量进行衡量，回归结果如表4-6所示。

表4-6 绿色创新长期效应检验的回归结果

Variables	$Grepat_{t+1}$			
	(1)	(2)	(3)	(4)
OFDI	0.013***			
	(5.57)			
Maxgdp		0.052***		
		(2.96)		
Maxwgi			0.083***	
			(3.18)	

续表

Variables	Grepat$_{t+1}$			
	(1)	(2)	(3)	(4)
Maxpm				0.002***
				(2.76)
Size	0.261***	0.295***	0.293***	0.302***
	(23.68)	(10.35)	(10.28)	(10.67)
Lev	−0.025	0.105	0.103	0.094
	(−0.60)	(1.05)	(1.03)	(0.94)
Roa	0.633***	0.904***	0.903***	0.907***
	(6.67)	(4.51)	(4.51)	(4.53)
Cfo	−0.184***	−0.339**	−0.334**	−0.334**
	(−2.88)	(−2.29)	(−2.26)	(−2.26)
Growth	−0.004	−0.042*	−0.042*	−0.043*
	(−0.35)	(−1.81)	(−1.80)	(−1.83)
Fixed	0.169***	−0.181	−0.182	−0.175
	(3.12)	(−1.18)	(−1.19)	(−1.15)
Top1	−0.001**	−0.001	−0.001	−0.000
	(−1.96)	(−0.33)	(−0.35)	(−0.25)
IIholder	0.002***	0.003***	0.003***	0.003***
	(3.22)	(2.65)	(2.61)	(2.60)
Age	0.126**	−0.104	−0.107	−0.111
	(2.20)	(−0.82)	(−0.83)	(−0.86)
Soe	0.099***	−0.018	−0.019	−0.022
	(3.46)	(−0.23)	(−0.25)	(−0.28)
Proenvstr	−0.007	−0.035*	−0.035*	−0.036*
	(−0.69)	(−1.84)	(−1.83)	(−1.86)
_cons	−5.378***	−5.768***	−5.247***	−5.508***
	(−19.64)	(−7.94)	(−7.28)	(−7.67)
N	33350	9605	9605	9605
Firm	Yes	Yes	Yes	Yes
Year	Yes	Yes	Yes	Yes
r2_a	0.675	0.772	0.772	0.772

注：***、**和*分别表示在1%、5%和10%的水平上显著，括号内为t值。

4.4.5.2　替换解释变量

考虑到企业对外直接投资及东道国制度环境是本章的关键解释变量，本章采用替代衡量方式进行稳健性测试。第一，采用企业期末对外直接投资总额的自然对数（OFDIamount）来衡量企业的对外直接投资。第二，采用企业对外直接投资的各东道国制度环境的加权平均数（以样本在各东道国的子公司数量占海外子公司总数的比例为权重）进行替代衡量。替换解释变量衡量方式的回归结果如表4-7所示，企业对外直接投资总额（OFDIamount）、东道国经济发展（Wagdp）和东道国环境规制（Wapm）的系数显著为正，与前文结果基本一致。

表4-7　替换解释变量衡量方式的回归结果

Variables	Grepat			
	（1）	（2）	（3）	（4）
OFDIamount	0.095***			
	（5.44）			
Wagdp		0.035*		
		（1.81）		
Wawgi			0.019	
			（0.65）	
Wapm				0.001*
				（1.71）
Size	0.319***	0.398***	0.401***	0.402***
	（29.82）	（15.88）	（16.07）	（16.07）
Lev	−0.140***	−0.005	−0.008	−0.013
	（−3.52）	（−0.06）	（−0.09）	（−0.14）
Roa	−0.021	0.066	0.061	0.065
	（−0.24）	（0.36）	（0.34）	（0.35）
Cfo	−0.095	−0.127	−0.124	−0.125
	（−1.52）	（−0.94）	（−0.92）	（−0.93）
Growth	−0.001	−0.019	−0.020	−0.020
	（−0.07）	（−0.92）	（−0.93）	（−0.95）
Fixed	0.186***	−0.211	−0.209	−0.211
	（3.63）	（−1.50）	（−1.48）	（−1.50）
Top1	−0.002**	0.001	0.001	0.001
	（−2.17）	（0.30）	（0.36）	（0.38）

Variables	Grepat			
	（1）	（2）	（3）	（4）
IIholder	−0.000	0.000	0.000	0.000
	（−0.97）	（0.36）	（0.35）	（0.34）
Age	0.203***	−0.042	−0.042	−0.040
	（3.72）	（−0.36）	（−0.36）	（−0.35）
Soe	0.055**	−0.102	−0.101	−0.101
	（2.09）	（−1.59）	（−1.59）	（−1.59）
Proenvstr	0.020**	−0.030*	−0.030*	−0.031*
	（2.07）	（−1.71）	（−1.70）	（−1.71）
_cons	−6.806***	−7.944***	−7.670***	−7.759***
	（−25.46）	（−11.94）	（−11.82）	（−11.89）
N	34073	11170	11170	11170
Firm	Yes	Yes	Yes	Yes
Year	Yes	Yes	Yes	Yes
r2_a	0.659	0.759	0.759	0.759

注：***、**和*分别表示在1%、5%和10%的水平上显著，括号内为t值。

4.4.5.3 替换被解释变量：采用企业授权的绿色专利数量

为保证研究结论的稳健性，本章采用替换被解释变量的方式进行稳健性测试。分别采用企业当年获得授权的绿色专利总量（Green_authorized）和企业下一年获得授权的绿色专利总量（Green_authorized$_{t+1}$）来衡量企业的绿色创新，回归结果如表4-8所示，与前文结果基本一致。

表4-8 替换被解释变量衡量方式的回归结果

Variables	Green_authorized$_t$				Green_authorized$_{t+1}$			
	（1）	（2）	（3）	（4）	（5）	（6）	（7）	（8）
OFDI	0.014***				0.014***			
	（7.39）				（6.84）			
Maxgdp		0.059***				0.054***		
		（3.69）				（3.30）		
Maxwgi			0.105***				0.090***	
			（4.36）				（3.72）	

续表

Variables	Green_ authorized$_t$				Green_ authorized$_{t+1}$			
	(1)	(2)	(3)	(4)	(5)	(6)	(7)	(8)
Maxpm				0.002 ***				0.002 ***
				(3.82)				(3.92)
Size	0.236 ***	0.292 ***	0.288 ***	0.297 ***	0.218 ***	0.266 ***	0.263 ***	0.272 ***
	(26.62)	(12.40)	(12.28)	(12.73)	(22.20)	(10.02)	(9.92)	(10.31)
Lev	−0.037	0.103	0.101	0.093	−0.031	0.133	0.131	0.119
	(−1.10)	(1.24)	(1.22)	(1.13)	(−0.85)	(1.50)	(1.48)	(1.34)
Roa	−0.159 **	−0.116	−0.117	−0.113	0.180 **	0.203	0.202	0.209
	(−2.08)	(−0.76)	(−0.76)	(−0.74)	(2.14)	(1.22)	(1.21)	(1.25)
Cfo	0.048	0.153	0.160	0.154	−0.066	−0.127	−0.121	−0.122
	(0.90)	(1.20)	(1.26)	(1.21)	(−1.19)	(−1.00)	(−0.95)	(−0.96)
Growth	−0.024 ***	−0.042 **	−0.042 **	−0.042 **	−0.017 *	−0.030	−0.030	−0.030
	(−2.78)	(−2.13)	(−2.13)	(−2.16)	(−1.86)	(−1.37)	(−1.36)	(−1.38)
Fixed	0.231 ***	0.147	0.146	0.151	0.242 ***	0.050	0.048	0.057
	(5.34)	(1.17)	(1.16)	(1.20)	(5.13)	(0.37)	(0.36)	(0.42)
Top1	−0.001	0.000	0.000	0.001	−0.000	0.003 **	0.003 **	0.004 **
	(−1.48)	(0.23)	(0.20)	(0.34)	(−0.52)	(2.05)	(2.02)	(2.12)
IIholder	−0.000	0.001	0.001	0.001	0.000	0.001	0.000	0.000
	(−0.18)	(0.97)	(0.93)	(0.89)	(1.14)	(0.53)	(0.48)	(0.46)
Age	0.216 ***	0.041	0.039	0.037	0.215 ***	0.061	0.059	0.056
	(4.62)	(0.37)	(0.36)	(0.34)	(4.18)	(0.52)	(0.51)	(0.47)
Soe	0.028	−0.138 **	−0.141 **	−0.143 **	0.056 **	−0.038	−0.040	−0.044
	(1.29)	(−2.44)	(−2.48)	(−2.53)	(2.20)	(−0.57)	(−0.60)	(−0.65)
Proenvstr	0.006	−0.018	−0.018	−0.018	0.003	−0.007	−0.007	−0.008
	(0.73)	(−1.13)	(−1.12)	(−1.12)	(0.40)	(−0.46)	(−0.44)	(−0.49)
_cons	−5.221 ***	−6.413 ***	−5.817 ***	−6.092 ***	−4.830 ***	−5.891 ***	−5.348 ***	−5.646 ***
	(−23.52)	(−10.57)	(−9.68)	(−10.18)	(−19.89)	(−8.69)	(−7.97)	(−8.43)
N	38299	11170	11170	11170	33350	9605	9605	9605
Firm	Yes	Yes	Yes	Yes	Yes	Yes	Yes	Yes
Year	Yes	Yes	Yes	Yes	Yes	Yes	Yes	Yes
r2_a	0.656	0.754	0.754	0.754	0.676	0.776	0.776	0.776

注：***、** 和 * 分别表示在1%、5%和10%的水平上显著，括号内为 t 值。由于企业绿色创新授权量的数据提前一期引起部分样本数据缺失，从而样本量产生了变化。

4.4.5.4 增加固定效应：增加行业固定效应

考虑到企业在样本期间可能存在行业的变更，本章在个体和年度固定效应的基础上增加了行业固定效应进行稳健性测试，回归结果如表4-9所示。企业对外直接投资（OFDI）、东道国经济发展（Maxgdp）、东道国国家治理（Maxwgi）和东道国环境规制（Maxpm）的系数显著为正，与前文结果基本一致，表明本章的研究结果较为稳健。

表4-9 增加行业固定效应的回归结果

Variables	Grepat			
	（1）	（2）	（3）	（4）
OFDI	0.015***			
	(7.35)			
Maxgdp		0.050***		
		(3.04)		
Maxwgi			0.090***	
			(3.62)	
Maxpm				0.003***
				(4.48)
Size	0.321***	0.395***	0.392***	0.398***
	(32.77)	(15.63)	(15.51)	(15.86)
Lev	−0.135***	−0.003	−0.005	−0.015
	(−3.60)	(−0.04)	(−0.06)	(−0.17)
Roa	−0.101	0.070	0.070	0.076
	(−1.16)	(0.39)	(0.38)	(0.42)
Cfo	−0.053	−0.145	−0.139	−0.145
	(−0.89)	(−1.08)	(−1.03)	(−1.08)
Growth	−0.009	−0.017	−0.017	−0.017
	(−0.93)	(−0.80)	(−0.80)	(−0.79)
Fixed	0.128***	−0.231	−0.232*	−0.229
	(2.61)	(−1.63)	(−1.65)	(−1.62)
Top1	−0.002**	0.000	0.000	0.000
	(−2.38)	(0.17)	(0.14)	(0.22)
IIholder	−0.000	0.000	0.000	−0.000
	(−0.10)	(0.07)	(0.04)	(−0.02)
Age	0.166***	−0.008	−0.008	−0.009
	(3.30)	(−0.07)	(−0.07)	(−0.08)

Variables	Grepat			
	（1）	（2）	（3）	（4）
Soe	0.057**	−0.080	−0.082	−0.086
	(2.26)	(−1.25)	(−1.28)	(−1.35)
Proenvstr	0.014	−0.029*	−0.029	−0.029*
	(1.48)	(−1.65)	(−1.64)	(−1.65)
_cons	−6.736***	−8.138***	−7.629***	−7.886***
	(−27.33)	(−12.33)	(−11.65)	(−12.10)
N	38299	11170	11170	11170
Firm	Yes	Yes	Yes	Yes
Year	Yes	Yes	Yes	Yes
Ind	Yes	Yes	Yes	Yes
r2_a	0.664	0.760	0.760	0.760

注：***、**和*分别表示在1%、5%和10%的水平上显著，括号内为t值。

4.4.5.5　替换模型：Tobit 模型

考虑到部分上市公司的绿色创新数量为0，具有明显的左截断数据特征，为避免最小二乘模型估计结果有偏，本章用 Tobit 模型进行分析，结果如表4-10所示。企业对外直接投资（OFDI）、东道国经济发展（Maxgdp）、东道国国家治理（Maxwgi）和东道国环境规制（Maxpm）的系数均为正，且大都在1%的水平上显著，与前文结果基本一致，表明本章的研究结果较为稳健。

表4-10　替换模型（Tobit）的回归结果

Variables	Grepat			
	（1）	（2）	（3）	（4）
OFDI	0.008***			
	(2.70)			
Maxgdp		0.035*		
		(1.74)		
Maxwgi			0.068**	
			(2.21)	
Maxpm				0.003***
				(2.90)

Variables	Grepat			
	(1)	(2)	(3)	(4)
Size	0.648***	0.622***	0.619***	0.621***
	(40.94)	(25.82)	(25.64)	(25.94)
Lev	−0.325***	0.144	0.143	0.137
	(−4.32)	(1.15)	(1.15)	(1.10)
Roa	−0.492***	0.025	0.024	0.032
	(−2.78)	(0.09)	(0.09)	(0.12)
Cfo	−0.365***	−0.279	−0.274	−0.283
	(−2.67)	(−1.29)	(−1.26)	(−1.31)
Growth	0.023	−0.013	−0.013	−0.013
	(1.16)	(−0.41)	(−0.41)	(−0.40)
Fixed	−0.159*	−0.490***	−0.487***	−0.487***
	(−1.76)	(−2.99)	(−2.97)	(−2.97)
Top1	−0.005***	−0.002	−0.002	−0.002
	(−4.31)	(−0.98)	(−0.99)	(−0.94)
IIholder	−0.003***	−0.002**	−0.002**	−0.002**
	(−3.52)	(−2.08)	(−2.09)	(−2.15)
Age	−0.371***	−0.225**	−0.224**	−0.229**
	(−6.14)	(−2.47)	(−2.47)	(−2.52)
Soe	0.032	0.090	0.090	0.090
	(0.79)	(1.39)	(1.40)	(1.39)
Proenvstr	−0.022	−0.057**	−0.057**	−0.057**
	(−1.16)	(−2.05)	(−2.05)	(−2.04)
_cons	−14.268***	−14.065***	−13.717***	−13.901***
	(−43.09)	(−26.40)	(−26.61)	(−27.02)
N	38299	11170	11170	11170
Firm	Yes	Yes	Yes	Yes
Year	Yes	Yes	Yes	Yes

注：***、**和*分别表示在1%、5%和10%的水平上显著，括号内为t值。此处为随机效应Tobit模型。

4.4.6 内生性问题处理

4.4.6.1 识别企业首次对外直接投资前后的绿色创新差异

为了更好地识别因果关系，本章识别出企业首次进行对外直接投资的时间节点，构建多时点双重差分模型（4-3）以探究企业首次进行对外直接投资前后绿色创新水平的变化，具体模型如下：

$$Grepat = \beta0 + \beta1 Treat \times Post + \beta j Controls + \sum Firm + \sum Year + \varepsilon \qquad (4-3)$$

其中，被解释变量为企业绿色创新，与前文保持一致。解释变量为 Treat×Post，衡量了首次对外直接投资对企业绿色创新的净影响。其中，Treat 为处理效应，将参与过对外直接投资的企业定义为处理组并取值为 1；将从未进行对外直接投资的企业定义为对照组，取值为 0。Post 为时间效应，当企业首次进行对外直接投资以后，当年及之后年份对应的 Post 取值为 1，其余年份对应的 Post 取值为 0。其他控制变量与模型（4-1）保持一致。此外，本章在此剔除了不连续的对外直接投资企业样本，即中途曾退出海外直接投资的企业样本，以及自 2006 年起已经进行对外直接投资的样本，因为本章的样本起始时间为 2006 年，但 2006 年是否为企业首次进行对外直接投资的时间节点并不能确定，因此剔除了这部分样本，最终得到 34618 个公司—年度样本。

回归结果如表 4-11 所示，Treat×Post 的系数在 1% 的水平上显著为正，表明企业在进行对外直接投资后会促进企业绿色创新水平的提升，支持了本章的研究结论。参考马光荣等（2020）的做法，采用事件研究方法检验平行趋势是否满足，同时这也可以反映企业对外直接投资对于绿色创新的动态效应。检验结果如图 4-1 所示，图中点表示交乘项系数的大小，虚线表示置信区间。在企业首次进行对外直接投资之前，企业间绿色创新数量差异相对较小，说明本章 DID 方法满足平行趋势的要求；而在企业首次进行对外直接投资之后，对外直接投资企业的绿色创新数量逐渐超过未进行对外直接投资的企业，且差异越来越大。结果表明，在一定程度上缓解了本章的内生性问题后，本章的研究结论仍然成立。

表 4-11 识别企业首次对外直接投资样本的回归结果

Variables	Grepat
	（1）
Treat×Post	0. 137 ***
	（8. 28）
Size	0. 310 ***
	（29. 48）
Lev	−0. 153 ***
	（−3. 87）
Roa	−0. 088
	（−0. 97）

Variables	Grepat
	(1)
Cfo	−0.061
	(−0.98)
Growth	−0.007
	(−0.69)
Fixed	0.112**
	(2.20)
Top1	−0.002**
	(−2.17)
IIholder	−0.000
	(−1.05)
Age	0.187***
	(3.37)
Soe	0.079***
	(2.93)
Proenvstr	0.012
	(1.21)
_cons	−6.552***
	(−24.96)
N	34618
Firm	Yes
Year	Yes
r2_a	0.647

注：***、**和*分别表示在1%、5%和10%的水平上显著，括号内为t值。

4.4.6.2 倾向得分匹配（PSM）法

考虑到企业是否进行对外直接投资可能受到其他特征的影响，本章采用倾向得分匹配方法（PSM），以企业规模（Size）、资产负债率（Lev）、资产收益率（Roa）、现金流水平（Cfo）、企业成长性（Growth）、固定资产占比（Fixed）、股权集中度（Fixed）、机构持股（IIholder）、公司年龄（Age）、产权性质（Soe）、母国地区环境规制（Proenvstr）作为倾向得分匹配的影响因子，将进行对外直接投资的样本（ISOFDI=1）与未进行对外直接投资的样本（ISOFDI=0）进行一对一重复抽取的近邻匹配，匹配后的组间样本差异如表4-12所示，影响因子的组间差异均不显著。针对匹配后的样本重新使用模型（4-1）进行检验。回归结果如表4-13所示，与前文结果基本一致。

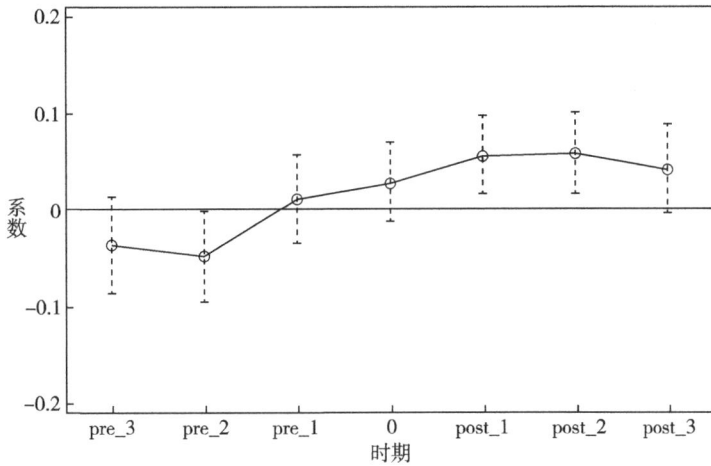

图 4-1 平行趋势检验（1）

表 4-12 倾向得分匹配（PSM）描述性统计

Variables	ISOFDI = 0	Mean	ISOFDI = 1	Mean	MeanDiff
Size	7019	22.272	7199	22.237	0.034
Lev	7019	0.428	7199	0.423	0.005
Roa	7019	0.042	7199	0.042	0.000
Cfo	7019	0.052	7199	0.051	0.001
Growth	7019	0.193	7199	0.192	0.001
Fixed	7019	0.202	7199	0.202	0.000
Top1	7019	34.661	7199	34.515	0.146
IIholder	7019	44.423	7199	44.35	0.074
Age	7019	2.836	7199	2.832	0.003
Soe	7019	0.324	7199	0.316	0.008
Proenvstr	7019	0.609	7199	0.608	0.001

表 4-13 倾向得分匹配（PSM）回归结果

Variables	Grepat
	(1)
OFDI	0.015 ***
	(4.18)

续表

Variables	Grepat
	(1)
Size	0.322 ***
	(13.49)
Lev	−0.124
	(−1.50)
Roa	−0.070
	(−0.40)
Cfo	−0.008
	(−0.06)
Growth	0.015
	(0.72)
Fixed	0.072
	(0.62)
Top1	−0.003 **
	(−2.15)
IIholder	0.000
	(0.18)
Age	0.058
	(0.52)
Soe	−0.017
	(−0.28)
Proenvstr	−0.001
	(−0.07)
_cons	−6.279 ***
	(−10.53)
N	14218
Firm	Yes
Year	Yes
r2_a	0.662

注：***、**和*分别表示在1%、5%和10%的水平上显著，括号内为 t 值。

4.5 进一步研究

4.5.1 东道国制度距离的进一步分析

前文已经验证了东道国制度环境对于企业的绿色创新具有积极作用。但有研究认为，当母国与东道国的制度距离较大时，可能会面临更高的风险和合规成本，企业的外来者劣势较大。基于这一观点，对外直接投资企业应对东道国制度环境风险产生的较高合规成本可能挤占企业的绿色创新投资，从而在较大的制度距离下，东道国制度环境可能对企业绿色创新并无显著的促进作用。

基于此，本章计算出中国企业的东道国制度环境与母国制度环境间的制度距离，并将其根据中位数划分为高低两组，检验东道国与母国制度距离对于企业绿色创新决策的影响。结果如表 4-14 所示，第（1）和第（3）列显示，在经济发展距离和国家治理距离较大组中，东道国经济发展、国家治理与绿色创新显著正相关，可能的原因是先进的技术创新往往与经济发展水平和国家治理水平正相关，当企业去经济距离较大或是国家治理距离较大的东道国投资时，更可能接触和学习到顶尖技术。较完善的资本市场、政府治理体系等有助于优化企业的内部治理，从而有利于进行绿色创新。第（5）和第（6）列中东道国环境规制仅在距离较小组中与绿色创新显著正相关，意味着较大的环境规制距离可能为企业带来高昂的合规成本，不利于企业的绿色创新活动，再次验证了"波特假说"的作用场景。以上结果表明，合理的制度距离才能对对外直接投资的企业的绿色创新活动产生积极作用。

表 4-14 东道国制度距离分析回归结果

Variables	Grepat					
	经济发展距离大	经济发展距离小	国家治理距离大	国家治理距离小	环境规制距离大	环境规制距离小
	（1）	（2）	（3）	（4）	（5）	（6）
Maxgdp	0.145***	0.047*				
	（2.58）	（1.66）				
Maxwgi			0.350**	0.049		
			（2.18）	（1.15）		

续表

Variables	Grepat					
	经济发展距离大	经济发展距离小	国家治理距离大	国家治理距离小	环境规制距离大	环境规制距离小
	(1)	(2)	(3)	(4)	(5)	(6)
Maxpm					0.003	0.004 ***
					(1.42)	(3.44)
Size	0.431 ***	0.349 ***	0.353 ***	0.386 ***	0.456 ***	0.217 ***
	(11.95)	(8.36)	(9.59)	(10.02)	(13.50)	(4.55)
Lev	-0.153	-0.063	-0.064	-0.107	-0.062	-0.153
	(-1.28)	(-0.39)	(-0.47)	(-0.76)	(-0.54)	(-0.85)
Roa	-0.366	0.369	0.453	-0.370	-0.168	0.378
	(-1.48)	(1.28)	(1.62)	(-1.53)	(-0.72)	(1.18)
Cfo	-0.037	-0.227	-0.016	-0.291	-0.016	-0.472 **
	(-0.20)	(-1.13)	(-0.08)	(-1.54)	(-0.10)	(-2.09)
Growth	-0.044	0.045	-0.036	0.022	-0.016	0.012
	(-1.58)	(1.44)	(-1.19)	(0.69)	(-0.60)	(0.33)
Fixed	-0.483 **	0.212	-0.504 **	-0.098	-0.238	-0.049
	(-2.45)	(0.96)	(-2.39)	(-0.48)	(-1.30)	(-0.18)
Top1	0.003	-0.001	-0.001	0.002	0.002	-0.000
	(1.33)	(-0.37)	(-0.42)	(0.78)	(0.69)	(-0.04)
IIholder	0.001	0.000	0.002	-0.003 **	-0.000	0.002
	(0.41)	(0.03)	(1.60)	(-2.02)	(-0.14)	(0.84)
Age	0.159	-0.218	0.130	-0.145	0.074	-0.108
	(0.96)	(-1.11)	(0.82)	(-0.75)	(0.50)	(-0.46)
Soe	-0.080	-0.115	0.050	-0.233 ***	-0.088	-0.116
	(-0.83)	(-1.22)	(0.52)	(-2.64)	(-1.05)	(-1.09)
Proenvstr	-0.013	-0.036	-0.005	-0.030	-0.046 **	0.014
	(-0.51)	(-1.28)	(-0.20)	(-1.12)	(-1.97)	(0.45)
_cons	-10.455 ***	-6.469 ***	-7.540 ***	-6.968 ***	-9.483 ***	-3.637 ***
	(-9.64)	(-6.02)	(-7.76)	(-7.06)	(-10.96)	(-2.93)
N	6722	4448	5938	5232	7365	3805
Firm	Yes	Yes	Yes	Yes	Yes	Yes
year	Yes	Yes	Yes	Yes	Yes	Yes
r2_a	0.772	0.760	0.776	0.743	0.781	0.730

注：***、**和*分别表示在1%、5%和10%的水平上显著，括号内为t值。

4.5.2 绿色创新类型：绿色实用新型专利 vs. 绿色发明专利

东道国制度环境引发了企业经营风险提高以及寻求合法性的动机，从而促进了企业的绿色创新水平提升。而企业的绿色创新根据其创新质量高低又分为绿色发明创新（Grepat_ino）和绿色实用新型创新（Grepat_umi），分别体现了企业创新的质量和数量。本章进一步探究东道国制度环境对于企业绿色创新类型的影响，回归结果如表 4-15 所示。企业的对外直接投资不仅提升了绿色创新数量，也提高了绿色创新质量。除东道国经济发展水平对于绿色创新质量并无显著的作用外，东道国国家治理与环境规制均对企业的绿色创新水平展现出了"量质齐升"的积极作用。

表 4-15 绿色创新类型：绿色实用新型专利 vs. 绿色发明专利回归结果

Variables	Grepat_umi					Grepat_ino				
	(1)	(2)	(3)	(4)	(5)	(6)	(7)	(8)	(9)	(10)
OFDI	0.013***	0.006**				0.015***	0.009***			
	(7.03)	(2.20)				(8.24)	(3.25)			
Maxgdp			0.068***					0.022		
			(4.65)					(1.44)		
Maxwgi				0.101***					0.062***	
				(4.49)					(2.79)	
Maxpm					0.002***					0.002***
					(3.97)					(4.28)
Size	0.204***	0.264***	0.263***	0.262***	0.271***	0.239***	0.290***	0.304***	0.299***	0.302***
	(24.80)	(11.48)	(11.79)	(11.71)	(12.21)	(27.84)	(12.28)	(13.14)	(12.94)	(13.23)
Lev	-0.039	0.123	0.137*	0.135*	0.128	-0.094***	-0.085	-0.064	-0.065	-0.073
	(-1.25)	(1.54)	(1.72)	(1.70)	(1.61)	(-2.99)	(-1.05)	(-0.79)	(-0.81)	(-0.91)
Roa	0.045	0.258*	0.260*	0.257*	0.261*	-0.043	0.044	0.033	0.035	0.042
	(0.62)	(1.68)	(1.69)	(1.67)	(1.70)	(-0.59)	(0.27)	(0.20)	(0.21)	(0.26)
Cfo	-0.073	-0.096	-0.104	-0.097	-0.103	-0.045	-0.082	-0.090	-0.087	-0.091
	(-1.48)	(-0.81)	(-0.88)	(-0.82)	(-0.87)	(-0.88)	(-0.68)	(-0.75)	(-0.72)	(-0.76)
Growth	-0.008	-0.016	-0.015	-0.015	-0.016	-0.009	-0.030	-0.030	-0.030	-0.030
	(-0.95)	(-0.84)	(-0.79)	(-0.80)	(-0.83)	(-1.10)	(-1.62)	(-1.60)	(-1.59)	(-1.60)
Fixed	0.206***	0.081	0.078	0.077	0.082	0.112***	-0.259**	-0.263**	-0.264**	-0.259**
	(5.10)	(0.69)	(0.66)	(0.65)	(0.69)	(2.73)	(-2.05)	(-2.08)	(-2.09)	(-2.06)
Top1	-0.001	0.002	0.002	0.002	0.002	-0.001**	-0.001	-0.001	-0.001	-0.001
	(-1.44)	(1.46)	(1.26)	(1.26)	(1.40)	(-2.33)	(-0.42)	(-0.47)	(-0.53)	(-0.48)

Variables	Grepat_umi					Grepat_ino				
	(1)	(2)	(3)	(4)	(5)	(6)	(7)	(8)	(9)	(10)
Ilholder	−0.000	−0.000	−0.000	−0.000	−0.000	0.000	0.001	0.001	0.001	0.001
	(−0.42)	(−0.16)	(−0.04)	(−0.09)	(−0.13)	(0.35)	(1.53)	(1.64)	(1.62)	(1.59)
Age	0.125 ***	0.058	0.054	0.051	0.049	0.148 ***	−0.038	−0.050	−0.050	−0.051
	(3.03)	(0.57)	(0.53)	(0.51)	(0.49)	(3.35)	(−0.36)	(−0.49)	(−0.48)	(−0.49)
Soe	0.016	−0.150 ***	−0.151 ***	−0.153 ***	−0.155 ***	0.059 ***	−0.053	−0.053	−0.054	−0.057
	(0.82)	(−2.71)	(−2.70)	(−2.74)	(−2.81)	(2.66)	(−0.89)	(−0.89)	(−0.91)	(−0.97)
Proenvstr	0.006	−0.018	−0.019	−0.019	−0.019	0.014 *	−0.016	−0.018	−0.018	−0.018
	(0.80)	(−1.13)	(−1.21)	(−1.19)	(−1.20)	(1.74)	(−0.99)	(−1.07)	(−1.07)	(−1.08)
_cons	−4.350 ***	−5.410 ***	−6.082 ***	−5.432 ***	−5.696 ***	−5.150 ***	−5.536 ***	−6.014 ***	−5.748 ***	−5.937 ***
	(−21.31)	(−9.20)	(−10.45)	(−9.36)	(−9.90)	(−23.69)	(−9.10)	(−9.94)	(−9.53)	(−9.91)
N	38299	11170	11170	11170	11170	38299	11170	11170	11170	11170
Firm	Yes	Yes	Yes	Yes	Yes	Yes	Yes	Yes	Yes	Yes
Year	Yes	Yes	Yes	Yes	Yes	Yes	Yes	Yes	Yes	Yes
r2_a	0.611	0.713	0.714	0.714	0.713	0.633	0.738	0.737	0.737	0.738

注：*** 、** 和 * 分别表示在1%、5%和10%的水平上显著，括号内为t值。

4.5.3 绿色创新方向：源头防控 vs. 末端治理

进一步地，由于企业的绿色创新方向可以根据其污染治理方式划分为源头管控创新和末端治理创新，考察东道国制度环境对于企业绿色创新方向的影响也具有重要意义。因此，本章借鉴刘金科和肖翊阳（2022）的研究，将企业的绿色创新划分为源头管控型（Grepollu）和末端治理型（Greend），回归结果如表4-16所示。结果显示，对外直接投资以及东道国制度环境对于两种方向的绿色创新均具有显著的促进作用。

表4-16 绿色创新方向：源头防控 vs. 末端治理回归结果

Variables	Grepollu					Greend				
	(1)	(2)	(3)	(4)	(5)	(6)	(7)	(8)	(9)	(10)
OFDI	0.014 ***	0.007 **				0.008 ***	0.004 *			
	(6.64)	(2.20)				(4.70)	(1.71)			
Maxgdp		0.071 ***						0.074 ***		
		(3.97)						(4.71)		
Maxwgi			0.110 ***						0.107 ***	
			(4.09)						(4.64)	

续表

Variables	Grepollu					Greend				
	(1)	(2)	(3)	(4)	(5)	(6)	(7)	(8)	(9)	(10)
Maxpm					0.003***					0.002***
					(4.09)					(3.20)
Size	0.255***	0.323***	0.324***	0.321***	0.330***	0.127***	0.140***	0.135***	0.134***	0.145***
	(26.72)	(11.83)	(12.23)	(12.16)	(12.57)	(17.52)	(6.81)	(6.87)	(6.79)	(7.40)
Lev	−0.062*	0.025	0.041	0.039	0.030	−0.062**	0.004	0.015	0.013	0.008
	(−1.70)	(0.27)	(0.45)	(0.42)	(0.33)	(−2.30)	(0.06)	(0.21)	(0.18)	(0.11)
Roa	−0.021	0.244	0.244	0.242	0.247	0.106*	0.299**	0.304**	0.301**	0.301**
	(−0.25)	(1.36)	(1.36)	(1.34)	(1.38)	(1.75)	(2.32)	(2.35)	(2.33)	(2.33)
Cfo	−0.043	−0.091	−0.101	−0.093	−0.099	0.003	−0.071	−0.078	−0.071	−0.076
	(−0.75)	(−0.66)	(−0.73)	(−0.67)	(−0.72)	(0.07)	(−0.66)	(−0.74)	(−0.67)	(−0.71)
Growth	−0.010	−0.023	−0.022	−0.022	−0.023	−0.019***	−0.027	−0.026	−0.026	−0.027
	(−1.03)	(−1.05)	(−1.00)	(−1.01)	(−1.03)	(−2.68)	(−1.58)	(−1.52)	(−1.53)	(−1.57)
Fixed	0.262***	−0.007	−0.011	−0.012	−0.007	0.171***	0.069	0.067	0.065	0.069
	(5.51)	(−0.05)	(−0.07)	(−0.09)	(−0.05)	(4.65)	(0.61)	(0.59)	(0.57)	(0.61)
Top1	−0.001	−0.000	−0.001	−0.001	−0.000	0.000	0.002	0.001	0.001	0.001
	(−1.55)	(−0.16)	(−0.33)	(−0.34)	(−0.22)	(0.22)	(1.08)	(0.83)	(0.84)	(1.02)
Ilholder	0.000	0.000	0.000	0.000	0.000	0.000	0.001	0.001	0.001	0.001
	(0.05)	(0.30)	(0.40)	(0.36)	(0.32)	(0.75)	(1.15)	(1.26)	(1.20)	(1.17)
Age	0.204***	0.102	0.096	0.094	0.092	0.035	−0.100	−0.101	−0.103	−0.106
	(4.13)	(0.85)	(0.80)	(0.79)	(0.77)	(0.94)	(−1.02)	(−1.04)	(−1.06)	(−1.09)
Soe	0.059**	−0.146**	−0.147**	−0.149**	−0.152**	0.030*	−0.078	−0.079	−0.081	−0.082*
	(2.48)	(−2.23)	(−2.24)	(−2.27)	(−2.32)	(1.76)	(−1.59)	(−1.60)	(−1.64)	(−1.67)
Proenvstr	0.005	−0.043**	−0.044**	−0.044**	−0.044**	0.003	−0.012	−0.013	−0.012	−0.012
	(0.58)	(−2.35)	(−2.42)	(−2.41)	(−2.42)	(0.40)	(−0.74)	(−0.80)	(−0.78)	(−0.79)
_cons	−5.615***	−6.560***	−7.288***	−6.603***	−6.898***	−2.634***	−2.491***	−3.144***	−2.445***	−2.708***
	(−23.27)	(−9.22)	(−10.26)	(−9.39)	(−9.87)	(−14.49)	(−4.87)	(−6.20)	(−4.88)	(−5.43)
N	38299	11170	11170	11170	11170	38299	11170	11170	11170	11170
Firm	Yes	Yes	Yes	Yes	Yes	Yes	Yes	Yes	Yes	Yes
Year	Yes	Yes	Yes	Yes	Yes	Yes	Yes	Yes	Yes	Yes
r2_a	0.634	0.729	0.729	0.729	0.729	0.561	0.654	0.655	0.655	0.654

注：***、**和*分别表示在1%、5%和10%的水平上显著，括号内为 t 值。

4.6 异质性分析

4.6.1 行业特征：是否为重污染行业

可持续发展背景下，随着生态环保的重要性日益增加以及环境规制的不断加强，重污染行业企业面临着更强的监管压力和环境违规风险。对于重污染行业企业来说，东道国严格的规制和监管可能对企业的生产经营造成更消极的影响，从而推动企业提高其绿色创新水平以降低污染排放和合规成本。因此，东道国制度环境对于企业的绿色创新的促进作用可能在重污染行业企业中更强。

本章借鉴吉利和苏朦（2016）的研究，根据《上市公司环保核查行业分类管理名录》和《上市公司环境信息披露指南（征求意见稿）》，将火电、钢铁、水泥、电解铝、煤炭、冶金、化工、石化、建材、造纸、酿造、制药、发酵、纺织、制革和采矿业划分为重污染行业，其余行业划分为非重污染行业。回归结果如表4-17所示。对外直接投资和东道国经济发展对绿色创新的促进作用在重污染行业中更强，且组间系数差异显著，说明在经济水平较高的东道国投资更有利于重污染企业的绿色创新，重污染行业企业更需要提升绿色创新水平以获得合法性。东道国国家治理和东道国环境规制的促进作用在两组中均显著为正，即东道国制度环境风险越大，来自我国的重污染和非重污染企业在东道国面临的环境风险的差异越小。故东道国环境规制对绿色创新均表现出显著的促进作用。

表4-17 是否为重污染行业企业的分组回归结果

Variables	Grepat							
	重污染	非重污染	重污染	非重污染	重污染	非重污染	重污染	非重污染
	（1）	（2）	（3）	（4）	（5）	（6）	（7）	（8）
OFDI	0.011**	0.007*						
	(2.30)	(1.95)						
Maxgdp			0.068**	0.046**				
			(2.50)	(2.17)				
Maxwgi					0.094**	0.086***		
					(2.18)	(2.78)		

Variables	Grepat							
	重污染	非重污染	重污染	非重污染	重污染	非重污染	重污染	非重污染
	(1)	(2)	(3)	(4)	(5)	(6)	(7)	(8)
Maxpm							0.002*	0.003***
							(1.76)	(4.00)
Size	0.357***	0.411***	0.356***	0.419***	0.359***	0.414***	0.370***	0.417***
	(7.83)	(12.39)	(7.91)	(13.05)	(7.96)	(12.89)	(8.33)	(13.06)
Lev	−0.081	0.049	−0.052	0.063	−0.054	0.060	−0.067	0.055
	(−0.54)	(0.43)	(−0.35)	(0.55)	(−0.36)	(0.53)	(−0.45)	(0.48)
Roa	0.765**	−0.171	0.735**	−0.170	0.735**	−0.169	0.756**	−0.168
	(2.31)	(−0.79)	(2.23)	(−0.79)	(2.22)	(−0.79)	(2.28)	(−0.78)
Cfo	0.043	−0.161	0.011	−0.164	0.017	−0.157	0.022	−0.172
	(0.18)	(−0.98)	(0.05)	(−1.00)	(0.07)	(−0.96)	(0.09)	(−1.05)
Growth	−0.039	−0.014	−0.036	−0.013	−0.037	−0.013	−0.037	−0.013
	(−1.00)	(−0.53)	(−0.91)	(−0.52)	(−0.94)	(−0.51)	(−0.94)	(−0.51)
Fixed	0.008	−0.427**	−0.006	−0.432**	−0.014	−0.432**	−0.016	−0.422**
	(0.04)	(−2.34)	(−0.03)	(−2.36)	(−0.06)	(−2.36)	(−0.07)	(−2.31)
Top1	0.000	0.001	−0.000	0.001	−0.000	0.001	0.000	0.001
	(0.02)	(0.50)	(−0.06)	(0.44)	(−0.02)	(0.39)	(0.03)	(0.45)
Ilholder	−0.000	0.000	−0.000	0.000	−0.000	0.000	−0.000	0.000
	(−0.22)	(0.09)	(−0.09)	(0.17)	(−0.09)	(0.14)	(−0.19)	(0.09)
Age	−1.004***	0.234*	−0.999***	0.224*	−0.997***	0.223*	−0.995***	0.220*
	(−3.94)	(1.75)	(−3.86)	(1.68)	(−3.85)	(1.67)	(−3.85)	(1.65)
Soe	−0.041	−0.128	−0.036	−0.132*	−0.036	−0.135*	−0.045	−0.132*
	(−0.38)	(−1.62)	(−0.33)	(−1.68)	(−0.33)	(−1.71)	(−0.43)	(−1.69)
Proenvstr	−0.034	−0.022	−0.034	−0.023	−0.031	−0.024	−0.033	−0.024
	(−1.15)	(−0.98)	(−1.13)	(−1.06)	(−1.05)	(−1.09)	(−1.11)	(−1.07)
_cons	−4.263***	−8.538***	−4.936***	−9.151***	−4.395***	−8.661***	−4.711***	−8.866***
	(−3.56)	(−10.29)	(−4.15)	(−11.04)	(−3.65)	(−10.58)	(−3.96)	(−10.90)
N	3523	7647	3523	7647	3523	7647	3523	7647
Firm	Yes	Yes	Yes	Yes	Yes	Yes	Yes	Yes
Year	Yes	Yes	Yes	Yes	Yes	Yes	Yes	Yes
r2_a	0.714	0.773	0.714	0.773	0.714	0.773	0.714	0.773
Difference	0.005** (p<0.05)		0.022** (p<0.05)		0.008 (p>0.1)		−0.001 (p>0.1)	

注：$***$、$**$ 和 $*$ 分别表示在1%、5%和10%的水平上显著，括号内为 t 值。

4.6.2 企业特征：海外投资年限

以往研究表明，以往的海外投资经验可能对公司开展对外直接投资具有积极影响（Kirca et al.，2012；Perkins，2014），经验较少的公司面临更大的国际扩张挑战，从而在用社会责任声誉缓解国际化扩张风险方面能够获得更大的收益（Liu et al.，2021）。由于刚步入海外市场的企业，其对东道国市场及其制度的了解程度相对较低，合规性风险和经营风险更大，更需要积极承担环境责任，提升绿色发展水平。因此，东道国制度环境对于企业绿色创新的促进作用可能在海外投资年限较短的企业中更强。

本章按照企业海外投资年限的中位数进行分组，高于中位数定义为海外投资年限长组，反之则定义为海外投资年限短组，回归结果如表 4-18 所示。东道国制度环境对于企业绿色创新的促进作用仅在海外投资年限短组中显著为正，且组间系数差异显著，表明东道国制度环境对于绿色创新的促进作用在海外投资经验较少的企业中更强。对于具有丰富海外投资经验的企业来说，其面临的海外直接投资不确定性较低、风险较小，且可能已经与当地建立联系，东道国制度环境的外部压力对于企业的绿色创新的促进作用不强。

表 4-18　企业海外投资年限的分组回归结果

Variables	Grepat							
	海外投资年限短	海外投资年限长	海外投资年限短	海外投资年限长	海外投资年限短	海外投资年限长	海外投资年限短	海外投资年限长
	(1)	(2)	(3)	(4)	(5)	(6)	(7)	(8)
OFDI	0.014**	0.004						
	(2.08)	(0.96)						
Maxgdp			0.053**	0.024				
			(2.14)	(0.80)				
Maxwgi					0.064*	0.062		
					(1.78)	(1.34)		
Maxpm							0.003***	0.001
							(3.00)	(1.55)
Size	0.338***	0.385***	0.352***	0.388***	0.353***	0.384***	0.349***	0.392***
	(7.11)	(7.73)	(7.40)	(8.13)	(7.42)	(8.08)	(7.35)	(8.24)
Lev	-0.446***	0.166	-0.427***	0.179	-0.426***	0.177	-0.429***	0.171
	(-3.28)	(0.88)	(-3.15)	(0.95)	(-3.15)	(0.94)	(-3.18)	(0.91)

Variables	Grepat							
	海外投资年限短	海外投资年限长	海外投资年限短	海外投资年限长	海外投资年限短	海外投资年限长	海外投资年限短	海外投资年限长
	(1)	(2)	(3)	(4)	(5)	(6)	(7)	(8)
Roa	−0.466*	0.237	−0.458*	0.224	−0.461*	0.226	−0.462*	0.231
	(−1.73)	(0.84)	(−1.69)	(0.79)	(−1.71)	(0.80)	(−1.72)	(0.82)
Cfo	−0.031	0.042	−0.032	0.045	−0.035	0.045	−0.044	0.044
	(−0.18)	(0.20)	(−0.19)	(0.21)	(−0.21)	(0.22)	(−0.26)	(0.21)
Growth	0.013	0.016	0.014	0.017	0.013	0.017	0.012	0.016
	(0.53)	(0.40)	(0.56)	(0.42)	(0.54)	(0.42)	(0.51)	(0.40)
Fixed	0.334	−0.489**	0.350*	−0.493**	0.353*	−0.500**	0.332	−0.479*
	(1.64)	(−1.97)	(1.72)	(−1.98)	(1.73)	(−2.01)	(1.63)	(−1.92)
Top1	−0.001	−0.002	−0.001	−0.002	−0.001	−0.002	−0.001	−0.002
	(−0.23)	(−0.54)	(−0.28)	(−0.60)	(−0.31)	(−0.60)	(−0.24)	(−0.60)
IIholder	−0.003*	0.001	−0.003*	0.001	−0.003*	0.001	−0.003*	0.001
	(−1.71)	(0.32)	(−1.69)	(0.39)	(−1.68)	(0.37)	(−1.65)	(0.34)
Age	−0.203	−0.389*	−0.216	−0.393*	−0.229	−0.382*	−0.215	−0.398*
	(−0.67)	(−1.80)	(−0.71)	(−1.82)	(−0.75)	(−1.77)	(−0.71)	(−1.85)
Soe	−0.066	0.013	−0.064	0.014	−0.068	0.015	−0.057	0.009
	(−0.50)	(0.14)	(−0.49)	(0.15)	(−0.52)	(0.17)	(−0.45)	(0.10)
Proenvstr	0.000	−0.029	−0.002	−0.029	−0.002	−0.029	−0.002	−0.030
	(0.01)	(−1.12)	(−0.06)	(−1.14)	(−0.09)	(−1.12)	(−0.08)	(−1.15)
_cons	−5.692***	−6.187***	−6.476***	−6.505***	−5.973***	−6.254***	−6.110***	−6.437***
	(−4.39)	(−4.75)	(−4.88)	(−4.99)	(−4.54)	(−4.91)	(−4.65)	(−5.01)
N	6231	4939	6231	4939	6231	4939	6231	4939
Firm	Yes	Yes	Yes	Yes	Yes	Yes	Yes	Yes
Year	Yes	Yes	Yes	Yes	Yes	Yes	Yes	Yes
r2_a	0.775	0.804	0.775	0.804	0.775	0.805	0.776	0.805
Difference	0.010*** (p<0.01)		0.029** (p<0.05)		0.002 (p>0.1)		0.001** (p<0.05)	

注：***、** 和 * 分别表示在1%、5%和10%的水平上显著，括号内为 t 值。

4.6.3　公司治理特征：海外背景高管

Giannetti 等（2015）认为，具有海外经验的董事显著改善了公司治理水平，减少了管理层短视行为。企业社会责任作为一项重要的长期投资，会受到海外董事带来的积极影响（Zhang et al.，2018）。具有发达国家海外经历的高管由于其特殊经历和认知，更可能将社会责任视为一种规范，在改善企业的社会责任参与方面发挥重要作用（Gimeno et al.，1997；Wright et al.，2008），从而可能会引导企业更多地进行绿色创新等具有环境责任的投资。因此，具有海外背景高管的企业可能会更好地将海外制度环境给企业带来的高监管压力和经营风险转化为内部公司治理水平的提升，从而提升企业的绿色创新水平。

本章按照企业是否有海外背景高管进行分组，回归结果如表4-19所示。对外直接投资、东道国经济发展和国家治理对于企业绿色创新的促进作用仅在有海外背景高管组中显著为正，而东道国环境规制在两组中均具有显著的促进作用，表明具有海外背景高管的企业能够进一步提升东道国制度环境对于绿色创新的促进作用，验证了对外直接投资企业的内部治理与外部制度环境对绿色创新的促进作用。

表4-19 是否拥有海外背景高管的分组回归结果

Variables	Grepat							
	有海外背景高管	无海外背景高管	有海外背景高管	无海外背景高管	有海外背景高管	无海外背景高管	有海外背景高管	无海外背景高管
	（1）	（2）	（3）	（4）	（5）	（6）	（7）	（8）
OFDI	0.011***	0.007						
	(3.01)	(1.13)						
Maxgdp			0.056**	0.041				
			(2.39)	(1.36)				
Maxwgi					0.088***	0.074		
					(2.59)	(1.62)		
Maxpm							0.003***	0.003**
							(2.89)	(2.46)
Size	0.378***	0.338***	0.393***	0.339***	0.390***	0.338***	0.399***	0.340***
	(9.44)	(7.33)	(10.07)	(7.48)	(9.99)	(7.48)	(10.29)	(7.60)
Lev	-0.009	-0.143	0.000	-0.104	0.000	-0.108	-0.002	-0.122
	(-0.08)	(-0.86)	(0.00)	(-0.63)	(0.00)	(-0.65)	(-0.02)	(-0.74)
Roa	0.077	-0.050	0.061	-0.031	0.059	-0.029	0.062	-0.008
	(0.30)	(-0.16)	(0.24)	(-0.10)	(0.23)	(-0.09)	(0.24)	(-0.02)
Cfo	0.043	-0.198	0.023	-0.203	0.029	-0.192	0.025	-0.200
	(0.24)	(-0.89)	(0.13)	(-0.91)	(0.16)	(-0.86)	(0.14)	(-0.89)
Growth	-0.034	0.065*	-0.033	0.065*	-0.033	0.064*	-0.034	0.064*
	(-1.21)	(1.71)	(-1.18)	(1.70)	(-1.17)	(1.69)	(-1.22)	(1.67)

续表

Variables	Grepat							
	有海外背景高管	无海外背景高管	有海外背景高管	无海外背景高管	有海外背景高管	无海外背景高管	有海外背景高管	无海外背景高管
	(1)	(2)	(3)	(4)	(5)	(6)	(7)	(8)
Fixed	−0.389*	−0.119	−0.404**	−0.093	−0.411**	−0.096	−0.400**	−0.095
	(−1.91)	(−0.49)	(−1.98)	(−0.38)	(−2.02)	(−0.39)	(−1.96)	(−0.39)
Top1	0.003	−0.001	0.002	−0.001	0.002	−0.001	0.003	−0.001
	(1.22)	(−0.27)	(1.02)	(−0.26)	(1.01)	(−0.29)	(1.10)	(−0.27)
IIholder	0.002	−0.002	0.002	−0.002	0.002	−0.002	0.002	−0.002
	(1.32)	(−1.17)	(1.41)	(−1.12)	(1.40)	(−1.16)	(1.38)	(−1.18)
Age	−0.008	−0.001	−0.018	−0.013	−0.015	−0.025	−0.027	−0.009
	(−0.05)	(−0.01)	(−0.11)	(−0.06)	(−0.09)	(−0.11)	(−0.17)	(−0.04)
Soe	−0.029	−0.141	−0.035	−0.139	−0.036	−0.142	−0.034	−0.146
	(−0.27)	(−1.48)	(−0.33)	(−1.45)	(−0.34)	(−1.48)	(−0.32)	(−1.54)
Proenvstr	−0.009	−0.056*	−0.011	−0.059*	−0.011	−0.058*	−0.012	−0.057*
	(−0.38)	(−1.69)	(−0.47)	(−1.77)	(−0.48)	(−1.75)	(−0.52)	(−1.72)
_cons	−7.357***	−6.218***	−8.216***	−6.632***	−7.658***	−6.222***	−7.946***	−6.456***
	(−7.45)	(−5.24)	(−8.36)	(−5.65)	(−7.84)	(−5.31)	(−8.16)	(−5.54)
N	6706	4464	6706	4464	6706	4464	6706	4464
Firm	Yes	Yes	Yes	Yes	Yes	Yes	Yes	Yes
Year	Yes	Yes	Yes	Yes	Yes	Yes	Yes	Yes
r2_a	0.777	0.747	0.777	0.747	0.777	0.747	0.777	0.748
Difference	0.004 (p>0.1)		0.016 (p>0.1)		0.015 (p>0.1)		0.000 (p>0.1)	

注：***、**和*分别表示在1%、5%和10%的水平上显著，括号内为t值。

4.7　经济后果检验

4.7.1　东道国制度环境、绿色创新与海外市场盈利

为探究企业对外直接投资和东道国制度环境提升了企业绿色创新水平后对海外市场盈利的影响，本章检验了对外直接投资企业绿色创新的提升是否影响了企业海外市场盈利份额，并进一步将对外直接投资和东道国制度环境作为交乘项引

入模型，探究东道国制度环境对于绿色创新和企业海外市场盈利关系的影响。本章使用企业海外营业利润与总营业利润之比衡量海外市场盈利份额（Forprofit），并引入了企业海外市场盈利的一期、二期和三期前置变量作为被解释变量。将模型（1）和模型（2）中被解释变量换为企业海外市场盈利，解释变量换为企业绿色创新进行回归。此外，将对外直接投资和绿色创新、东道国制度环境和绿色创新作为交乘项引入上述模型。结果如表 4-20 所示，绿色创新对于企业海外市场盈利具有显著的促进作用，且企业对外直接投资及其东道国经济发展和国家治理均能够通过提升绿色创新进一步增强对于企业海外市场盈利的积极作用，验证了海外绿色消费者对于企业绿色创新的驱动作用。

表 4-20 东道国制度环境、绿色创新与海外市场盈利回归结果

Variables	$Forprofit_{t+1}$	$Forprofit_{t+2}$	$Forprofit_{t+3}$	$Forprofit_{t+3}$			
	（1）	（2）	（3）	（8）	（9）	（10）	（11）
Grepat	0.676**	0.898**	0.601	0.534	0.451	0.391	0.508
	（2.15）	（2.50）	（1.48）	（1.32）	（1.10）	（0.96）	（1.26）
Grepat×OFDI				0.116**			
				（2.27）			
Grepat×Maxgdp					0.984***		
					（2.79）		
Grepat×Maxwgi						1.340***	
						（2.75）	
Grepat×Maxpm							0.014
							（1.02）
OFDI				−0.039			
				（−0.38）			
Maxgdp					1.036		
					（1.44）		
Maxwgi						1.225	
						（1.24）	
Maxpm							0.035
							（1.31）
Size	0.132	1.192	2.749***	2.708***	2.415**	2.433**	2.690***
	（0.15）	（1.27）	（2.84）	（2.81）	（2.50）	（2.52）	（2.77）

续表

Variables	Forprofit$_{t+1}$	Forprofit$_{t+2}$	Forprofit$_{t+3}$	Forprofit$_{t+3}$			
	(1)	(2)	(3)	(8)	(9)	(10)	(11)
Lev	4.026	3.087	1.958	1.994	2.167	2.019	1.860
	(1.41)	(1.07)	(0.62)	(0.63)	(0.68)	(0.64)	(0.59)
Roa	−11.649**	−18.365***	−22.053***	−22.452***	−21.882***	−21.997***	−21.640***
	(−2.06)	(−2.65)	(−2.81)	(−2.86)	(−2.80)	(−2.81)	(−2.75)
Cfo	9.989**	6.598	3.141	2.945	2.701	2.907	2.959
	(2.11)	(1.26)	(0.59)	(0.56)	(0.51)	(0.55)	(0.56)
Growth	−0.247	−2.046***	−1.047	−0.971	−0.990	−0.984	−1.025
	(−0.36)	(−2.80)	(−1.28)	(−1.18)	(−1.21)	(−1.20)	(−1.25)
Fixed	−3.123	−11.117**	−14.321***	−14.732***	−14.799***	−14.844***	−14.344***
	(−0.67)	(−2.37)	(−2.72)	(−2.80)	(−2.78)	(−2.81)	(−2.72)
Top1	0.058	0.056	0.071	0.068	0.064	0.066	0.067
	(1.07)	(0.91)	(1.01)	(0.96)	(0.91)	(0.94)	(0.96)
Ilholder	0.085***	0.130***	0.105***	0.099***	0.104***	0.101***	0.107***
	(2.68)	(3.87)	(3.04)	(2.88)	(3.01)	(2.93)	(3.10)
Age	−7.455*	−7.124*	−4.306	−4.290	−4.145	−4.155	−4.320
	(−1.91)	(−1.66)	(−0.92)	(−0.92)	(−0.89)	(−0.89)	(−0.92)
Soe	−1.563	−4.628**	−5.463*	−5.334*	−5.399*	−5.517*	−5.733*
	(−0.77)	(−2.00)	(−1.86)	(−1.85)	(−1.85)	(−1.88)	(−1.95)
Proenvstr	0.963*	1.173**	0.414	0.435	0.464	0.454	0.466
	(1.89)	(2.11)	(0.70)	(0.73)	(0.78)	(0.77)	(0.78)
_cons	35.400	11.892	−27.745	−25.872	−19.894	−20.140	−25.734
	(1.60)	(0.50)	(−1.14)	(−1.07)	(−0.82)	(−0.84)	(−1.05)
N	7603	6195	4986	4986	4986	4986	4986
Firm	Yes	Yes	Yes	Yes	Yes	Yes	Yes
Year	Yes	Yes	Yes	Yes	Yes	Yes	Yes
r2_a	0.730	0.737	0.743	0.744	0.744	0.744	0.743

注：***、**和*分别表示在1%、5%和10%的水平上显著，括号内为t值。

4.7.2 东道国制度环境、绿色创新与企业价值

为探究企业对外直接投资和东道国制度环境提升了企业绿色创新水平后对企

业价值的影响。本章检验了对外直接投资企业绿色创新的提升是否影响了企业价值，并进一步将对外直接投资和东道国制度环境作为交乘项引入模型，探究东道国制度环境对于绿色创新和企业价值关系的影响。本章使用 TobinQ 值衡量企业价值，且由于企业绿色创新作为一项长期投资一般不会直接体现在企业的短期价值中，本章引入了企业价值的一期、二期和三期前置变量作为被解释变量。企业价值数据来自 CSMAR 数据库。将模型（1）和模型（2）中被解释变量换为企业价值，解释变量换为企业绿色创新进行回归。此外，将对外直接投资和绿色创新、东道国制度环境和绿色创新作为交乘项引入上述模型。结果如表 4-21 所示，绿色创新对于企业价值的提升在第三期后逐渐显现，且企业对外直接投资及东道国经济发展和国家治理均能够通过提升绿色创新进一步增强其对于企业价值的积极作用。但东道国环境规制则可能削弱绿色创新对于企业价值的积极影响，可能的原因是环境规制会抑制投资者对绿色创新企业长期价值的增量预期，从而表现为在较强环境规制下，绿色创新仍有利于企业长期价值的提升，但这种积极作用会减弱。

表 4-21　东道国制度环境、绿色创新与企业价值回归结果

Variables	Tobinq$_{t+1}$	Tobinq$_{t+2}$	Tobinq$_{t+3}$	Tobinq$_{t+3}$			
	(1)	(2)	(3)	(4)	(5)	(6)	(7)
Grepat	0.001	−0.009	0.034**	0.032*	0.029*	0.028	0.044**
	(0.09)	(−0.60)	(2.02)	(1.91)	(1.71)	(1.60)	(2.53)
Grepat×OFDI				0.005**			
				(2.10)			
Grepat×Maxgdp					0.034**		
					(2.43)		
Grepat×Maxwgi						0.039*	
						(1.82)	
Grepat×Maxpm							−0.002***
							(−2.90)
OFDI				−0.009*			
				(−1.95)			
Maxgdp					−0.010		
					(−0.39)		
Maxwgi						0.011	
						(0.31)	

续表

Variables	Tobinq$_{t+1}$	Tobinq$_{t+2}$	Tobinq$_{t+3}$	Tobinq$_{t+3}$			
	(1)	(2)	(3)	(4)	(5)	(6)	(7)
Maxpm							−0.001
							(−0.75)
Size	−0.255***	−0.244***	−0.160***	−0.149***	−0.161***	−0.164***	−0.155***
	(−6.55)	(−5.60)	(−3.68)	(−3.39)	(−3.69)	(−3.75)	(−3.57)
Lev	0.292**	0.263*	−0.129	−0.110	−0.136	−0.134	−0.131
	(2.13)	(1.71)	(−0.74)	(−0.63)	(−0.78)	(−0.77)	(−0.75)
Roa	1.053***	0.457	−0.630	−0.668*	−0.629	−0.630	−0.636*
	(3.87)	(1.42)	(−1.64)	(−1.73)	(−1.64)	(−1.64)	(−1.65)
Cfo	0.966***	0.650***	0.576***	0.559***	0.569***	0.571***	0.600***
	(5.06)	(3.42)	(2.76)	(2.68)	(2.73)	(2.74)	(2.87)
Growth	0.143***	0.015	0.011	0.016	0.015	0.014	0.008
	(4.72)	(0.55)	(0.36)	(0.51)	(0.47)	(0.44)	(0.25)
Fixed	0.275	0.513***	0.335	0.327	0.321	0.326	0.347*
	(1.60)	(2.74)	(1.60)	(1.57)	(1.54)	(1.56)	(1.65)
Top1	−0.012***	−0.002	0.006**	0.006**	0.006**	0.006**	0.006**
	(−5.66)	(−1.04)	(2.16)	(2.22)	(2.23)	(2.17)	(2.15)
IIholder	0.011***	0.006***	0.000	0.000	0.000	0.000	0.000
	(7.01)	(3.60)	(0.15)	(0.02)	(0.11)	(0.09)	(0.11)
Age	0.480***	0.153	−0.028	−0.040	−0.025	−0.023	−0.016
	(3.23)	(0.92)	(−0.15)	(−0.21)	(−0.13)	(−0.12)	(−0.09)
Soe	−0.185**	−0.073	0.090	0.093	0.093	0.088	0.104
	(−2.40)	(−0.74)	(0.70)	(0.74)	(0.72)	(0.69)	(0.82)
Proenvstr	0.020	0.008	0.012	0.012	0.013	0.014	0.010
	(0.98)	(0.33)	(0.50)	(0.47)	(0.54)	(0.54)	(0.38)
_cons	6.205***	6.783***	5.543***	5.359***	5.593***	5.661***	5.432***
	(6.72)	(6.43)	(5.09)	(4.90)	(5.12)	(5.17)	(5.03)
N	8792	7140	5743	5743	5743	5743	5743
Firm	Yes	Yes	Yes	Yes	Yes	Yes	Yes
Year	Yes	Yes	Yes	Yes	Yes	Yes	Yes
r2_a	0.688	0.707	0.729	0.729	0.729	0.729	0.729

注: ***、**和*分别表示在1%、5%和10%的水平上显著,括号内为t值。

4.8 本章小结

上市公司作为我国对外直接投资的重要组成部分，其绿色创新发展进程对于推动我国实现高质量发展具有重要意义。大量企业"走出去"是否对其绿色技术创新产生了积极影响？在全球环境治理风险下，东道国制度环境对于"走出去"企业环境行为的影响是全球各国都在关注的问题，相关研究对于跨国企业应对海外直接投资风险具有重要意义。我国的对外直接投资广泛分布在全球各国，东道国的制度环境呈现出上下行兼而有之的特点，为探究东道国制度环境对于企业环保行为的影响提供了独特的研究场景，有助于探究对外直接投资对于企业行为决策影响的作用机制。

本章研究发现，企业进行对外直接投资显著促进了绿色创新，表明公司的对外直接投资越多，对企业绿色创新的积极作用越强。东道国的经济发展、国家治理和环境规制显著提高了对外直接投资企业的绿色创新水平，表明东道国制度环境的差异性会切实影响对外直接投资企业进行绿色创新的动机，对企业的绿色创新水平产生差异性影响，对于提升企业的绿色创新水平具有积极作用。经过各种稳健性检验，以及识别企业首次对外直接投资前后的绿色创新变化和进行倾向得分匹配回归后，本章的研究结论仍然成立。

接下来，本章进一步从东道国制度距离，绿色创新的不同类别，如绿色发明专利和绿色实用新型专利，以及绿色创新的方向，如源头管控创新和末端治理创新角度分析了东道国制度环境对不同类型和方向的绿色创新的影响。研究发现，企业在较大经济距离或国家治理距离的东道国中更可能接触和学习到顶尖技术，从而有利于进行绿色创新。较大的环境规制距离可能会给企业带来高昂的合规成本，不利于企业的绿色创新活动，表明合理的制度距离才能对对外直接投资的企业的绿色创新活动产生积极作用。此外，企业的对外直接投资不仅提升了绿色创新数量，也提高了绿色创新质量。除东道国经济发展水平对于绿色创新质量并无显著的作用外，东道国国家治理与环境规制均对企业的绿色创新水平展现出了"量质齐升"的积极作用。在绿色创新方向方面，对外直接投资以及东道国制度环境对于源头防控和末端治理两个方向的绿色创新均具有显著的促进作用。

异质性分析从是否重污染行业、企业的海外投资年限以及是否有海外背景高管三个方面验证了对外直接投资企业提高绿色创新表现的风险管理动机和合法性动机。对企业经济后果的检验显示，绿色创新对于企业未来的海外盈利和企业价值具有积极作用，而对短期价值的提升没有显著的影响。东道国经济发展及国家治理水平均能够增强绿色创新对于企业海外业绩和市场价值的积极作用，但东道国的环境规制强度则会削弱绿色创新对市场价值的促进作用，表明在较强环境规制下，绿色创新仍有利于企业长期价值的提升，但环境规制会抑制投资者对绿色创新企业长期价值的增量预期。

　　本章的研究结论对各国政府和企业也具有重要的意义。一方面，政府应积极引导企业参与国际交流和投资。各国政府需要更加重视各国的投资环境，并做出风险判断。各国政府还可以尝试培养和培育一些具有国际竞争力的高质量企业，并引导它们到能够积极促进企业创新的上游东道国投资，如一些经济水平较高但制度差距较小的东道国。另一方面，企业应强化战略性的企业社会责任，包括有全球愿景、实施绿色和可持续发展战略、积极改善环境绩效，从而培养绿色竞争力，积极学习和吸收东道国先进的绿色技术，将东道国环境压力转化为实现可持续发展的动力，最终为企业和国际社会带来共同利益。此外，企业应充分考察东道国的制度环境。在世界各地开展对外直接投资的企业，特别是来自新兴市场国家的企业，应结合母国和东道国制度环境质量及差距进行充分思考，提高其环境创新能力和生态实践，保持国际竞争优势。

5 东道国制度环境与对外直接 投资企业 ESG 信息披露

5.1 引言

　　东道国制度环境是影响对外直接投资企业行为决策的重要因素，上一章从绿色创新的角度探讨了东道国制度环境对于对外直接投资企业环保行为的影响。企业开展对外直接投资后，随着东道国不同于母国的制度环境变化，海外投资风险和不确定性的增加推动了企业开展环境友好型活动，并可能促使企业进行更多与环境相关的非财务信息披露。ESG 信息披露是企业非财务信息披露中的重要组成部分，包含了企业的环境、社会及治理相关信息，是企业环境相关信息披露的重要载体。基于此，本章从企业 ESG 信息披露的视角，探讨东道国制度环境对于对外直接投资企业环保行为的影响。

　　在经济快速发展的情况下，随之而来的是环境污染和生态问题，如何协调经济发展与生态环保之间的关系已成为全球性话题。随着具有可持续和负责任理念的投资实践的不断增加，利益相关者对环境、社会和治理信息的需求推动了企业 ESG 信息披露的发展。企业 ESG 信息披露的载体通常有企业年报、企业社会责任报告、ESG 报告以及可持续发展报告等①。国外较早开始了企业社会责任信息披露。早在 1970 年，西方发达国家的公司，尤其是著名的跨国公司，迫于政府和市场竞争的压力以及自身发展的需求，已经开始在财务报告中披露企业环境信息。2003 年，原国家环境保护总局发布《关于企业环境信息公开的公告》，要求

---

　　① 本书关注企业的非财务信息披露，因此在本书中交替使用 ESG 和 CSR，不对两者进行区分，企业的社会责任报告，环境、社会和治理（ESG）报告以及可持续发展报告统称为 ESG 报告。

被列入名单的重污染企业进行环境信息披露。2006 年，《公司法》要求企业承担社会责任；同年，《深圳证券交易上市公司社会责任指引》对披露的内容做出相应的规定，自此之后企业陆续发布社会责任报告，但发布社会责任报告的企业屈指可数。2007 年发布的《环境信息公开办法（试行）》对重污染企业的环境污染排放披露做出规定。在生态文明建设的要求下，会计信息也必须在资源投入与耗费、财富增值观念上进行根本性改变与拓展，要从传统的、狭隘的"物质资本财富最大化"观念，转变为更加宽泛、更加全面完整的"物质资本财富与生态环境财富并重"的"利益相关者财富最大化"观念（周守华等，2018）。

从我国企业对外直接投资的情况来看，根据《2021 年度中国对外直接投资统计公报》，截至 2021 年底，中国共 2.86 万家境内投资者在国（境）外设立对外直接投资企业 4.5 万家，分布在全球 190 个国家（地区）。由此可见，我国进行对外直接投资的企业数量较大，且分布较广。跨境经营的企业将直面复杂的国别风险，东道国的社会环境、经济结构、法律政策等，都将显著提高企业的经营风险和外部环境不确定性。《巴黎协定》强调了生态环境问题对人类可持续发展的影响，进一步对企业的环境行为提出了更高要求。因此，当企业开展海外直接投资活动后，由于海外子公司在多个东道国广泛分布，面临着复杂的东道国制度环境以及更广泛的国际国内利益相关者群体的关注。一方面，外部制度环境要求和利益相关者增多带来的 ESG 信息披露需求增加提高了企业的信息披露压力。另一方面，我国进行对外直接投资的企业将面临来自东道国增长的环境保护压力和环境违规风险。那么，在此背景下，企业进行对外直接投资后，东道国制度环境要求是否会推动企业的 ESG 信息披露？

作为企业环境和社会责任等相关非财务信息的载体，ESG 信息披露对于企业向外界传递积极信号、建立良好声誉和形象以及获得利益相关者支持具有重要作用（Melo & Garrido-Morgado，2012；Islam & van Staden，2018；Michelon et al.，2020；DesJardine et al.，2021）。ESG 报告中包含了财务报告和外部机构 ESG 评级中不具备的其他信息，能够为利益相关者和市场参与者提供决策所需的信息（Ryou et al.，2022），为预测企业未来业绩表现和企业的生产运营情况提供信息依据（Kim et al.，2012；Lys et al.，2015；Baloria et al.，2019；Truong et al.，2021）。然而，现有对于企业 ESG 信息披露的研究主要从企业特征（Cormier & Magnan，2003；Cormier et al.，2005；Thorne et al.，2014；Wickert et al.，2016）、管理层个人特征（张正勇和吉利，2013；Lewis et al.，2014；Parker，2014；McCarthy et al.，2017）、行业特征（Gamerschlag et al.，2011；Byrd et al.，2016；Grougiou et al.，2016）以及政府和媒体等外部监督压力（Michelon et al.，2020；Pawliczek et al.，2021；翟胜宝等，2022）方面进行分析，鲜有文

献关注东道国制度环境对于对外直接投资企业的 ESG 信息披露的影响。鉴于此，本章在探究对外直接投资能否影响企业 ESG 信息披露的基础上，分析东道国制度环境在这种影响中的重要作用。

本章基于 2008~2021 年中国沪深 A 股上市公司对外直接投资及东道国制度环境数据，实证检验了对外直接投资对于企业 ESG 信息披露的影响以及东道国制度环境影响对外直接投资企业 ESG 信息披露的作用机制。研究发现：①企业进行对外直接投资显著提高了其发布 ESG 报告的概率并提高了 ESG 信息披露的项目数。②东道国制度环境是影响对外直接投资企业 ESG 信息披露的重要机制，东道国经济发展、国家治理和环境规制等制度环境差异增加了企业的经营风险和外来者劣势，从而提高了对外直接投资企业的 ESG 信息披露概率，表明东道国制度环境的差异会切实影响对外直接投资企业的非财务信息披露决策。③进一步分析发现，东道国制度环境促进了企业 ESG 信息披露篇幅的增长，并提高了企业对 ESG 报告进行鉴证和按照 GRI 标准进行信息披露的可能性。从东道国制度环境的具体维度来看，仅有东道国环境规制对企业的 ESG 信息披露篇幅、ESG 报告鉴证和 ESG 报告遵从标准具有显著的正向影响。④异质性分析发现，在重污染行业、海外投资年限较短、具有海外背景高管的对外直接投资企业中，东道国制度环境对 ESG 信息披露的促进作用更强。

本章主要在以下三个方面拓展和丰富了现有研究：

（1）将企业 ESG 信息披露的研究扩展到对外直接投资的场景中，拓宽了 ESG 信息披露影响因素的研究范畴。以往研究大都关注企业特征、行业所在特征以及外部利益相关者压力（张正勇和吉利，2013；Wickert et al.，2016；McCarthy et al.，2017；Michelon et al.，2020；Pawliczek et al.，2021；翟胜宝等，2022）等对于企业非财务信息披露的影响，而本章基于企业进行对外直接投资这一背景，验证了企业进行 ESG 信息披露的风险管理、降低信息不对称以及信号传递的动机，为企业 ESG 信息披露动机的相关研究补充了来自对外直接投资企业的经验证据。

（2）从东道国制度环境视角厘清了企业对外直接投资对 ESG 信息披露的影响机制。以往关于对外直接投资对企业价值、企业绩效以及投融资行为等经济后果的影响没有得到一致性的结论（杜龙政和林润辉，2018；李勃昕等，2021；吴崇等，2021），这可能是因为忽略了对外直接投资东道国的制度环境对研究结论的差异性影响。仅有少量文献关注东道国制度环境对于企业业绩表现、创新绩效以及社会责任表现等的影响（蔡冬青和刘厚俊，2012；蒋冠宏和蒋殿春，2014；Cai et al.，2016；Li et al.，2020）。中国对外直接投资企业所面临的东道国制度环境，特别是与母国（中国）的制度距离有明显差异，上行或下行投资兼而有之。本章进一步从东道国制度环境视角，深入剖析企业对外直接投资影响 ESG 信息披露的作用机制，发现企业基于不同的内在动机在具有不同制度环境质量的东道国采用差异性信息披露策略来应对企业的海外投资风险。本章的研究结论丰富了东道国制度环境影响企业行为的相关研究，并厘清了对外直接投资影响企业 ESG 信息披露的作用机制。

（3）从 ESG 信息披露的角度拓展了对外直接投资经济后果的相关研究，剖析了对外直接投资对于微观企业行为决策的影响逻辑。关于对外直接投资，较多文献检验了对外直接投资对于生产效率、产业升级、环境污染以及技术创新等的影响（叶娇和赵云鹏，2016；王丽和张岩，2016；刘玉博和吴万宗，2017；Amendolagine et al.，2018；邵朝对等，2021；Samant et al.，2023），鲜有文献关注微观企业进行对外直接投资后对其信息披露决策的影响。在国际化背景下，探究企业对外直接投资行为影响企业非财务信息披露决策的理论逻辑能够为引导企业开展对外直接投资提供一定参考价值。

本章的其余部分安排如下：第二部分为理论分析与假设发展；第三部分为研究设计；第四部分为实证结果与分析；第五部分为进一步研究；第六部分为异质性分析；第七部分为本章小结。

5.2　理论分析与假设发展

5.2.1　企业对外直接投资与 ESG 信息披露

企业进行对外直接投资面临着巨大的海外投资风险和外部投资环境的高度不确定性。面对东道国的政治、经济、贸易和社会文化壁垒等方面的经营风险，以及更广泛的社区、客户、投资者等利益相关者的期望，跨国企业的行为决策将受到来自东道国和母国的更多关注和监督。尤其是在全球可持续发展理念的推动下，环境问题负外部性将被放大，反过来对企业的经营发展造成消极影响。相对于本土企业，进行对外投资的企业面临更复杂的制度环境和更高的海外经营风险。那么，对外直接投资的企业如何应对增长的环境风险对企业经营的不利影响以及来自内外部利益相关者的环境关注和担忧？

首先，由于对外直接投资提高了企业与投资者之间的信息不对称程度，基于信号传递动机，企业倾向于提供更多的非财务信息来满足投资者的需要，以降低投资者对于企业海外经营风险的担忧。企业可以通过社会责任报告/ESG 报告来向外界传递未来业绩相关、战略定位、企业声誉等外界各方难以察觉的信息（DesJardine et al.，2021）。已有文献普遍认为，企业社会责任信息披露具有价值相关性，能够缓解与投资者和客户间的信息不对称，从而降低企业的股权资本成本（Dhaliwal et al.，2011；Truong et al.，2021）。同时，高质量的社会责任报告预示着企业有能力开展长期的可持续性行动，并会长期关注不同利益相关者的利益（Truong et al.，2021）。企业通过社会责任信息披露向利益相关者发出企业非完全自利的信号，在利益相关者中形成良好的企业公民形象。

因此，出于降低信息不对称和信号传递的动机，企业的对外直接投资对其ESG信息披露的影响可以体现在以下两个方面：一方面，通过ESG信息披露缓解投资者对企业经营情况的担忧。进行对外直接投资的企业会在东道国开展活动和经营子公司，由于东道国与母国存在制度环境差异，在东道国的经营将面临极高的政治、监管和违规风险，会给企业的生产和经营造成不利影响。尤其当海外子公司的经营状况不佳时，会影响到企业的利润和价值，从而损害投资者的利益。因此，进行对外直接投资的企业有动机进行更多的ESG信息披露来降低与投资者之间的信息不对称程度，增强投资者的信任。另一方面，企业也需要披露更多的环境、社会责任等非财务信息来向东道国利益相关者传递积极的信号。对外直接投资企业通过不断提高自身的ESG信息披露水平，向东道国的居民、社区、政府等利益相关者传递积极的信号，树立绿色的企业形象，缓解东道国利益相关者的担忧，在降低企业的外来劣势的同时，吸引海外绿色消费者的青睐，从而保障海外子公司的业务开展和正常运营。在外部经营风险和环境不确定性较高的情况下，内外部信息不对称程度较大，企业可能基于降低信息不对称和获取投资者信任的动机向外界传递企业内部信息，从而推动企业的ESG信息披露行为。

其次，基于声誉动机和风险管理动机，企业可能通过ESG信息披露来形成声誉资本和树立绿色企业形象以应对制度监管和潜在的违规风险。声誉作为企业的一种特质，有助于将企业与其他企业进行区分，增加利益相关者对企业的信心和认同，不仅能够提高企业的市场竞争力，而且能够成为一种实现企业战略目标的手段（Porter & Kramer，2006）。参与对外直接投资的企业可能基于战略性企业社会责任观，通过ESG信息披露积累声誉资本和树立绿色形象来防范化解企业在东道国生产经营时可能产生的环境负外部性，及其带来的合法性风险。具体来讲，由于中国对外直接投资企业所面临的东道国制度环境，特别是与母国（中国）的制度环境具有明显差异，且上行或下行投资兼而有之，使企业的海外经营风险变得更加复杂。出于风险管理动机，企业可能利用ESG/CSR信息披露来管理与监管者的关系、构建良好的声誉（Neu et al.，1998），或是用来抵消不良环境表现造成的潜在负面影响（Cho et al.，2012）。

结合以上分析，企业进行对外直接投资面临的环境问题关注和东道国制度环境风险将推动企业进行更多的 ESG 信息披露。基于此，本章提出以下假设：

假设 5-1：在其他条件不变的情况下，企业对外直接投资与其 ESG 信息披露正相关。

5.2.2 东道国制度环境与 ESG 信息披露

在初步探究对外直接投资对于企业 ESG 信息披露的影响后发现，现有文献忽略了东道国制度环境对于对外直接投资企业信息披露决策的影响。因此，本章将从东道国经济发展、国家治理和环境规制三个维度，基于东道国制度环境视角分析对外直接投资对企业 ESG 信息披露的影响。

从东道国经济发展的角度来看，全球市场可以分为两大类别：一类是以经济合作与发展组织（OECD）为代表的发达国家，另一类是发展中的新兴市场国家，我国企业的对外直接投资广泛地分布在这两类东道国中。自 20 世纪 90 年代以来，经济发展与环境质量之间的关系一直受到学者的关注。根据环境库兹涅茨曲线假说（Grossman & Krueger，1995），环境质量或污染物排放水平与人均收入之间呈现一种倒"U"形关系，即在经济增长初期，污染排放会随着收入的增长不断增加；当收入超过一定水平后，环境质量逐步好转。一部分研究从理论上解释了污染排放与经济增长之间的关系，另一部分研究则对这种倒"U"形的关系进行了进一步的证明。经济发达国家已经度过了牺牲生态环境谋求经济发展的历史阶段，而将一些重污染的产业进行转移（Walter & Ugelow，1979；Copeland & Scott，1994），这类国家对于环境保护的重视程度较高，对于外来企业的投资审查和制度监管较为严格，企业面临着较高的环境风险和严格的外部监督。而在某些发展中国家和欠发达国家，经济发展可能仍旧占据优势，资源和资本的匮乏使这些国家难以对外来企业的环境问题进行严格的监管，甚至可能以牺牲环境为代价吸引外来资本的流入（Hoffmann & Ramasamy，2005；Lee，2013；Kivyiro & Arminen，2014；Wang & Chen，2014）。因此，东道国的经济发展水平可以初步表征东道国的制度环境水平，直接影响企业面临的环境监管强度和环境违规风险，从而推动企业进行 ESG 信息披露以进行风险管理。基于此，东道国的经济发展对企业的 ESG 信息披露具有积极影响。

从国家治理的角度来看，东道国的国家治理是社会和环境绩效的重要决定因素。东道国的治理水平代表了其国家层面的政治风险、制度质量以及社会层面对环境责任的认知。企业在不同治理水平的东道国面临差异性的合法性要求、社会责任标准及公众压力。当企业去国家治理水平较高的东道国时，会面对制度逆差以及当地较高的社会责任要求。国家治理水平差距越大，企业获得合法性的难度越大（Eden & Miller，2004），这加剧了投资者对于企业在海内外市场开展经营活动的风险感知。为了进行积极的信号传递以及降低与外界的信息不对称程度，获得内外部利益相关者的信任和支持，企业进行增量信息披露的动机增强，从而可能进行更多 ESG 信息披露。当东道国国家治理水平较低时，东道国的政治风险更高、制度变化更加频繁，在社会责任和环境保护方面制度压力可能会较小，企业则将会面临较低的合法性需求和社会责任标准。此外，高质量的国家治理还可能对公司治理和企业的道德认知产生积极影响，东道国完善的市场制度、法律规范和市场监管可以激发企业进行社会责任实践的自主性。基于此，东道国的国家治理水平对企业的 ESG 信息披露具有积极影响。

从环境规制的角度来看，东道国环境规制强度代表了企业面临的环境监管强度和环境违规风险。环境污染具有极强的负外部性。经济外部性理论解释了政府环境规制对于解决环境污染问题的意义。由于生态环境具有"不明确公共物品"属性，因而环境相关问题并不能完全由市场机制解决，而需要国家和政府的干预及监督。东道国环境规制不仅代表了政府和政策制定者等企业重要的外部利益相关者对企业的信息披露的要求，还能间接通过政治威慑或公共权威影响企业进行社会责任信息披露的意愿（Reid & Toffel，2009；Marquis & Qian，2014），使企业能够"多做多说"（Delmas & Toffel，2008；Innes & Sam，2008）。因此，对于企业来说，必须满足外部制度环境的监管要求才能谋求长期发展。企业的 ESG 信息披露中包含了大量的环境信息，作为重要的非财务数据，能够被用来应对政府和其他机构等利益相关者的需求。在环境规制严格的东道国，对外直接投资企业具有更大的环境监管压力，面临较高的违规风险，且一旦发生违规将会承受严重的法律或行政惩处，从而较强的环境规制压力会提高企业 ESG 信息披露的意愿。一方面，外部制度监管压力促使企业进行环境信息披露以满足制度要求，获得合法性。另一方面，在严格的环境规制下，企业自愿进行更多的环境信息披露将有利于企业进行风险管理，防范化解环境问题可能带来的经营风险。因此，东道国环境规制强度会影响对外直接投资企业的环境信息披露水平，即在强环境规制下，企业进行 ESG 信息披露的动机更强。基于以上分析，本章提出以下假设：

假设 5-2a：在其他条件不变的情况下，东道国经济发展水平与企业 ESG 信息披露正相关。

假设 5-2b：在其他条件不变的情况下，东道国国家治理水平与企业 ESG 信息披露正相关。

假设 5-2c：在其他条件不变的情况下，东道国环境规制强度与企业 ESG 信息披露正相关。

5.3　研 究 设 计

5.3.1　样本选择与数据来源

本章选取 2008~2021 年沪深 A 股上市公司为初始研究样本。由于《环境信息公开办法（试行）》于 2008 年开始施行，该办法首次对企业的环境信息披露做出了规定和指引，进行环境信息披露的企业数量有了大幅提升，而环境信息是社会责任信息的重要组成部分，因此，本章以 2008 年为样本起始时间，对初始样本进行以下筛选和处理：①剔除金融行业的样本。②剔除 ST 类公司样本。③剔除设立在我国港澳台地区和设立在百慕大、开曼群岛、英属维尔京群岛等"避税天堂"的海外子公司数据。④剔除其他财务数据和公司治理数据有缺失的样本。最终得到 10922 个对外直接投资公司—年度样本和 35936 个上市公司—年度总样本。

本章的数据来源如下：企业对外直接投资数据、企业 ESG 信息披露数据来自 CSMAR 数据库，其他财务数据亦来自 CSMAR 数据库；东道国经济发展和国家治理数据来自世界银行，东道国环境规制数据来自耶鲁大学环境法律与政策中心（YCELP）与哥伦比亚大学国际地球科学信息网络中心（CIESIN）联合发布的环境绩效指数（Environmental Performance Index，EPI），经手工整理获得。为了消除极端值的影响，本章对所有连续变量进行了上下 1% 的缩尾处理。

5.3.2　变量定义

5.3.2.1　被解释变量

本章的被解释变量为 ESG 信息披露。企业 ESG 报告作为 ESG 信息披露的载体，旨在对公司财务业绩以外的领域提供非财务信息补充，如环境、员工、消费者、供应链、慈善捐赠等信息，从而满足外部利益相关者对企业非财务信息的需求（Ballou et al.，2018；Clarkson et al.，2020）。尽管企业 ESG 报告的载体、格式和内容各不相同，有的企业发布独立的 ESG 报告进行 ESG 信息披露，也有的企业随年报披露 ESG 相关信息，但它们都为利益相关者提供了增量的非财务信息。

本章从内容分析角度采用两个指标来衡量企业的 ESG 信息披露：①是否发布 ESG 报告（ESG_D），若企业发布独立的 ESG 报告，则 ESG_D 取值为 1，否则为 0。②ESG 项目数（ESGnum），按照企业 ESG 信息披露的内容进行评分，若企业的 ESG 信息披露载体中披露了以下十四项中的任意一项，则获得 1 分，总分为 14 分，分数越高，则表明 ESG 信息披露的内容越全面：包括是否披露捐赠信息、是否披露股东权益保护、是否披露债权人权益保护、是否披露职工权益保护、是否披露供应商权益保护、是否披露客户及消费者权益保护、是否披露环境和可持续发展、是否披露公共关系和社会公益事业、是否披露社会责任制度建设及改善措施、是否披露安全生产内容、是否披露公司存在的不足、是否参照 GRI《可持续发展报告指南》、社会责任报告是否经第三方机构审验、审验机构是否四大事务所。在稳健性检验中采用企业在环境、产品、慈善/志愿者活动以及多样化、公司治理、雇员关系六个维度的关注和优势披露项目总数，从更丰富的 ESG 内容维度上衡量企业的 ESG 信息披露。

5.3.2.2 解释变量

本章的解释变量分别为企业对外直接投资（OFDI）和东道国制度环境。东道国制度环境分为以下三个维度：东道国经济发展（Maxgdp）、东道国国家治理（Maxwgi）和东道国环境规制（Maxpm）。

企业对外直接投资（OFDI）采用企业当年的海外子公司数量衡量，并使用企业期末对外直接投资总额的自然对数（OFDIamount）进行稳健性检验。

由于上市公司的对外直接投资广泛分布在全球各个国家，且每个上市公司的对外直接投资可能去往多个东道国。因此，本章将 2008~2021 年"上市公司—年度—海外子公司—东道国"维度的基础样本（子公司层面）转化为"公司—年度—东道国"维度样本，合并东道国制度环境相关数据后，整理呈现为公司—年度样本数据，对企业面临的东道国制度环境（公司层面）进行衡量。一般情况下，企业在海外经营中面对来自多个东道国的不同强度制度环境时，会受到各东道国制度环境的不同程度影响。而基于合规性理论，企业受到最严格制度环境的影响最大，当企业能够良好应对最强的外部制度环境压力时，在较弱的制度环境下则能够更好地进行经营管理。因此，借鉴 Hernndez 和 Nieto（2015）、Marano 和 Kostova（2016）的研究，本章采用企业对外直接投资各东道国中的经济发展、国家治理和环境规制的最大值衡量企业面临的东道国制度环境，并在稳健性检验中采用企业面临的东道国制度环境的加权平均数（以样本在各东道国的子公司数量占海外子公司总数的比例为权重）进行稳健性检验。

其中，东道国经济发展（Maxgdp）为企业进行对外直接投资的东道国人均 GDP 的最大值，经济发展水平初步体现了国家的制度环境质量。东道国国家治理（Maxwgi）为企业进行对外直接投资的东道国国家治理指数（World Governance Index，WGI）的最大值，东道国的国家治理指数越高，东道国制度环境越好和治理水平越高。东道国环境规制（Maxpm）采用企业进行对外直接投资的东道国空气质量得分的最大值来衡量，东道国的空气质量越好，意味着其环境规制越严格。东道国的空气质量为环境绩效指数（Environmental Performance Index，EPI）中的PM2.5得分，得分越高，则空气质量越好，环境规制越强。

5.3.2.3 控制变量

借鉴毕茜等（2012）、翟胜宝等（2022）的研究，本章选取以下可能影响企业ESG信息披露的指标作为控制变量：企业规模（Size），为企业期末资产总额的自然对数；资产负债率（Lev），为期末总负债与期末资产总额之比；资产收益率（Roa），为净利润与期末资产总额之比；现金流水平（Cfo），为经营活动产生的现金流量净额与期末资产总额之比；企业成长性（Growth），为本期营业收入与上期营业收入之差与上期营业收入的比值；股权集中度（Top1），为第一大股东的持股比例；两职合一（Dual），当董事长兼任总经理时取值为1，否则为0；董事会规模（Board），为董事会总人数的自然对数；机构持股（IIholder），为机构投资者的持股比例；公司年龄（Age），为公司自成立起的企业年龄自然对数；产权性质（Soe），当企业为国企时取1，否则为0；母国地区环境规制（Proenvstr），为企业注册地所在省份的单位工业增加值的工业污染治理投资额与单位GDP的工业增加值的比值。此外，还控制了公司固定效应（Firm）和年度固定效应（Year）。具体变量定义如表5-1所示。

表5-1 变量定义

变量类别	变量名称	变量代码	变量定义
被解释变量	是否发布ESG报告	ESG_D	若披露ESG报告则取1，否则取0
	ESG项目数	ESGnum	ESG报告中披露的项目数之和
解释变量	对外直接投资	OFDI	企业当年的海外子公司数量
	东道国经济发展	Maxgdp	对外直接投资的东道国人均GDP的最大值
	东道国国家治理	Maxwgi	对外直接投资的东道国国家治理指数（WGI）的最大值
	东道国环境规制	Maxpm	对外直接投资的东道国PM2.5得分的最大值
控制变量	企业规模	Size	期末总资产的自然对数
	资产负债率	Lev	总负债/期末总资产
	资产收益率	Roa	净利润/期末总资产
	现金流水平	Cfo	经营活动产生的现金流量净额/期末总资产
	企业成长性	Growth	（本期营业收入-上期营业收入）/上期营业收入
	股权集中度	Top1	第一大股东持股比例
	两职合一	Dual	若董事长兼任总经理时取值为1，否则为0
	董事会规模	Board	董事会总人数的自然对数

变量类别	变量名称	变量代码	变量定义
	机构持股	IIholder	机构投资者的持股比例
	公司年龄	Age	企业年龄加 1 的自然对数
控制变量	产权性质	Soe	若为国企则取 1,否则取 0
	母国地区环境规制	Proenvstr	(省份治污投资/省份工业增加值)/（省份工业增加值/省份 GDP)

5.3.3　研究模型

为了检验本章的研究假设,构建模型（5-1）和模型（5-2）,采用 OLS 回归模型估计系数,控制了公司固定效应和年度固定效应,并采用稳健标准误估计。由于面板非线性概率模型无法通过组内变换的方式控制个体固定效应,且面板 Logit 模型需要在一定假设下才能得到一致估计量（Angrist & Pischke, 2009）。因此,虽然本章的被解释变量是否发布 ESG 报告（ESG_D）为虚拟变量,但本章仍使用 OLS 回归模型进行分析。预期对外直接投资（OFDI）、东道国经济发展（Maxgdp）、东道国国家治理（Maxwgi）和东道国环境规制（Maxpm）的系数 α_1 和 β_1 显著为正。模型如下:

$$ESG\_D(ESGnum)=\alpha 1OFDI+\alpha jControls+\sum Firm+\sum Year+\varepsilon \tag{5-1}$$

$$ESG\_D(ESGnum)=\beta 0+\beta 1Maxgdp(Maxwgi,\ Maxpm)+\beta jControls+$$
$$\sum Firm+\sum Year+\varepsilon \tag{5-2}$$

5.4　实证结果与分析

5.4.1　描述性统计分析

表 5-2 的 Panel A 为全样本的描述性统计。从企业的 ESG 信息披露情况来看,有 25.3% 的样本披露了 ESG 报告;企业 ESG 项目数的最大值为 13,最小值为 0,平均每个样本披露了 5.109 项社会责任信息。总体上看,我国发布 ESG 报告的上市公司数量的占比较小,ESG 信息披露项目数不高,表明我国企业的 ESG 信息披露现状有待提高。在企业的对外直接投资方面,企业的海外子公司数量最大值为 31,最小值为 0,其平均值为 1.125,即每个样本平均拥有 1.125 个海外

子公司，表明企业间的对外直接投资情况具有较大差异。

表5-2 主要变量的描述性统计

Panel A 全样本描述性统计

Variables	N	Mean	SD	Min	P25	P50	P75	Max
ESG_D	35936	0.253	0.435	0.000	0.000	0.000	1.000	1.000
ESGnum	35936	5.109	3.429	0.000	2.000	6.000	8.000	13.000
OFDI	35936	1.125	3.119	0.000	0.000	0.000	1.000	31.000
Size	35936	22.089	1.290	19.768	21.146	21.898	22.821	26.157
Lev	35936	0.418	0.206	0.050	0.251	0.410	0.573	0.884
Roa	35936	0.041	0.060	−0.229	0.016	0.040	0.071	0.202
Cfo	35936	0.049	0.071	−0.160	0.009	0.048	0.089	0.250
Growth	35936	0.182	0.402	−0.627	−0.019	0.119	0.295	2.355
Top1	35936	34.977	15.038	8.740	23.170	32.980	45.110	75.000
Dual	35936	0.281	0.450	0.000	0.000	0.000	1.000	1.000
Board	35936	2.244	0.177	1.792	2.079	2.303	2.303	2.773
IIholder	35936	44.255	24.866	0.302	23.592	46.077	64.322	91.923
Age	35936	2.832	0.373	1.609	2.639	2.890	3.091	3.497
Soe	35936	0.365	0.482	0.000	0.000	0.000	1.000	1.000
Proenvstr	35936	0.602	0.516	0.064	0.283	0.425	0.711	2.564

Panel B 对外直接投资样本（子样本）描述性统计

Variables	N	Mean	SD	Min	P25	P50	P75	Max
ESG_D	10922	0.324	0.468	0.000	0.000	0.000	1.000	1.000
ESGnum	10922	6.000	3.184	0.000	4.000	7.000	8.000	13.000
OFDI	10922	3.702	4.741	1.000	1.000	2.000	4.000	31.000
Maxpgdp	10922	10.590	0.958	7.047	10.653	10.947	11.051	11.672
Maxwgi	10922	1.140	0.615	−0.968	1.037	1.364	1.521	1.793
Maxpm	10922	83.868	19.943	10.900	78.000	87.800	100.000	100.000
Size	10922	22.566	1.363	19.768	21.595	22.356	23.324	26.157
Lev	10922	0.438	0.194	0.050	0.288	0.436	0.584	0.884
Roa	10922	0.042	0.061	−0.229	0.017	0.041	0.072	0.202
Cfo	10922	0.053	0.066	−0.160	0.015	0.051	0.090	0.250
Growth	10922	0.192	0.372	−0.627	0.002	0.133	0.303	2.355

Panel B 对外直接投资样本（子样本）描述性统计								
Top1	10922	34.061	15.018	8.740	22.340	32.140	44.460	75.000
Dual	10922	0.310	0.463	0	0	0	1	1
Board	10922	2.239	0.179	1.792	2.079	2.303	2.303	2.773
Hholder	10922	44.938	25.619	0.302	22.572	46.998	66.008	91.923
Age	10922	2.859	0.354	1.609	2.639	2.890	3.091	3.497
Soe	10922	0.291	0.454	0	0	0	1	1
Proenvstr	10922	0.583	0.501	0.064	0.276	0.418	0.680	2.564

Panel B 为已进行对外直接投资的子样本描述性统计。从 ESG 信息披露情况来看，有 32.4% 的样本进行了 ESG 信息披露，且平均每个样本披露了 6 项社会责任信息。从对外直接投资情况来看，企业的海外子公司数量最大值为 31，最小值为 1，且中位数为 2，表明在进行对外直接投资的样本中，其对外直接投资水平也存在较大差异。从东道国制度环境来看，东道国经济发展水平的最大值为 11.672，最小值为 7.047，均值为 10.590，体现出各东道国的经济发展水平存在较大的差异。东道国国家治理水平的最大值为 1.793，最小值为 -0.968，均值为 1.140，也体现了各东道国间较大的制度质量差异。东道国环境规制的最大值为 100，最小值为 10.900，均值为 83.868，表明大多数东道国具有较高的空气质量，意味着其具有严格的环境规制，但最大值和最小值的差距也展现出各国间环境规制的极大差异。

5.4.2　相关性分析

表 5-3 报告了主要变量的相关系数。企业对外直接投资、东道国制度环境与 ESG 信息披露的相关系数均在 1% 或 5% 的水平上显著为正，表明对外直接投资有利于促进企业的 ESG 信息披露，且东道国制度环境能够对对外直接投资企业的 ESG 信息披露产生积极作用，初步验证了假设 5-1 和假设 5-2a、5-2b、5-2c。

表 5-3　主要变量相关性分析

Variables	ESGsource	ESGnum	OFDI	Maxpgdp	Maxwgi	Maxpm	Size	Lev	Roa
ESGsource	1.00	0.61***	0.24***	0.13***	0.18***	0.13***	0.52***	0.24***	0.00
ESGnum	0.56***	1.00	0.22***	0.19***	0.14***	0.03***	0.42***	0.17***	0.02**
OFDI	0.24***	0.23***	1.00	0.44***	0.47***	0.30***	0.34***	0.16***	-0.02**

续表

Variables	ESGsource	ESGnum	OFDI	Maxpgdp	Maxwgi	Maxpm	Size	Lev	Roa
Maxpgdp	0.12***	0.13***	0.25***	1.00	0.57***	0.25***	0.16***	0.01	0.02*
Maxwgi	0.15***	0.12***	0.28***	0.89***	1.00	0.37***	0.21***	0.08***	0.00
Maxpm	0.11***	0.02***	0.23***	0.54***	0.52***	1.00	0.10***	0.06***	-0.02
Size	0.54***	0.41***	0.34***	0.12***	0.16***	0.09***	1.00	0.53***	-0.11***
Lev	0.24***	0.15***	0.16***	-0.01	0.03***	0.02***	0.53***	1.00	-0.45***
Roa	0.03***	0.03***	0.00	0.01***	0.02***	0.02***	-0.04***	-0.38***	1.00
Cfo	0.08***	0.10***	0.03***	0.04***	0.03***	0.02***	0.03***	-0.21***	0.43***
Growth	-0.03***	-0.01*	0.03***	0.03***	0.03***	-0.02***	0.00	-0.01*	0.22***
First	0.09***	0.04***	0.02***	-0.02***	0.01	0.03***	0.16***	0.05***	0.14***
Dual	-0.13***	-0.05***	-0.06***	0.01	-0.01***	-0.05***	-0.21***	-0.17***	0.06***
Board	0.20***	0.10***	0.03***	0.00	0.02***	0.06***	0.26***	0.17***	-0.02***
IIholder	0.28***	0.17***	0.13***	0.04***	0.06***	0.09***	0.44***	0.20***	0.12***
Age	0.13***	0.14***	0.06***		-0.03***	-0.13***	0.17***	0.17***	-0.10***
Soe	0.29***	0.12***	0.04***	-0.02***	0.01	0.04***	0.40***	0.31***	-0.10***
Proenvstr	0.03***	-0.05***	-0.02***	0.00	0.02***	0.07***	0.07***	0.02***	0.01

Variables	Cfo	Growth	First	Dual	Board	IIholder	Age	Soe	Proenvstr
ESGsource	0.08***	-0.03***	0.09***	-0.13***	0.19***	0.28***	0.14***	0.29***	0.02*
ESGnum	0.10***	0.00	0.04***	-0.07***	0.12***	0.19***	0.12***	0.14***	-0.07***
OFDI	0.04***	0.02	0.00	-0.04***	0.03***	0.10***	0.07***	0.02*	-0.02**
Maxpgdp	0.06***	0.04***	-0.08***	0.02*	-0.03***	0.02*	0.12***	-0.06***	-0.08***
Maxwgi	0.02**	0.02**	0.02	-0.04***	0.02**	0.08***	-0.03***	0.06***	0.05***
Maxpm	0.01	-0.06***	0.04***	-0.06***	0.07***	0.09***	-0.15***	0.07***	0.10***
Size	0.03***	-0.01	0.11***	-0.22***	0.23***	0.41***	0.22***	0.38***	0.04***
Lev	-0.20***	-0.04***	0.05***	-0.17***	0.15***	0.19***	0.18***	0.31***	0.00
Roa	0.47***	0.30***	0.11***	0.10***	-0.03***	0.09***	-0.11***	-0.18***	0.01
Cfo	1.00	0.04***	0.08***	0.01	0.03***	0.13***	-0.01	-0.04***	0.02*
Growth	0.02***	1.00	-0.01	0.07***	-0.04***	0.00	-0.09***	-0.12***	-0.04***
First	0.08***	-0.01*	1.00	-0.03***	-0.03***	0.49***	-0.10***	0.21***	0.06***
Dual	0.01	0.04***	-0.04***	1.00	-0.21***	-0.20***	-0.09***	-0.29***	-0.09***
Board	0.02***	-0.03***	-0.03***	-0.20***	1.00	0.20***	0.03***	0.26***	0.09***

续表

Variables	Cfo	Growth	First	Dual	Board	IIholder	Age	Soe	Proenvstr
IIholder	0. 12 ***	0. 01 **	0. 49 ***	-0. 20 ***	0. 21 ***	1. 00	0. 02 *	0. 38 ***	0. 08 ***
Age	0. 00	-0. 06 ***	-0. 12 ***	-0. 08 ***	0. 02 ***	0. 01 **	1. 00	0. 16 ***	-0. 05 ***
Soe	-0. 04 ***	-0. 09 ***	0. 22 ***	-0. 29 ***	0. 26 ***	0. 39 ***	0. 14 ***	1. 00	0. 06 ***
Proenvstr	-0. 02 ***	-0. 01 **	0. 06 ***	-0. 08 ***	0. 07 ***	0. 07 ***	-0. 03 ***	0. 08 ***	1. 00

注：右上方为 Spearman 相关系数，左下方为 Pearson 相关系数；*** 、 ** 、 * 分别表示在 1%、5%和 10%的水平上显著。

5.4.3　企业对外直接投资与 ESG 信息披露的实证结果与分析

表 5-4 报告了企业对外直接投资与 ESG 信息披露的回归结果。第（1）和第（4）列为未加入控制变量的回归结果，企业对外直接投资（OFDI）的系数分别为 0. 009 和 0. 054，并在 1%的水平上显著。第（2）和第（5）列为加入控制变量的回归结果，第（3）和第（6）列为进行了对外直接投资的子样本回归结果，对外直接投资的系数仍至少在 10%的水平上显著为正，验证了本章的假设 5-1。以上结果表明，企业进行对外直接投资不仅有助于提高企业 ESG 信息披露的意愿，对于企业 ESG 信息披露数量的提升也具有积极作用，意味着企业的对外直接投资行为会对其 ESG 信息披露决策产生积极影响。支持了本章的假设 5-1。

表 5-4　企业对外直接投资与 ESG 信息披露回归结果

Variables	ESG_D			ESGnum		
	（1）	（2）	（3）	（4）	（5）	（6）
OFDI	0. 009 ***	0. 006 ***	0. 005 ***	0. 054 ***	0. 023 ***	0. 014 *
	（10. 91）	（7. 66）	（4. 54）	（9. 00）	（3. 87）	（1. 69）
Size		0. 084 ***	0. 112 ***		0. 647 ***	0. 800 ***
		（20. 30）	（10. 80）		（19. 40）	（9. 71）
Lev		-0. 095 ***	-0. 101 ***		0. 242 *	0. 089
		（-6. 08）	（-2. 92）		（1. 79）	（0. 30）
Roa		0. 120 ***	0. 180 ***		0. 348	0. 200
		（3. 69）	（2. 86）		（1. 20）	（0. 38）
Cfo		-0. 002	-0. 052		0. 315	-0. 225
		（-0. 08）	（-1. 10）		（1. 46）	（-0. 54）

Variables	ESG_D			ESGnum		
	（1）	（2）	（3）	（4）	（5）	（6）
Growth		-0.027***	-0.046***		-0.157***	-0.185***
		(-7.08)	(-5.53)		(-4.59)	(-2.84)
Top1		0.000	-0.000		-0.009***	-0.003
		(0.99)	(-0.09)		(-3.74)	(-0.52)
Dual		-0.002	0.005		-0.040	0.030
		(-0.37)	(0.61)		(-0.92)	(0.37)
Board		-0.036**	-0.028		-0.161	-0.021
		(-2.28)	(-0.95)		(-1.16)	(-0.08)
IIholder		-0.000	-0.000		-0.002	-0.006*
		(-0.88)	(-0.16)		(-1.42)	(-1.81)
Age		-0.055**	0.057		1.885***	1.076***
		(-2.47)	(1.24)		(10.33)	(2.86)
Soe		0.007	-0.021		-0.140	0.124
		(0.67)	(-1.07)		(-1.60)	(0.63)
Proenvstr		0.010***	0.005		0.050	0.033
		(2.73)	(0.78)		(1.59)	(0.63)
_cons	0.243***	-1.339***	-2.261***	5.048***	-13.847***	-14.880***
	(156.26)	(-11.98)	(-8.38)	(385.85)	(-15.50)	(-6.92)
N	35936	35936	10922	35936	35936	10922
Firm	Yes	Yes	Yes	Yes	Yes	Yes
Year	Yes	Yes	Yes	Yes	Yes	Yes
r2_a	0.712	0.718	0.795	0.624	0.633	0.656

注：***、**和*分别表示在1%、5%和10%的水平上显著，括号内为t值。

5.4.4 东道国制度环境与企业 ESG 信息披露的实证结果与分析

表 5-5 报告了东道国制度环境与对外直接投资企业 ESG 信息披露的回归结果。由于东道国制度环境压力仅存在于进行对外直接投资的企业中，本章将回归样本限制在了进行对外直接投资的子样本中。第（1）~第（6）列回归结果显示，东道国经济发展、国家治理和环境规制的系数均在 1% 的水平上显著为正，验证了本章的假设 5-2a、5-2b、5-2c。表 5-5 的结果表明，东道国的制度环境

的外部压力能够促进企业进行 ESG 信息披露，并能够显著促进企业 ESG 信息披露项目数的提升，说明东道国制度环境是对外直接投资影响企业 ESG 信息披露决策的重要机制。本章研究对于厘清对外直接投资为何能够影响企业 ESG 信息披露具有重要意义。

表 5-5　东道国制度环境与企业 ESG 信息披露回归结果

Variables	ESG_D			ESGnum		
	（1）	（2）	（3）	（4）	（5）	（6）
Maxgdp	0.026***			0.162***		
	(3.85)			(2.97)		
Maxwgi		0.050***			0.225***	
		(4.89)			(2.73)	
Maxpm			0.001***			0.007***
			(4.34)			(3.62)
Size	0.118***	0.116***	0.120***	0.800***	0.799***	0.814***
	(11.41)	(11.27)	(11.79)	(9.76)	(9.76)	(10.00)
Lev	-0.091***	-0.093***	-0.093***	0.109	0.105	0.094
	(-2.64)	(-2.68)	(-2.69)	(0.37)	(0.35)	(0.32)
Roa	0.179***	0.179***	0.180***	0.210	0.203	0.223
	(2.85)	(2.85)	(2.87)	(0.39)	(0.38)	(0.41)
Cfo	-0.055	-0.054	-0.053	-0.244	-0.234	-0.236
	(-1.16)	(-1.14)	(-1.13)	(-0.58)	(-0.55)	(-0.56)
Growth	-0.046***	-0.046***	-0.046***	-0.183***	-0.183***	-0.185***
	(-5.51)	(-5.50)	(-5.56)	(-2.77)	(-2.78)	(-2.80)
Top1	-0.000	-0.000	-0.000	-0.003	-0.003	-0.003
	(-0.24)	(-0.32)	(-0.11)	(-0.66)	(-0.66)	(-0.57)
Dual	0.006	0.006	0.006	0.034	0.033	0.033
	(0.68)	(0.68)	(0.64)	(0.43)	(0.41)	(0.41)
Board	-0.026	-0.026	-0.028	-0.009	-0.009	-0.024
	(-0.88)	(-0.86)	(-0.95)	(-0.03)	(-0.03)	(-0.09)
Ilholder	0.000	-0.000	-0.000	-0.005*	-0.005*	-0.006*
	(0.03)	(-0.01)	(-0.04)	(-1.72)	(-1.75)	(-1.78)
Age	0.056	0.055	0.053	1.079***	1.073***	1.065***
	(1.18)	(1.18)	(1.14)	(2.83)	(2.82)	(2.80)

续表

Variables	ESG_D			ESGnum		
	(1)	(2)	(3)	(4)	(5)	(6)
Soe	−0.020	−0.021	−0.023	0.127	0.122	0.108
	(−1.02)	(−1.07)	(−1.16)	(0.64)	(0.61)	(0.54)
Proenvstr	0.004	0.004	0.004	0.032	0.032	0.031
	(0.70)	(0.70)	(0.69)	(0.60)	(0.60)	(0.59)
_cons	−2.649***	−2.389***	−2.497***	−16.559***	−15.052***	−15.618***
	(−9.71)	(−8.86)	(−9.32)	(−7.59)	(−7.03)	(−7.31)
N	10922	10922	10922	10922	10922	10922
Firm	Yes	Yes	Yes	Yes	Yes	Yes
Year	Yes	Yes	Yes	Yes	Yes	Yes
r2_a	0.795	0.795	0.795	0.655	0.655	0.655

注：***、**和*分别表示在1%、5%和10%的水平上显著，括号内为t值。

5.4.5　稳健性检验

5.4.5.1　替换解释变量：改变企业对外直接投资与东道国制度环境的衡量方式

考虑到企业对外直接投资及东道国制度环境是本章的关键解释变量，本章采用替代衡量方式进行稳健性测试。第一，采用企业期末对外直接投资总额的自然对数（OFDIamount）来衡量企业的对外直接投资。第二，采用企业对外直接投资的各东道国制度环境的加权平均数（以样本在各东道国的子公司数量占海外子公司总数的比例为权重）进行替代衡量。替换解释变量衡量方式的回归结果如表5-6所示，企业对外直接投资总额（OFDIamount）、东道国经济发展（Wagdp）、东道国国家治理（Wawgi）和东道国环境规制（Wapm）的系数均显著为正，与前文结果基本一致，说明本章的研究结果较为稳健。

表5-6　替换解释变量衡量方式的回归结果

Variables	ESG_D				ESGnum			
	(1)	(2)	(3)	(4)	(5)	(6)	(7)	(8)
OFDIamount	0.032***				0.028***			
	(5.08)				(0.55)			

续表

Variables	ESG_D				ESGnum			
	(1)	(2)	(3)	(4)	(5)	(6)	(7)	(8)
Wagdp		0.022 ***				0.205 ***		
		(2.77)				(3.24)		
Wawgi			0.022 *				0.199 **	
			(1.93)				(2.11)	
Wapm				0.001 ***				0.006 ***
				(3.43)				(3.26)
Size	0.081 ***	0.119 ***	0.121 ***	0.122 ***	0.597 ***	0.806 ***	0.818 ***	0.828 ***
	(18.10)	(11.67)	(11.85)	(11.94)	(16.39)	(9.87)	(10.05)	(10.19)
Lev	-0.092 ***	-0.088 **	-0.088 **	-0.091 ***	0.298 **	0.131	0.131	0.104
	(-5.62)	(-2.56)	(-2.55)	(-2.64)	(2.04)	(0.44)	(0.44)	(0.35)
Roa	0.100 ***	0.178 ***	0.176 ***	0.178 ***	0.358	0.213	0.188	0.207
	(2.88)	(2.84)	(2.80)	(2.83)	(1.14)	(0.40)	(0.35)	(0.39)
Cfo	0.002	-0.053	-0.051	-0.051	0.427 *	-0.237	-0.219	-0.222
	(0.07)	(-1.12)	(-1.08)	(-1.09)	(1.87)	(-0.56)	(-0.52)	(-0.52)
Growth	-0.024 ***	-0.046 ***	-0.046 ***	-0.047 ***	-0.140 ***	-0.183 ***	-0.185 ***	-0.187 ***
	(-6.06)	(-5.53)	(-5.55)	(-5.59)	(-3.83)	(-2.78)	(-2.80)	(-2.84)
Top1	0.000	-0.000	-0.000	-0.000	-0.009 ***	-0.004	-0.003	-0.003
	(1.32)	(-0.19)	(-0.15)	(-0.05)	(-3.58)	(-0.68)	(-0.62)	(-0.52)
Dual	-0.001	0.005	0.005	0.005	-0.040	0.032	0.028	0.030
	(-0.25)	(0.62)	(0.58)	(0.59)	(-0.86)	(0.40)	(0.35)	(0.37)
Board	-0.020	-0.024	-0.025	-0.026	-0.111	0.012	0.004	-0.007
	(-1.19)	(-0.82)	(-0.84)	(-0.88)	(-0.74)	(0.04)	(0.02)	(-0.03)
IIholder	-0.000	0.000	-0.000	-0.000	-0.002	-0.005 *	-0.005 *	-0.006 *
	(-1.44)	(0.03)	(-0.00)	(-0.02)	(-1.51)	(-1.71)	(-1.74)	(-1.76)
Age	-0.051 **	0.054	0.053	0.054	2.071 ***	1.073 ***	1.064 ***	1.073 ***
	(-2.07)	(1.15)	(1.13)	(1.15)	(10.23)	(2.81)	(2.79)	(2.82)
Soe	0.006	-0.020	-0.020	-0.021	-0.073	0.126	0.127	0.122
	(0.52)	(-1.02)	(-1.02)	(-1.06)	(-0.76)	(0.64)	(0.64)	(0.61)
Proenvstr	0.009 **	0.004	0.004	0.004	0.079 **	0.032	0.032	0.031
	(2.32)	(0.71)	(0.72)	(0.69)	(2.33)	(0.60)	(0.61)	(0.59)
_cons	-1.324 ***	-2.653 ***	-2.468 ***	-2.528 ***	-13.460 ***	-17.118 ***	-15.408 ***	-15.929 ***
	(-10.89)	(-9.49)	(-9.17)	(-9.35)	(-13.78)	(-7.72)	(-7.19)	(-7.44)
N	31916	10922	10922	10922	31916	10922	10922	10922

Variables	ESG_ D				ESGnum			
	（1）	（2）	（3）	（4）	（5）	（6）	（7）	（8）
Firm	Yes	Yes	Yes	Yes	Yes	Yes	Yes	Yes
Year	Yes	Yes	Yes	Yes	Yes	Yes	Yes	Yes
r2_a	0.725	0.794	0.794	0.794	0.639	0.655	0.655	0.655

注：＊＊＊、＊＊和＊分别表示在 1%、5%和 10%的水平上显著，括号内为 t 值。由于企业期末对外直接投资总额的数据存在缺失值，因此第（1）列、第（5）列的样本量发生变化。

5.4.5.2 替换被解释变量：改变 ESG 信息披露的衡量方式

本章采用替换被解释变量衡量方式进行稳健性测试。分别采用企业社会责任报告中关于环境、产品、慈善/志愿者活动以及社会争议、多样化、公司治理、雇员关系七个维度的关注和优势披露项目数之和（ESG_disclosure），以及企业社会责任报告中关于环境信息的关注和优势披露项目数之和（ESG_envi_dis）进行替代衡量。替换被解释变量衡量方式的回归结果如表 5-7 所示，企业对外直接投资（OFDI）、东道国经济发展（Maxgdp）、东道国国家治理（Maxwgi）和东道国环境规制（Maxpm）的系数均显著为正，与前文结果基本一致，说明本章的研究结果较为稳健。

表 5-7 替换被解释变量衡量方式的回归结果

Variables	ESG_ disclosure				ESG_ envi_dis			
	（1）	（2）	（3）	（4）	（5）	（6）	（7）	（8）
OFDI	0.235＊＊＊				0.034＊＊＊			
	（9.72）				（8.28）			
Maxgdp		0.502＊＊＊				0.081＊＊＊		
		（2.77）				（2.75）		
Maxwgi			1.144＊＊＊				0.158＊＊＊	
			（4.30）				（3.70）	
Maxpm				0.028＊＊＊				0.005＊＊＊
				（4.90）				（4.81）
Size	2.359＊＊＊	3.153＊＊＊	3.094＊＊＊	3.179＊＊＊	0.334＊＊＊	0.431＊＊＊	0.425＊＊＊	0.435＊＊＊
	（21.76）	（10.53）	（10.36）	（10.75）	（19.28）	（8.94）	（8.83）	（9.19）
Lev	-3.122＊＊＊	-4.251＊＊＊	-4.288＊＊＊	-4.326＊＊＊	-0.366＊＊＊	-0.424＊＊＊	-0.428＊＊＊	-0.437＊＊＊
	（-8.09）	（-4.52）	（-4.56）	（-4.60）	（-6.05）	（-2.81）	（-2.84）	（-2.89）

续表

Variables	ESG_ disclosure				ESG_ envi_ dis			
	(1)	(2)	(3)	(4)	(5)	(6)	(7)	(8)
Roa	3.536***	3.856**	3.862**	3.937**	0.470***	0.373	0.372	0.386
	(4.40)	(2.32)	(2.33)	(2.37)	(3.80)	(1.46)	(1.46)	(1.51)
Cfo	0.771	-1.441	-1.428	-1.428	0.160*	-0.264	-0.261	-0.262
	(1.31)	(-1.10)	(-1.10)	(-1.09)	(1.69)	(-1.20)	(-1.19)	(-1.19)
Growth	-0.732***	-1.133***	-1.129***	-1.139***	-0.097***	-0.143***	-0.142***	-0.143***
	(-7.68)	(-4.92)	(-4.91)	(-4.96)	(-6.43)	(-3.79)	(-3.79)	(-3.82)
Top1	0.018**	0.013	0.012	0.014	0.002	-0.001	-0.001	-0.001
	(2.49)	(0.73)	(0.64)	(0.79)	(1.56)	(-0.29)	(-0.34)	(-0.23)
Dual	0.175	0.598**	0.600**	0.598**	0.009	0.080**	0.080**	0.080**
	(1.41)	(2.37)	(2.38)	(2.37)	(0.45)	(2.00)	(2.00)	(2.01)
Board	-0.166	-0.047	-0.028	-0.098	-0.051	-0.121	-0.119	-0.129
	(-0.42)	(-0.06)	(-0.03)	(-0.12)	(-0.77)	(-0.86)	(-0.85)	(-0.92)
Ilholder	-0.005	0.020**	0.020*	0.020*	-0.000	0.006***	0.006***	0.006***
	(-1.22)	(1.99)	(1.95)	(1.93)	(-0.29)	(3.49)	(3.46)	(3.44)
Age	-1.797***	0.410	0.408	0.365	-0.052	0.362	0.361	0.355
	(-2.86)	(0.24)	(0.24)	(0.22)	(-0.51)	(1.27)	(1.27)	(1.25)
Soe	-0.520**	-1.928***	-1.950***	-2.008***	-0.054	-0.215**	-0.218**	-0.228***
	(-2.05)	(-3.86)	(-3.90)	(-4.08)	(-1.37)	(-2.47)	(-2.51)	(-2.65)
Proenvstr	0.202**	0.259	0.258	0.256	0.038**	0.068**	0.068**	0.067**
	(2.17)	(1.45)	(1.45)	(1.43)	(2.40)	(2.15)	(2.15)	(2.14)
_cons	-39.647***	-67.910***	-62.524***	-65.253***	-6.203***	-10.164***	-9.336***	-9.735***
	(-13.20)	(-8.25)	(-7.65)	(-8.05)	(-13.00)	(-7.66)	(-7.03)	(-7.41)
N	35936	10922	10922	10922	35936	10922	10922	10922
Firm	Yes	Yes	Yes	Yes	Yes	Yes	Yes	Yes
Year	Yes	Yes	Yes	Yes	Yes	Yes	Yes	Yes
r2_a	0.733	0.790	0.791	0.791	0.676	0.733	0.733	0.733

注：***、**和*分别表示在1%、5%和10%的水平上显著，括号内为t值。

5.4.5.3 增加固定效应：增加行业固定效应

考虑到企业在样本期间可能存在行业的变更，本章在个体和年度固定效应的基础上增加了行业固定效应进行稳健性测试，回归结果如表5-8所示。企业对外直接投资（OFDI）、东道国经济发展（Maxgdp）、东道国国家治理（Maxwgi）和东道国环境规制（Maxpm）的系数均显著为正，与前文结果基本一致，表明本章的研究结果较为稳健。

表5-8 增加行业固定效应的回归结果

Variables	ESG_D				ESGnum			
	（1）	（2）	（3）	（4）	（5）	（6）	（7）	（8）
OFDI	0.007***				0.023***			
	(7.90)				(3.80)			
Maxgdp		0.026***				0.159***		
		(3.88)				(2.90)		
Maxwgi			0.049***				0.216***	
			(4.87)				(2.61)	
Maxpm				0.001***				0.006***
				(4.30)				(3.34)
Size	0.083***	0.120***	0.119***	0.123***	0.658***	0.838***	0.838***	0.852***
	(19.96)	(11.75)	(11.60)	(12.12)	(19.57)	(10.14)	(10.14)	(10.37)
Lev	-0.093***	-0.101***	-0.103***	-0.103***	0.196	0.020	0.017	0.005
	(-6.03)	(-2.96)	(-3.00)	(-3.01)	(1.45)	(0.07)	(0.06)	(0.02)
Roa	0.121***	0.173***	0.173***	0.174***	0.309	0.149	0.142	0.156
	(3.75)	(2.78)	(2.78)	(2.79)	(1.06)	(0.28)	(0.26)	(0.29)
Cfo	-0.004	-0.054	-0.053	-0.053	0.356*	-0.215	-0.205	-0.206
	(-0.18)	(-1.16)	(-1.14)	(-1.12)	(1.66)	(-0.51)	(-0.48)	(-0.48)
Growth	-0.026***	-0.043***	-0.043***	-0.043***	-0.153***	-0.184***	-0.185***	-0.186***
	(-6.86)	(-5.25)	(-5.24)	(-5.28)	(-4.50)	(-2.78)	(-2.79)	(-2.80)
Top1	0.000	-0.000	-0.000	-0.000	-0.008***	-0.003	-0.003	-0.002
	(0.96)	(-0.29)	(-0.38)	(-0.16)	(-3.60)	(-0.51)	(-0.51)	(-0.42)
Dual	-0.002	0.008	0.008	0.008	-0.042	0.036	0.035	0.034
	(-0.42)	(0.92)	(0.91)	(0.88)	(-0.97)	(0.45)	(0.43)	(0.43)
Board	-0.037**	-0.034	-0.034	-0.036	-0.170	-0.052	-0.052	-0.066
	(-2.33)	(-1.15)	(-1.14)	(-1.23)	(-1.23)	(-0.20)	(-0.20)	(-0.25)
Ilholder	-0.000	-0.000	-0.000	-0.000	-0.002	-0.005	-0.005	-0.005
	(-1.15)	(-0.11)	(-0.15)	(-0.18)	(-1.39)	(-1.48)	(-1.51)	(-1.54)

Variables	ESG_D				ESGnum			
	(1)	(2)	(3)	(4)	(5)	(6)	(7)	(8)
Age	-0.057**	0.053	0.053	0.052	1.823***	1.014***	1.010***	1.003***
	(-2.55)	(1.13)	(1.14)	(1.10)	(9.99)	(2.66)	(2.65)	(2.63)
Soe	0.004	-0.007	-0.008	-0.009	-0.140	0.140	0.134	0.121
	(0.36)	(-0.33)	(-0.39)	(-0.47)	(-1.60)	(0.70)	(0.67)	(0.61)
Proenvstr	0.010***	0.005	0.005	0.004	0.054*	0.035	0.034	0.034
	(2.70)	(0.76)	(0.76)	(0.74)	(1.70)	(0.65)	(0.65)	(0.64)
_cons	-1.310***	-2.688***	-2.428***	-2.534***	-13.892***	-17.121***	-15.652***	-16.177***
	(-11.72)	(-9.85)	(-9.01)	(-9.45)	(-15.51)	(-7.82)	(-7.29)	(-7.55)
N	35936	10922	10922	10922	35936	10922	10922	10922
Firm	Yes	Yes	Yes	Yes	Yes	Yes	Yes	Yes
Year	Yes	Yes	Yes	Yes	Yes	Yes	Yes	Yes
Ind	Yes	Yes	Yes	Yes	Yes	Yes	Yes	Yes
r2_a	0.719	0.797	0.797	0.797	0.634	0.656	0.656	0.656

注：***、**和*分别表示在1%、5%和10%的水平上显著，括号内为t值。

5.4.5.4 替换模型：Tobit 模型

考虑到部分上市公司并未披露 ESG 报告，被解释变量 ESG 信息披露质量（ESGnum）的取值为 0，具有明显的左截断数据特征，为避免最小二乘模型估计结果有偏，本章用 Tobit 模型进行分析，结果如表 5-9 所示。企业对外直接投资（OFDI）、东道国经济发展（Maxgdp）、东道国国家治理（Maxwgi）和东道国环境规制（Maxpm）的系数均为正，且均在 1%的水平上显著，与前文结果基本一致，表明本章的研究结果较为稳健。

表5-9 替换模型（Tobit）的回归结果

Variables	ESGnum			
	(1)	(2)	(3)	(4)
OFDI	0.017***			
	(2.64)			
Maxgdp		0.190***		
		(4.77)		

续表

Variables	ESGnum			
	(1)	(2)	(3)	(4)
Maxwgi			0.266***	
			(4.39)	
Maxpm				0.008***
				(4.69)
Size	0.815***	0.870***	0.867***	0.880***
	(28.62)	(19.98)	(19.87)	(20.30)
Lev	−0.071	−0.247	−0.261	−0.266
	(−0.51)	(−1.05)	(−1.11)	(−1.13)
Roa	0.309	0.262	0.236	0.263
	(0.93)	(0.50)	(0.45)	(0.51)
Cfo	0.734***	0.541	0.559	0.542
	(2.92)	(1.28)	(1.32)	(1.29)
Growth	−0.152***	−0.160**	−0.160**	−0.159**
	(−3.94)	(−2.47)	(−2.46)	(−2.46)
Top1	−0.010***	−0.003	−0.003	−0.003
	(−5.09)	(−1.03)	(−1.07)	(−0.97)
Dual	−0.006	0.017	0.015	0.017
	(−0.13)	(0.24)	(0.22)	(0.25)
Board	−0.002	0.218	0.217	0.203
	(−0.02)	(1.02)	(1.01)	(0.95)
IIholder	0.001	−0.001	−0.000	−0.001
	(1.06)	(−0.25)	(−0.21)	(−0.32)
Age	0.125	−0.290*	−0.292*	−0.303*
	(1.18)	(−1.83)	(−1.84)	(−1.91)
Soe	−0.122	0.075	0.071	0.064
	(−1.64)	(0.62)	(0.59)	(0.53)
Proenvstr	0.052	−0.028	−0.027	−0.027
	(1.39)	(−0.49)	(−0.47)	(−0.48)

Variables	ESGnum			
	（1）	（2）	（3）	（4）
_cons	−16.155***	−17.512***	−15.771***	−16.425***
	（−24.96）	（−16.66）	（−15.68）	（−16.30）
N	35936	10922	10922	10922
Firm	Yes	Yes	Yes	Yes
Year	Yes	Yes	Yes	Yes

注：***、**和*分别表示在1%、5%和10%的水平上显著，括号内为t值。此处为随机效应Tobit模型。

5.4.6 内生性问题处理

5.4.6.1 识别企业首次对外直接投资前后的ESG信息披露差异

为了更好地识别因果关系，本章识别出企业首次进行对外直接投资的时间节点，构建多时点双重差分模型（5-3）以探究企业首次进行对外直接投资前后ESG信息披露的变化，具体研究模型如下：

$$ESGnum(ESG\_D) = \beta0 + \beta1Treat \times Post + \beta jControls + \sum Firm + \sum Year + \varepsilon \qquad (5-3)$$

其中，被解释变量为企业ESG信息披露，与前文保持一致。解释变量为Treat×Post，衡量了对外直接投资对企业ESG信息披露的净影响。其中，Treat为处理效应，将参与过对外直接投资的企业定义为处理组并取值为1；将从未进行对外直接投资的企业定义为对照组，取值为0。Post为时间效应，企业首次进行对外直接投资以后，当年及之后年份对应的Post取值为1，其余年份对应的Post取值为0。其他控制变量与模型（5-1）保持一致。此外，本章在此剔除了不连续的对外直接投资企业样本，即中途曾退出海外直接投资的企业样本，以及自2008年起已经进行对外直接投资的样本，因为本章的样本起始时间为2008年，但2008年是否为企业首次进行对外直接投资的时间节点并不能确定，因此剔除了这部分样本，最终得到32291个公司年度样本。

回归结果如表5-10所示，Treat×Post的系数在1%的水平上显著为正，表明企业进行对外直接投资后会促进企业的ESG信息披露，支持了本章的研究结论。本章参考马光荣等（2020）的做法，采用事件研究方法检验平行趋势是否满足，同时也可以反映企业对外直接投资对于企业ESG信息披露的动态效应。检验结果如图5-1所示，图中点表示交乘项系数的大小，虚线表示置信区间。在企业首次进行对外直接投资之前，企业间 ESG 信息披露差异相对较小，说明本章 DID 方法满足平行趋势的要求；在企业首次进行对外直接投资之后，对外直接投资企业的 ESG 信息披露水平显著高于未参与对外直接投资企业。结果表明，在一定程度上缓解了内生性问题后，本章的研究结论仍然成立。

表 5-10　识别企业首次对外直接投资样本的回归结果

Variables	ESG_D	ESGnum
	（1）	（2）
Treat×Post	0.019***	0.141***
	（3.00）	（2.58）
Size	0.084***	0.661***
	（18.70）	（18.25）
Lev	−0.089***	0.203
	（−5.38）	（1.39）
Roa	0.118***	0.176
	（3.39）	（0.56）
Cfo	0.001	0.294
	（0.05）	（1.29）
Growth	−0.028***	−0.164***
	（−6.86）	（−4.58）
Top1	0.000	−0.010***
	（1.30）	（−3.94）
Dual	−0.002	−0.036
	（−0.43）	（−0.78）
Board	−0.044**	−0.167
	（−2.53）	（−1.10）
IIholder	−0.000***	−0.003*
	（−2.68）	（−1.93）
Age	−0.071***	2.012***
	（−2.94）	（9.79）
Soe	0.005	−0.211**
	（0.42）	（−2.22）

Variables	ESG_D	ESGnum
	（1）	（2）
Proenvstr	0.011***	0.050
	(2.70)	(1.48)
_cons	−1.288***	−14.453***
	(−10.63)	(−14.80)
N	32291	32291
Firm	Yes	Yes
Year	Yes	Yes
r2_a	0.708	0.632

注：***、**和*分别表示在1%、5%和10%的水平上显著，括号内为t值。

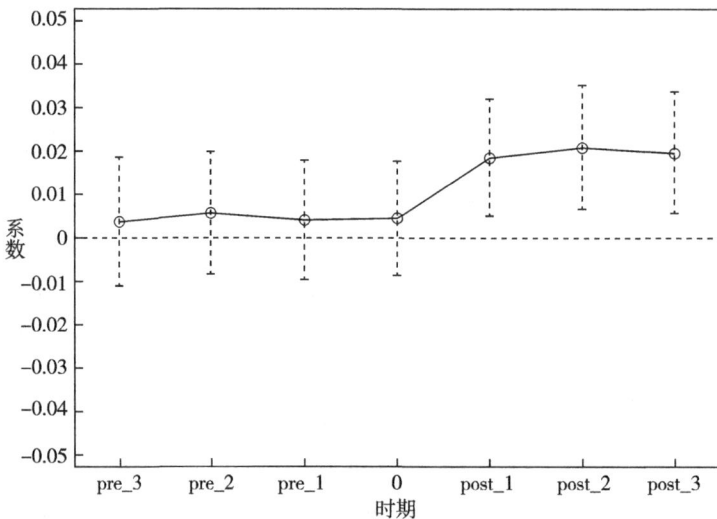

图 5-1　平行趋势检验（2）

5.4.6.2　倾向得分匹配（PSM）法

考虑到企业是否进行对外直接投资可能受到其他特征的影响，本章采用倾向得分匹配方法（PSM），以企业规模（Size）、资产负债率（Lev）、资产收益率（Roa）、现金流水平（Cfo）、企业成长性（Growth）、股权集中度（Top1）、两职合一（Dual）、董事会规模（Board）、机构持股（Ilholder）、公司年龄（Age）、产权性质（Soe）、母国地区环境规制（Proenvstr）以及工具变量港口距离的相反数（Distance）作为倾向得分匹配的影响因子，将进行对外直接投资的样本与未进行对外直接投资的样本进行一对一重复抽取的近邻匹配，匹配后的组间样本差异如表 5-11 所示，影响因子的组间差异均不显著。对匹配后的样本重新使用模型（5-1）和模型（5-2）进行检验。回归结果如表 5-12 所示，与前文结果基本一致。

表 5-11　PSM 样本描述性统计

Variables	IsOFDI = 0	Mean	IsOFDI = 1	Mean	MeanDiff
Size	6665	22.315	6899	22.288	0.027
Lev	6665	0.425	6899	0.42	0.006
Roa	6665	0.042	6899	0.042	−0.001
Cfo	6665	0.051	6899	0.051	0.000
Growth	6665	0.193	6899	0.189	0.004
Top1	6665	34.242	6899	34.329	−0.087
Dual	6665	0.295	6899	0.302	−0.007
Board	6665	2.239	6899	2.235	0.004
IIholder	6665	43.877	6899	44.003	−0.126
Age	6665	2.852	6899	2.85	0.001
Soe	6665	0.321	6899	0.317	0.004
Proenvstr	6665	0.584	6899	0.586	−0.002
Distance	6665	−4.203	6899	−4.245	0.042

表 5-12　倾向得分匹配（PSM）法的回归结果

Variables	ESG_D	ESGnum
	(1)	(2)
OFDI	0.006***	0.030***
	(4.47)	(2.90)
Size	0.092***	0.716***
	(10.33)	(10.47)
Lev	−0.101***	0.319
	(−3.24)	(1.22)
Roa	0.111*	−0.016
	(1.93)	(−0.03)

Variables	ESG_D	ESGnum
	（1）	（2）
Cfo	-0.045	0.022
	（-1.03）	（0.06）
Growth	-0.027***	-0.201***
	（-3.77）	（-3.44）
Top1	-0.000	-0.002
	（-0.40）	（-0.41）
Dual	0.007	-0.036
	（0.85）	（-0.49）
Board	-0.011	-0.182
	（-0.38）	（-0.76）
IIholder	-0.000	-0.002
	（-0.35）	（-0.83）
Age	-0.052	1.454***
	（-1.26）	（4.07）
Soe	-0.005	0.187
	（-0.24）	（1.13）
Proenvstr	-0.003	-0.023
	（-0.50）	（-0.42）
_cons	-1.536***	-14.261***
	（-6.76）	（-7.99）
N	13564	13564
Firm	Yes	Yes
Year	Yes	Yes
r2_a	0.762	0.633

注：***、**和*分别表示在1%、5%和10%的水平上显著，括号内为t值。

5.4.6.3 工具变量（IV）法

考虑到ESG信息披露水平较高的企业更有可能开展对外直接投资，同时，企业进行对外直接投资后会进一步促进其ESG信息披露，即模型中可能存在"互为因果"的内生性问题，从而影响本章研究结论的成立。因此，本章试图采用工具变量法对可能存在的内生性问题进行控制。由于距离港口更近的企业更容易接触海外市场，从而开展对外直接投资的可能性较大，因此，借鉴 Cheung 等（2015）的做法，将港口距离（Distance）作为工具变量，具体为上市公司注册地所在城市与最近的港口距离的自然对数的相反数，港口距离数据利用谷歌地图计算获得。该工具变量与企业的对外直接投资可能性相关，但与其 ESG 信息披露无关。回归结果如表 5-13 所示。在第一阶段回归中，工具变量的估计系数在 1%的水平上显著为正（$p<0.01$），说明工具变量（Distance）对内生解释变量（OFDI）具有较好的解释力。第（2）和第（3）列为工具变量法的第二阶段回归结果，对外直接投资与企业是否发布 ESG 报告和信息披露项目数的回归系数均显著为正，表明在使用工具变量法控制内生性问题后本章的研究结论仍然成立。

表 5-13　工具变量法（Ⅳ）的回归结果

Variables	OFDI	ESG_D	ESGnum
	第一阶段	第二阶段	第二阶段
	（1）	（2）	（3）
OFDI		0.102**	0.512*
		(2.54)	(1.67)
Distance	0.249***		
	(3.73)		
Size	0.875***	0.001	0.194
	(29.65)	(0.04)	(0.72)
Lev	0.857***	-0.172***	-0.062
	(6.91)	(-4.44)	(-0.21)
Roa	-0.119	0.125***	0.284
	(-0.43)	(3.00)	(0.89)
Cfo	0.270	-0.037	0.115
	(1.32)	(-1.15)	(0.46)
Growth	-0.070**	-0.021***	-0.120***
	(-2.25)	(-3.89)	(-2.91)
Top1	-0.008***	0.001**	-0.004
	(-3.82)	(2.42)	(-1.26)
Dual	-0.008	-0.001	-0.036
	(-0.20)	(-0.13)	(-0.78)
Board	-0.289**	-0.015	-0.051
	(-2.30)	(-0.68)	(-0.30)

Variables	OFDI	ESG_D	ESGnum
	第一阶段	第二阶段	第二阶段
	（1）	（2）	（3）
IIholder	0.002	−0.000	−0.002
	(1.20)	(−1.49)	(−1.37)
Age	0.084	−0.064***	1.770***
	(0.52)	(−2.64)	(9.50)
Soe	−0.224***	0.030*	0.010
	(−2.69)	(1.92)	(0.09)
Proenvstr	0.053*	0.006	0.024
	(1.69)	(1.14)	(0.62)
_cons	−16.785***	0.154	−5.635
	(−19.84)	(0.21)	(−1.02)
N	34004	34004	34004
firm	Yes	Yes	Yes
year	Yes	Yes	Yes
r2_a	0.591	—	—

注：***、**和*分别表示在1%、5%和10%的水平上显著，括号内为t值。

5.5 进一步研究

5.5.1 东道国制度环境与ESG信息披露篇幅的实证结果与分析

东道国制度环境引发了企业增长的经营风险以及更多利益相关者的信息需求，从而促进了企业进行ESG信息披露的意愿，并提高了ESG信息披露的项目数。但东道国制度环境从哪些维度影响了企业的ESG信息披露特征仍有待探究。本章在前文研究的基础上，进一步采用文本分析法，探究东道国制度环境对于企业ESG报告篇幅的影响。将ESG报告篇幅作为被解释变量带入模型中，回归结果如表5-14所示。第（1）~第（4）列中，企业对外直接投资和东道国制度环境的系数均在1%的水平上显著为正，表明东道国制度环境压力使企业的ESG信息披露篇幅得到提升，意味着东道国的制度环境能够有效促进企业ESG报告数量的增长。

表5-14　东道国制度环境与ESG信息披露篇幅回归结果

Variables	ESG信息披露篇幅			
	（1）	（2）	（3）	（4）
OFDI	0.026***			
	（9.24）			
Maxgdp		0.077***		
		（3.57）		
Maxwgi			0.146***	
			（4.66）	
Maxpm				0.003***
				（4.19）
Size	0.301***	0.405***	0.399***	0.412***
	（23.65）	（11.88）	（11.77）	（12.23）
Lev	-0.335***	-0.400***	-0.404***	-0.405***
	（-7.45）	（-3.63）	（-3.67）	（-3.68）
Roa	0.361***	0.409**	0.408**	0.413**
	（3.89）	（2.08）	（2.08）	（2.10）
Cfo	0.063	-0.105	-0.102	-0.101
	（0.90）	（-0.71）	（-0.69）	（-0.68）
Growth	-0.085***	-0.139***	-0.138***	-0.139***
	（-7.46）	（-4.92）	（-4.92）	（-4.96）
Top1	0.001	-0.000	-0.000	0.000
	（1.49）	（-0.00）	（-0.07）	（0.11）
Dual	0.016	0.060**	0.060**	0.059**
	（1.12）	（2.14）	（2.14）	（2.11）
Board	-0.025	-0.024	-0.023	-0.031
	（-0.54）	（-0.25）	（-0.24）	（-0.32）
Ilholder	-0.000	0.002	0.002	0.002
	（-0.62）	（1.59）	（1.55）	（1.52）
Age	-0.167**	0.107	0.105	0.100
	（-2.34）	（0.54）	（0.54）	（0.51）

Variables	ESG 信息披露篇幅			
	（1）	（2）	（3）	（4）
Soe	-0.030	-0.149***	-0.152***	-0.157***
	（-1.07）	（-2.65）	（-2.71）	（-2.84）
Proenvstr	0.044***	0.046**	0.046**	0.046**
	（3.93）	（2.19）	（2.19）	（2.18）
_cons	-5.297***	-9.057***	-8.282***	-8.605***
	（-15.30）	（-9.74）	（-8.99）	（-9.41）
N	35936	10922	10922	10922
Firm	Yes	Yes	Yes	Yes
Year	Yes	Yes	Yes	Yes
r2_a	0.749	0.799	0.800	0.799

注：***、**和*分别表示在1%、5%和10%的水平上显著，括号内为t值。

5.5.2 东道国制度环境与ESG报告鉴证的实证结果与分析

东道国制度环境引发了企业增长的经营风险以及更多利益相关者的信息需求，从而促进了企业进行ESG信息披露的意愿，并提高了ESG信息披露的项目数。本章在前文研究的基础上，进一步采用文本分析法，探究东道国制度环境对于企业ESG报告鉴证的影响。将ESG报告是否鉴证作为被解释变量带入模型中，回归结果如表5-15所示。第（1）~第（4）列中，仅有对外直接投资和东道国环境规制对企业的ESG报告鉴证具有明显的促进作用，表明东道国环境规制压力仍然是推动对外直接投资企业提高其ESG信息披露水平的关键因素。

表5-15 东道国制度环境与ESG报告鉴证回归结果

Variables	ESG 报告鉴证			
	（1）	（2）	（3）	（4）
OFDI	0.001*			
	（1.92）			
Maxgdp		-0.001		
		（-0.55）		
Maxwgi			-0.002	
			（-0.66）	

续表

Variables	ESG 报告鉴证			
	（1）	（2）	（3）	（4）
Maxpm				0.000**
				（2.21）
Size	0.001	0.007**	0.007**	0.006**
	（1.49）	（2.09）	（2.14）	（1.98）
Lev	0.000	-0.012	-0.012	-0.013
	（0.07）	（-1.43）	（-1.42）	（-1.50）
Roa	0.019***	0.033**	0.033**	0.033**
	（2.89）	（2.00）	（2.01）	（2.04）
Cfo	0.002	-0.001	-0.001	-0.001
	（0.32）	（-0.06）	（-0.07）	（-0.08）
Growth	-0.001	0.000	0.000	0.000
	（-1.06）	（0.20）	（0.20）	（0.21）
Top1	-0.000	-0.000	-0.000	-0.000
	（-1.28）	（-0.41）	（-0.39）	（-0.48）
Dual	-0.000	0.002	0.002	0.002
	（-0.30）	（0.76）	（0.76）	（0.80）
Board	0.007	0.013	0.013	0.013
	（1.55）	（0.84）	（0.84）	（0.83）
Ilholder	-0.000	-0.000**	-0.000**	-0.000**
	（-1.47）	（-2.33）	（-2.32）	（-2.35）
Age	-0.005	0.013	0.013	0.013
	（-0.60）	（0.49）	（0.49）	（0.49）
Soe	-0.002	-0.014*	-0.014*	-0.014*
	（-1.22）	（-1.89）	（-1.89）	（-1.93）
Proenvstr	-0.000	-0.001	-0.001	-0.001
	（-0.05）	（-0.22）	（-0.22）	（-0.23）
_cons	-0.018	-0.172*	-0.181*	-0.182*
	（-0.64）	（-1.73）	（-1.81）	（-1.82）
N	35936	10922	10922	10922
Firm	Yes	Yes	Yes	Yes
Year	Yes	Yes	Yes	Yes
r2_a	0.363	0.429	0.429	0.429

注：***、**和*分别表示在1%、5%和10%的水平上显著，括号内为t值。

5.5.3 东道国制度环境与 ESG 报告遵从标准的实证结果与分析

东道国制度环境引发了企业增长的经营风险以及更多利益相关者的信息需求，从而促进了企业进行 ESG 信息披露的意愿，并提高了 ESG 信息披露的项目数。本章在前文研究的基础上，进一步采用文本分析法，探究东道国制度环境对于企业 ESG 报告是否遵循可持续发展报告 GRI 标准的影响。将 ESG 报告遵循 GRI 标准作为被解释变量带入模型中，回归结果如表 5-16 所示。第（1）～第（4）中，仅有对外直接投资和东道国环境规制对企业的 ESG 报告遵循 GRI 标准具有明显的促进作用，表明东道国环境规制压力仍然是推动对外直接投资企业提高其 ESG 信息披露水平的关键因素。

表 5-16　东道国制度环境与 ESG 报告遵循 GRI 标准回归结果

Variables	ESG 报告遵循 GRI 标准			
	(1)	(2)	(3)	(4)
OFDI	0.007***			
	(7.90)			
Maxgdp		0.006		
		(1.17)		
Maxwgi			0.011	
			(1.33)	
Maxpm				0.001***
				(3.78)
Size	0.040***	0.075***	0.075***	0.075***
	(13.18)	(8.76)	(8.72)	(8.79)
Lev	-0.044***	-0.089***	-0.089***	-0.091***
	(-4.59)	(-3.25)	(-3.27)	(-3.33)
Roa	0.047**	-0.007	-0.007	-0.004
	(2.38)	(-0.14)	(-0.14)	(-0.09)
Cfo	0.034**	0.018	0.019	0.018
	(2.30)	(0.48)	(0.48)	(0.47)
Growth	-0.008***	-0.012*	-0.012*	-0.012*
	(-3.38)	(-1.80)	(-1.79)	(-1.80)
Top1	0.000	0.001**	0.001**	0.001**
	(1.56)	(2.08)	(2.06)	(2.08)

Variables	ESG 报告遵循 GRI 标准			
	(1)	(2)	(3)	(4)
Dual	-0.001	0.002	0.002	0.002
	(-0.25)	(0.27)	(0.26)	(0.30)
Board	-0.020*	-0.074***	-0.074***	-0.075***
	(-1.86)	(-2.93)	(-2.93)	(-2.97)
IIholder	0.000**	0.000	0.000	0.000
	(2.08)	(1.57)	(1.56)	(1.52)
Age	-0.015	-0.036	-0.037	-0.037
	(-0.98)	(-0.90)	(-0.90)	(-0.91)
Soe	-0.017**	-0.027*	-0.028*	-0.029**
	(-2.56)	(-1.86)	(-1.88)	(-1.99)
Proenvstr	0.003	0.005	0.005	0.005
	(1.22)	(1.00)	(1.00)	(0.99)
N	35936	10922	10922	10922
Firm	Yes	Yes	Yes	Yes
Year	Yes	Yes	Yes	Yes
r2_p	0.542	0.623	0.623	0.624

注：***、**和*分别表示在 1%、5%和 10%的水平上显著，括号内为 t 值。

5.6 异质性分析

本章将进一步在进行了对外直接投资企业的子样本中，从企业的行业特征、企业特征和公司治理特征等方面对东道国制度环境对企业 ESG 信息披露的影响进行异质性分析，具体包括是否为重污染行业、海外投资年限、是否有海外背景高管的影响。

5.6.1 行业特征：是否为重污染行业

现有研究认为，重污染行业企业可能披露更多的环境信息（Gamerschlag et al.，2011），且环境敏感性或消费者敏感性行业相对其他行业具有较高的社会责任信息披露质量（陈共荣和曾熙文，2013）。社会责任信息披露有利于这些行业的企业获得经营合法性，对于缓解企业负面活动引起的诉讼风险具有积极作用，还能向社会公众传达出企业试图解决自身商业模式带来的社会问题的积极信号。东道国外部制度环境的较高要求以及利益相关者增加带来的 ESG 信息披露需求增加都提高了企业的信息披露压力。我国进行对外直接投资的企业面临来自东道国的环境保护压力和环境违规风险。尤其对于重污染行业企业来说，其在东道国面临的规制压力相对更强，环境违规风险较高，东道国严格的规制和监管可能对企业的生产经营造成更消极的影响，从而使企业提高 ESG 信息披露水平的动机更强。因此，东道国制度环境对于企业的 ESG 信息披露的促进作用可能在重污染行业企业中更强。

本章借鉴吉利和苏朦（2016）的研究，根据《上市公司环保核查行业分类管理名录》《上市公司环境信息披露指南（征求意见稿）》，将火电、钢铁、水泥、电解铝、煤炭、冶金、化工、石化、建材、造纸、酿造、制药、发酵、纺织、制革和采矿业划分为重污染行业，其余行业划分为非重污染行业。回归结果如表 5-17 所示。东道国经济发展和国家治理对于 ESG 信息披露项目数的促进作用仅在重污染行业中显著为正，且组间系数差异显著，表明东道国制度环境对于重污染行业企业的 ESG 信息披露具有更强的促进作用。其中，东道国环境规制的促进作用在两组中均显著为正，即东道国环境规制越强，重污染和非重污染企业在环境风险方面的差异越小，从而东道国环境规制对其 ESG 信息披露项目数均表现出显著的促进作用。总体来说，重污染行业企业由于在东道国面临更大的环境规制压力以及环境违规风险，更有动机进行 ESG 信息披露以进行风险管理，积极塑造绿色企业形象，向投资者和消费者传递企业积极履行环境责任的信号。

表 5-17　是否为重污染行业企业的分组回归结果

Variables	ESGnum							
	重污染	非重污染	重污染	非重污染	重污染	非重污染	重污染	非重污染
	（1）	（2）	（3）	（4）	（5）	（6）	（7）	（8）
OFDI	0.042**	0.006						
	(2.56)	(0.57)						
Maxgdp			0.284***	0.086				
			(3.18)	(1.18)				
Maxwgi					0.363***	0.128		
					(2.73)	(1.18)		
Maxpm							0.007**	0.006***
							(1.98)	(2.80)

续表

Variables	ESGnum							
	重污染	非重污染	重污染	非重污染	重污染	非重污染	重污染	非重污染
	(1)	(2)	(3)	(4)	(5)	(6)	(7)	(8)
Size	0.736***	0.851***	0.739***	0.850***	0.755***	0.847***	0.789***	0.846***
	(4.90)	(8.31)	(4.99)	(8.40)	(5.10)	(8.36)	(5.35)	(8.39)
Lev	−0.644	0.667*	−0.548	0.666*	−0.556	0.663*	−0.601	0.661*
	(−1.20)	(1.83)	(−1.02)	(1.82)	(−1.04)	(1.82)	(−1.12)	(1.81)
Roa	−0.433	0.800	−0.470	0.813	−0.459	0.806	−0.428	0.820
	(−0.40)	(1.29)	(−0.43)	(1.31)	(−0.42)	(1.30)	(−0.39)	(1.32)
Cfo	−0.540	−0.091	−0.662	−0.090	−0.651	−0.085	−0.627	−0.096
	(−0.65)	(−0.18)	(−0.80)	(−0.18)	(−0.79)	(−0.17)	(−0.75)	(−0.19)
Growth	−0.158	−0.217***	−0.153	−0.215***	−0.152	−0.215***	−0.152	−0.216***
	(−1.26)	(−2.71)	(−1.23)	(−2.69)	(−1.22)	(−2.69)	(−1.20)	(−2.70)
Top1	0.021**	−0.012*	0.021**	−0.012**	0.021**	−0.012**	0.021**	−0.012*
	(2.05)	(−1.90)	(2.02)	(−1.96)	(2.06)	(−1.98)	(2.07)	(−1.95)
Dual	0.027	0.031	0.046	0.031	0.039	0.031	0.030	0.036
	(0.18)	(0.32)	(0.30)	(0.32)	(0.26)	(0.33)	(0.20)	(0.38)
Board	−0.402	0.090	−0.307	0.090	−0.294	0.088	−0.329	0.074
	(−0.81)	(0.29)	(−0.62)	(0.29)	(−0.59)	(0.28)	(−0.66)	(0.23)
IIholder	−0.006	−0.004	−0.005	−0.004	−0.005	−0.005	−0.005	−0.005
	(−0.89)	(−1.22)	(−0.71)	(−1.20)	(−0.71)	(−1.22)	(−0.84)	(−1.26)
Age	1.796*	0.738*	1.860**	0.739*	1.856**	0.738*	1.818*	0.734*
	(1.92)	(1.75)	(1.97)	(1.75)	(1.97)	(1.75)	(1.93)	(1.74)
Soe	−0.101	0.175	−0.120	0.172	−0.125	0.170	−0.135	0.165
	(−0.22)	(0.79)	(−0.27)	(0.78)	(−0.28)	(0.77)	(−0.30)	(0.75)
Proenvstr	−0.016	0.044	−0.022	0.044	−0.015	0.043	−0.018	0.042
	(−0.17)	(0.69)	(−0.23)	(0.69)	(−0.16)	(0.67)	(−0.19)	(0.66)
_cons	−14.804***	−15.405***	−18.196***	−16.281***	−15.973***	−15.421***	−16.675***	−15.736***
	(−3.40)	(−5.94)	(−4.24)	(−6.16)	(−3.73)	(−6.00)	(−3.89)	(−6.14)
N	3381	7541	3381	7541	3381	7541	3381	7541
Firm	Yes	Yes	Yes	Yes	Yes	Yes	Yes	Yes
Year	Yes	Yes	Yes	Yes	Yes	Yes	Yes	Yes
r2_a	0.652	0.660	0.653	0.660	0.652	0.660	0.652	0.660
Difference	0.037*** (p<0.01)		0.198*** (p<0.01)		0.235*** (p<0.01)		0.001 (p>0.10)	

注：***、**和*分别表示在1%、5%和10%的水平上显著，括号内为t值。

5.6.2　企业特征：海外投资年限

既有研究表明，以往的海外投资经验可能对公司开展对外直接投资具有积极影响（Kirca et al.，2012；Perkins，2014），并发现经验较少的公司面临更大的国际扩张挑战，从而在用社会责任声誉缓解国际化扩张风险方面能够获得更大的收益（Liu et al.，2021）。由于刚步入海外市场的企业，其对东道国市场及其制度的了解程度相对较低，合规性风险和经营风险更大，迫切地需要增加 ESG 信息披露来向东道国利益相关者以及国内投资者进行信号传递，管理海外投资风险。因此，东道国制度环境对于企业的 ESG 信息披露的促进作用可能在海外投资年限较短的企业中更强。

本章按照企业海外投资年限的中位数进行分组，高于中位数定义为海外投资年限长组，反之则为海外投资年限短组，回归结果如表 5-18 所示。东道国制度环境对于企业 ESG 信息披露项目数的促进作用仅在海外投资年限短组中显著为正，且组间系数差异显著，表明东道国制度环境对于 ESG 信息披露的促进作用在海外投资经验较少的企业中更强。企业通过 ESG 信息披露来抵御海外投资风险和不确定性、建立绿色声誉、降低外来者劣势以及与投资者的信息不对称程度。而对于具有丰富海外投资经验的企业来说，其面临的海外直接投资不确定性较低、风险较小，且可能已经与当地建立联系，东道国制度环境的外部压力对于企业信息披露的促进作用较弱。

表 5-18　企业海外投资年限的分组回归结果

Variables	ESGnum							
	海外投资年限短	海外投资年限长	海外投资年限短	海外投资年限长	海外投资年限短	海外投资年限长	海外投资年限短	海外投资年限长
	（1）	（2）	（3）	（4）	（5）	（6）	（7）	（8）
OFDI	0.053***	0.018*						
	(3.39)	(1.69)						
Maxgdp			0.172*	-0.051				
			(1.93)	(-0.60)				
Maxwgi					0.240*	-0.099		
					(1.84)	(-0.76)		
Maxpm							0.009***	0.004
							(3.42)	(1.58)

续表

Variables	ESGnum							
	海外投资年限短	海外投资年限长	海外投资年限短	海外投资年限长	海外投资年限短	海外投资年限长	海外投资年限短	海外投资年限长
	(1)	(2)	(3)	(4)	(5)	(6)	(7)	(8)
Size	0.749***	0.673***	0.803***	0.726***	0.804***	0.729***	0.802***	0.712***
	(5.34)	(5.02)	(5.66)	(5.52)	(5.69)	(5.52)	(5.67)	(5.49)
Lev	0.045	−0.116	0.100	−0.040	0.098	−0.037	0.108	−0.082
	(0.11)	(−0.23)	(0.24)	(−0.08)	(0.23)	(−0.07)	(0.25)	(−0.16)
Roa	−0.468	−0.024	−0.459	−0.054	−0.478	−0.056	−0.449	−0.048
	(−0.62)	(−0.03)	(−0.60)	(−0.08)	(−0.63)	(−0.08)	(−0.59)	(−0.07)
Cfo	−0.307	0.512	−0.322	0.519	−0.329	0.519	−0.343	0.503
	(−0.58)	(0.86)	(−0.60)	(0.87)	(−0.62)	(0.87)	(−0.64)	(0.85)
Growth	−0.068	−0.146	−0.063	−0.148	−0.065	−0.147	−0.072	−0.143
	(−0.84)	(−1.36)	(−0.78)	(−1.37)	(−0.80)	(−1.37)	(−0.89)	(−1.33)
Top1	−0.004	−0.005	−0.004	−0.005	−0.004	−0.005	−0.004	−0.005
	(−0.38)	(−0.64)	(−0.37)	(−0.66)	(−0.39)	(−0.67)	(−0.37)	(−0.65)
Dual	−0.025	0.201*	−0.009	0.197*	−0.012	0.198*	−0.009	0.199*
	(−0.20)	(1.70)	(−0.07)	(1.67)	(−0.10)	(1.68)	(−0.07)	(1.69)
Board	−0.101	0.383	−0.114	0.394	−0.116	0.386	−0.106	0.382
	(−0.26)	(1.05)	(−0.29)	(1.08)	(−0.30)	(1.06)	(−0.27)	(1.05)
IIholder	−0.006	−0.000	−0.006	−0.000	−0.006	−0.000	−0.005	−0.000
	(−1.31)	(−0.07)	(−1.25)	(−0.03)	(−1.23)	(−0.02)	(−1.15)	(−0.09)
Age	1.338	0.285	1.246	0.247	1.210	0.247	1.320	0.232
	(1.28)	(0.54)	(1.18)	(0.47)	(1.14)	(0.47)	(1.25)	(0.44)
Soe	0.370	−0.374	0.363	−0.374	0.346	−0.374	0.358	−0.381
	(0.85)	(−1.46)	(0.83)	(−1.45)	(0.80)	(−1.45)	(0.83)	(−1.48)
Proenvstr	−0.010	0.069	−0.009	0.060	−0.011	0.059	−0.009	0.062
	(−0.12)	(1.05)	(−0.10)	(0.92)	(−0.13)	(0.91)	(−0.11)	(0.96)
_cons	−14.575***	−10.172***	−17.184***	−10.713***	−15.536***	−11.187***	−16.342***	−11.194***
	(−3.41)	(−2.92)	(−3.96)	(−3.10)	(−3.64)	(−3.26)	(−3.83)	(−3.28)
N	6194	4728	6194	4728	6194	4728	6194	4728
Firm	Yes	Yes	Yes	Yes	Yes	Yes	Yes	Yes

Variables	ESGnum							
	海外投资年限短	海外投资年限长	海外投资年限短	海外投资年限长	海外投资年限短	海外投资年限长	海外投资年限短	海外投资年限长
	(1)	(2)	(3)	(4)	(5)	(6)	(7)	(8)
Year	Yes	Yes	Yes	Yes	Yes	Yes	Yes	Yes
r2_a	0.758	0.691	0.757	0.691	0.757	0.691	0.758	0.691
Difference	0.036*** (p<0.01)		0.223*** (p<0.01)		0.339*** (p<0.01)		0.005*** (p<0.01)	

注：***、**和*分别表示在1%、5%和10%的水平上显著，括号内为t值。

5.6.3 公司治理特征：海外背景高管

Giannetti 等（2015）认为，具有海外经验的董事显著改善了公司治理水平，减少了管理层短视行为。企业社会责任作为一项重要的长期投资，会受到海外董事的积极影响（Zhang et al.，2018）。具有发达国家海外经历的高管由于其特殊的经历和认知，更可能将社会责任视为一种规范，从而可能在改善企业的社会责任参与方面发挥重要作用（Gimeno et al.，1997；Wright et al.，2008）。因此，具有海外背景高管的企业，可能会更好地将海外制度环境给企业带来的更高监管压力和经营风险转化为内部公司治理水平的提升，从而提高企业的 ESG 信息披露质量，实现外部制度环境和内部治理的促进作用。

本章按照企业是否有海外背景高管进行分组，回归结果如表 5-19 所示。东道国制度环境对于企业 ESG 信息披露项目数的促进作用仅在有海外背景高管组中显著为正，表明具有海外背景高管的企业能够进一步提升东道国制度环境对于 ESG 信息披露的促进作用，验证了对外直接投资企业的内部治理与外部制度环境对企业信息披露的促进作用。

表 5-19　是否拥有海外背景高管的分组回归结果

Variables	ESGnum							
	有海外背景高管	无海外背景高管	有海外背景高管	无海外背景高管	有海外背景高管	无海外背景高管	有海外背景高管	无海外背景高管
	(1)	(2)	(3)	(4)	(5)	(6)	(7)	(8)
OFDI	0.018*	0.000						
	(1.74)	(0.01)						

续表

Variables	ESGnum							
	有海外背景高管	无海外背景高管	有海外背景高管	无海外背景高管	有海外背景高管	无海外背景高管	有海外背景高管	无海外背景高管
	（1）	（2）	（3）	（4）	（5）	（6）	（7）	（8）
Maxgdp			0.186***	0.062				
			（2.70）	（0.52）				
Maxwgi					0.292***	0.009		
					（2.80）	（0.05）		
Maxpm							0.008***	0.001
							（3.30）	（0.15）
Size	1.020***	0.576***	1.032***	0.564***	1.022***	0.576***	1.051***	0.574***
	（9.03）	（3.07）	（9.24）	（3.06）	（9.14）	（3.14）	（9.47）	（3.12）
Lev	0.620	−0.361	0.617	−0.347	0.620	−0.360	0.626	−0.360
	（1.50）	（−0.62）	（1.49）	（−0.60）	（1.50）	（−0.62）	（1.51）	（−0.62）
Roa	0.128	−0.024	0.106	0.017	0.096	−0.021	0.115	−0.012
	（0.18）	（−0.02）	（0.15）	（0.02）	（0.14）	（−0.02）	（0.16）	（−0.01）
Cfo	0.367	−0.967	0.326	−0.980	0.340	−0.967	0.329	−0.968
	（0.64）	（−1.19）	（0.57）	（−1.21）	（0.59）	（−1.19）	（0.57）	（−1.19）
Growth	−0.292***	0.002	−0.287***	0.001	−0.285***	0.002	−0.291***	0.002
	（−3.49）	（0.02）	（−3.44）	（0.00）	（−3.42）	（0.02）	（−3.47）	（0.01）
Top1	0.000	−0.003	−0.001	−0.003	−0.001	−0.003	−0.000	−0.003
	（0.05）	（−0.27）	（−0.08）	（−0.30）	（−0.08）	（−0.27）	（−0.02）	（−0.27）
Dual	0.172	−0.016	0.177	−0.014	0.176	−0.016	0.175	−0.016
	（1.58）	（−0.09）	（1.63）	（−0.08）	（1.62）	（−0.09）	（1.61）	（−0.09）
Board	−0.124	0.428	−0.118	0.431	−0.113	0.429	−0.167	0.431
	（−0.37）	（0.72）	（−0.35）	（0.73）	（−0.34）	（0.73）	（−0.50）	（0.73）
Ⅱholder	−0.001	−0.020***	−0.001	−0.021***	−0.001	−0.020***	−0.001	−0.020***
	（−0.36）	（−2.84）	（−0.28）	（−2.85）	（−0.29）	（−2.84）	（−0.34）	（−2.84）
Age	1.594***	0.270	1.597***	0.259	1.614***	0.267	1.564***	0.269
	（3.11）	（0.30）	（3.12）	（0.29）	（3.16）	（0.29）	（3.06）	（0.30）
Soe	0.401	0.176	0.377	0.191	0.378	0.176	0.375	0.175
	（1.31）	（0.46）	（1.23）	（0.50）	（1.23）	（0.46）	（1.23）	（0.46）
Proenvstr	0.000	0.157	−0.003	0.157	−0.004	0.157	−0.007	0.158
	（0.01）	（1.29）	（−0.05）	（1.29）	（−0.07）	（1.30）	（−0.11）	（1.30）

续表

Variables	ESGnum							
	有海外背景高管	无海外背景高管	有海外背景高管	无海外背景高管	有海外背景高管	无海外背景高管	有海外背景高管	无海外背景高管
	（1）	（2）	（3）	（4）	（5）	（6）	（7）	（8）
_cons	-21.735***	-7.651	-23.910***	-8.007	-22.112***	-7.639	-22.859***	-7.654
	（-7.33）	（-1.53）	（-7.97）	（-1.63）	（-7.49）	（-1.58）	（-7.78）	（-1.58）
N	6675	4247	6675	4247	6675	4247	6675	4247
Firm	Yes	Yes	Yes	Yes	Yes	Yes	Yes	Yes
Year	Yes	Yes	Yes	Yes	Yes	Yes	Yes	Yes
r2_a	0.691	0.641	0.691	0.641	0.692	0.641	0.692	0.641
Difference	0.018（p>0.10）		0.124*（p<0.10）		0.283**（p<0.05）		0.008**（p<0.05）	

注：***、**和*分别表示在1%、5%和10%的水平上显著，括号内为t值。

5.7　本章小结

可持续信息披露和环境相关信息披露为推进可持续发展提供了基础。环境治理问题增加了各国政府、投资者、消费者等利益相关者对于ESG信息的需求，促使企业向全球资本市场提供更加全面的可持续信息。本章基于中国企业对外直接投资的场景，探究了东道国制度环境对于企业ESG信息披露的影响。

本章研究发现，企业进行对外直接投资显著提高了其发布ESG报告的概率并提高了ESG信息披露的项目数，表明企业进行对外直接投资不仅有助于提高企业ESG信息披露的意愿，对于企业ESG信息披露数量的提升也具有积极作用，意味着企业的对外直接投资行为会影响其ESG信息披露决策。东道国制度环境是影响对外直接投资企业ESG信息披露的重要机制，东道国经济发展、国家治理和环境规制等制度环境差异增加了企业的经营风险和外来者劣势，从而提高了对外直接投资企业的ESG信息披露水平，表明东道国制度环境的差异会切实影响对外直接投资企业的非财务信息披露决策。在经过稳健性检验，以及处理内生性问题后，本章的研究结论仍然成立。

进一步发现，东道国制度环境对于ESG信息披露特征的影响主要体现为ESG报告页数的增长，并提高了企业对ESG报告进行鉴证和按照GRI标准进行信息披露的可能性。从东道国制度环境的具体维度来看，东道国的环境规制对企业的 ESG 信息披露特征具有显著的影响。异质性分析发现，在重污染行业、海外投资年限较短、具有海外背景高管的对外直接投资企业中，东道国制度环境对 ESG 信息披露的积极影响更强。

本章的研究结论表明，国际环境治理压力能够促进企业的 ESG 信息披露，同时验证了 ESG 信息披露对于企业抵御风险、应对外来者劣势和构建企业良好形象的积极作用。因此，与国际可持续信息披露标准对标，并引导中国企业全面提升自身的 ESG 信息披露水平，将有利于中国企业在国际投资中形成竞争优势，有效抵御环境保护风险。

6 东道国制度环境与对外直接投资企业第三方 ESG 评级

6.1 引言

近年来，随着可持续发展理念在全球范围内兴起，ESG 评价体系为企业的绿色转型提供了框架和方向。ESG 是一种关注企业投资理念的新型标准，代表着企业在绿色和可持续发展方面的综合理念。企业的 ESG 表现也因此受到了政府、投资者、消费者等利益相关者的广泛关注。本书的第 4 章和第 5 章分别从企业绿色创新和 ESG 信息披露的视角探讨了东道国制度环境对参与对外直接投资的企业的环保行为的影响。东道国制度环境影响了跨国企业在生产和经营中面临的外部经济压力和制度风险，影响着利益相关者对企业的风险感知，使企业在创造经济价值的同时更需关注其产生的社会价值，向资本市场非财务分析师传递信号，从而可能影响第三方评级机构对企业的评价。基于此，本章从第三方评级机构的视角探究东道国制度环境对企业第三方 ESG 评级的影响。

环境问题对全球经济和社会的影响日益扩大，可持续发展问题成为学术界和实务界共同关注的重要问题。大量文献探究了企业可持续行为的影响因素（Arizkuren-Eleta et al.，2013；Miotto & Rom，2017；Rasche et al.，2020）及其经济后果（Huseynov & Klamm，2012；Carroll，2015；Benitez et al.，2020），包括企业的社会责任行为以及 ESG 表现等。多年来，随着世界各国陆续向联合国递交可持续发展目标（SDGs），可持续问题在全球范围内的影响进一步扩大，可持续相关话题的研究还在持续增加。总体来说，国际社会对于绿色和可持续性问题的关注将对全球企业，尤其是跨国企业带来不确定性风险和可持续性发展挑战。

随着我国对外开放政策顺应全球化发展趋势不断调整，越来越多的中国企业进行对外直接投资，我国企业的全球化程度不断加深。与此同时，各国可持续发展目标带来的政策和制度调整也将对我国对外直接投资企业的环保行为决策产生深远的影响。"走出去"的企业可能由于较好或较差的可持续性表现在东道国面临较弱或更强的外来者劣势，也有可能在外部压力驱动下为了获取竞争优势或是出于其他动机而改善其环境表现，从而提升了资本市场中非财务分析师对企业的认知和评价。

大量研究验证了良好的第三方ESG评级对于企业发展的积极作用。第三方ESG评级结果提供了补充的非财务信息，可以帮助投资者识别企业潜在的长期价值，为投资者决策提供参考，在利益相关者评价公司营运情况方面具有重要作用。良好的第三方ESG评级能够对企业产生一系列积极影响，如倒逼企业提高绿色创新数量（刘柏等，2022），提高企业对外直接投资的竞争优势（谢红军和吕雪，2022），以及通过缓解企业融资约束、改善企业经营效率、降低财务风险实现企业价值的提升（王琳璘等，2022）。部分研究关注了企业社会责任在并购中的积极作用，发现涉及具有良好社会责任表现企业的并购会给股东和利益相关者带来更大的收益（Aktas et al.，2011；Gomes & Marsat，2018；Qiao & Wu，2019；Boone & Uysal，2020）。然而鲜有研究关注企业对外直接投资后的可持续性表现变化如何影响外部利益相关者的感知，即进行对外直接投资后，东道国制度环境对企业的第三方ESG评级产生何种影响。

本章基于2009~2021年中国沪深A股上市公司对外直接投资及东道国制度环境数据，实证检验了对外直接投资对于企业第三方ESG评级的影响以及东道国制度环境影响对外直接投资企业的第三方ESG评级的作用机制。研究发现：①企业进行对外直接投资后显著改善了企业的环境表现和信息环境，向非财务分析师传递了积极的信号，从而提高了第三方评级机构对于企业ESG表现的评价，企业的第三方ESG评级提高。②东道国制度环境包括东道国经济发展、国家治理和环境规制与企业第三方ESG评级显著正相关，表明东道国制度环境差异带来的经营风险和外来者劣势激发了对外直接投资企业践行可持续性发展理念的内在动力，从而提高了第三方评级机构对企业的认知和评价，企业的第三方ESG评级提高。经过一系列的稳健性检验，本章的研究结论仍然成立。进一步分析发现，企业进行对外直接投资及东道国制度环境均提高了第三方评级机构的覆盖数，且企业进行对外直接投资加剧了第三方评级机构的评级分歧。异质性分析从企业特征和行业特征的角度验证了对外直接投资企业的声誉动机和信号传递动机，发现在重污染行业、海外投资年限短和有海外背景高管的企业中，东道国制度环境对于第三方ESG评级的提升作用更强。

本章主要在以下三个方面拓展和丰富了现有研究：

（1）将企业的第三方 ESG 评级的研究扩展到对外直接投资的场景中，拓宽了第三方 ESG 评级影响因素的研究范畴。以往研究关注了外部制度环境、管理层特征、投资者特征和企业层面特征等对于第三方 ESG 评级的影响，而本章基于企业进行对外直接投资这一现实背景，检验了企业在进行对外直接投资后的第三方 ESG 评级变化，从第三方评级机构的视角检验了东道国制度环境对于企业的第三方 ESG 评级的影响机制。从理论上深层次理解外部利益相关者对企业 ESG 行为的认知和评价，补充了来自对外直接投资企业的经验证据，从而为完善 ESG 评价体系建设、提升制度的有效性提供合理的支撑。

（2）从东道国制度环境视角厘清了企业对外直接投资对第三方 ESG 评级的影响机制。以往研究关于对外直接投资对企业价值、企业绩效及投融资行为等经济后果的影响没有得到一致性的结论（杜龙政和林润辉，2018；李勃昕等，2021；吴崇等，2021），可能是因为忽略了对外直接投资东道国的制度环境对研究结论的差异性影响。仅有少量文献关注东道国制度环境对于企业业绩表现、创新绩效及社会责任表现等的影响（蔡冬青和刘厚俊 2012；蒋冠宏和蒋殿春，2014；Cai et al.，2016；Li et al.，2020）。中国对外直接投资企业所面临的东道国制度环境，特别是与母国（中国）的制度距离有明显差异，上行或下行投资兼而有之。本章进一步从东道国制度环境视角深入剖析企业对外直接投资影响第三方 ESG 评级的作用机制，发现东道国制度环境所导致的不同程度的外部压力对于第三方评级机构对企业的评价产生了差异性影响。本章的研究结论丰富了东道国制度环境影响企业可持续行为的研究，并从东道国制度环境视角厘清了对外直接投资影响第三方中介机构对企业的认知和评价的作用机制。

（3）从第三方 ESG 评级的角度拓展了对外直接投资经济后果的相关研究，剖析了对外直接投资对微观企业行为决策的影响。关于对外直接投资的文献，较多检验对外直接投资对于生产效率、产业升级、环境污染以及技术创新等的影响（叶娇和赵云鹏，2016；王丽和张岩，2016；刘玉博和吴万宗，2017；Amendolagine et al.，2018；邵朝对等，2021；Samant et al.，2023），鲜有文献关注微观企业对外直接投资后对其 ESG 行为决策的影响。在国际化背景下，探究企业对外直接投资影响企业 ESG 评级变化的理论逻辑能够为引导企业开展对外直接投资提供指导。此外，本章对于 ESG 评级分歧的分析也有助于推进对于 ESG 评级分歧来源的探究。

6.2 理论分析与假设发展

6.2.1 企业对外直接投资与第三方ESG评级

在环保问题日益严峻的国际背景下，随着ESG理念的兴起和发展，众多投资者将企业的可持续发展能力作为重要指标纳入其投资决策过程中。第三方ESG评级反映了企业在环境、社会和治理方面的表现，尤其是企业的环境表现能够在一定程度上代表企业的可持续发展能力，成为资本市场、消费者和投资者等利益相关者关注的重点。因此，企业也逐渐将环境、社会和治理问题纳入其经营和投资决策中，进一步吸引了更多的投资者关注。

随着企业开展对外直接投资，它们将直面国内国际更广泛利益相关者群体的关注，尤其是东道国资本市场、政府、消费者和社区等利益相关者。相较于东道国本土企业，对外直接投资企业面临着天然的外来者劣势、不公平的消费者对待标准，甚至难以获得合法性。尤其是在国际社会倡导进行可持续和绿色发展的背景下，对外直接投资企业如何实现在东道国的经营生产甚至是建立竞争优势呢？企业的ESG实践可能是其打破壁垒、谋求发展及获得优势的关键所在。

现有研究表明，企业第三方ESG评级结果提供了补充的非财务信息，可以帮助投资者识别企业潜在的长期价值，为投资者决策提供参考。同时，企业良好的ESG表现还有助于企业抵御多种风险，如系统性风险、监管风险、供应链风险、诉讼风险以及声誉风险等。Lins等（2017）发现，在金融危机期间，社会责任表现较好的公司相对于社会责任表现较差的公司具有更好的表现。Hong和Kacperczyk（2009）发现，拥有较好社会责任表现的公司有更广泛的投资者基础，面临较低的诉讼风险，El Ghoul等（2011）也得到了同样的结论。良好的ESG表现可以在特定的法律风险下发挥"类保险"效应（Hong & Liskovich，2015），也可能会在危机面前起到降低企业系统性风险的作用（Benabou & Tirole，2010）。

因此，在利益相关者对于企业的环境担忧不断加剧的情况下，面临外来者劣势的对外直接投资企业具有提高其环境、社会和治理表现的内生动力。并且，基于战略性社会责任观和利益相关者理论，积极承担环境和社会责任不仅能够帮助企业获得利益相关者的支持，还有助于企业管理风险、建立声誉并获得竞争优势。因此，对外直接投资企业的实质性环保行为和信息环境变化有助于改善非财务机构对于企业行为的认知和评价，向外界传递了积极的信号，从而改善了资本市场非财务分析师对企业行为的认知，提升了企业的第三方 ESG 评级。基于以上分析，本章提出以下假设：

假设 6-1：在其他条件不变的情况下，企业对外直接投资与第三方 ESG 评级正相关。

6.2.2　东道国制度环境与第三方 ESG 评级

对于进行对外直接投资的企业来说，在国际社会对环境问题日趋重视、ESG投资风靡全球的背景下，企业面临的海外环境风险有所提高。企业在进行社会责任活动的相关决策时会对其成本和收益进行权衡、考量。而这些成本和收益因国别而异，东道国制度环境包括经济发展阶段、国家治理以及环境规制可能会影响企业的 ESG 行为决策，从而向资本市场非财务分析师传递不同的信号。因此，东道国制度环境可能会影响第三方评级机构对于企业的认知和评价。

经济阶段的发展差异是影响企业 ESG 评级的部分因素。Cai 等（2016）对比了来自 36 个国家 2600 家公司的 ESG 评级表现，发现来自发达国家（如芬兰）的公司的社会责任表现评级高于新兴市场国家企业的社会责任表现评级。这种差异的可能与人类需求的结构层次相关，社会责任代表了一种较高层次的需求，如清洁的环境、安全的生产或是更好的劳动保障等。在经济发展水平较高的国家，满足这种社会责任需求的资源相对经济发展水平较低的国家往往更为充沛，且改善 ESG 表现有助于企业实施产品差异化战略（高勇强等，2012）、提升市场竞争力（张旭等，2010）及巩固与利益相关方的关系（黄伟和陈钊，2015）等。因此，对于进行对外直接投资的企业来说，当企业的对外直接投资更多流向经济发展水平较高的东道国时，企业积极改善 ESG 表现能够帮助企业从多个方面应对来自东道国的外部压力，甚至能够为企业发展提供竞争优势。基于此，东道国的经济发展能够促进企业的社会责任履行，向第三方评级机构传递积极的信号，从而对于企业第三方 ESG 评级具有积极影响。

国家的法治建设和制度治理也是影响企业 ESG 表现的重要因素，国家的治理水平决定了企业规避社会责任活动的成本。现有研究表明，在鼓励竞争、拥有强大的公民自主意识和政治权利的法律体系中，企业的社会责任表现评分往往更高，体现了法治建设对于改善企业社会责任表现的积极作用。在公民的自由度和政治权力较高时，社会公民可以通过非政府组织或是其他全体推动企业的社会责任履行，且来自社会公民的监管可以缓解企业进行"漂绿"的倾向，因为揭露企业对环境有害的活动可能比活动本身产生更大的声誉危害（Lyon & Maxwell，2011），从而增大了企业进行虚假社会责任活动披露的成本，对于提升企业的实际社会责任活动水平具有积极作用。基于此，对于对外直接投资企业，东道国的国家治理水平可能会通过提高企业面临的外部法治环境水平、增加企业规避社会责任活动的成本，对企业的 ESG 实体行为具有正向影响，从而有助于改善第三方评级机构对企业的认知和评价，对企业第三方 ESG 评级具有积极影响。

东道国环境规制对于企业的绿色环保行为具有积极的推动作用。现有研究验证了国家环境规制政策对于本土企业绿色创新、环保投入等绿色行为的积极作用，更严格的环境监管和规范压力会积极影响公司进行环境创新的倾向（Berrone et al.，2013），从而对于企业的 ESG 表现具有正向影响。王禹等（2022）以《环境保护税法》的出台作为准自然实验，发现重污染企业的 ESG 表现在《环境保护税法》出台后显著改善，表明税制绿色化有助于提升重污染企业的可持续发展能力。类似地，王贞洁和王惠（2022）基于我国低碳城市试点的场景研究发现，低碳城市试点政策显著促进了企业高质量发展，发挥了统筹经济效益和社会效益的积极作用。当企业在环境规制强度较高的东道国进行对外直接投资时，出于对合规成本和潜在环境违规风险成本的考量，外部环境规制压力可能改善企业的环境表现和非财务信息环境，从而提高了第三方评级机构对于企业的评价。基于此，东道国环境规制可能对企业的第三方 ESG 评级具有正向影响。基于以上分析，本章提出以下假设：

假设 6-2a：在其他条件不变的情况下，东道国经济发展水平与第三方 ESG 评级正相关。

假设 6-2b：在其他条件不变的情况下，东道国国家治理水平与第三方 ESG 评级正相关。

假设 6-2c：在其他条件不变的情况下，东道国环境规制强度与第三方 ESG 评级正相关。

6.3 研究设计

6.3.1 样本选择与数据来源

本章选取 2009~2021 年中国 A 股上市公司为研究样本。样本始于 2009 年是因为企业的第三方 ESG 评级数据从 2009 年开始统计的。对初始样本进行以下筛选和处理：①剔除金融行业的样本。②剔除 ST 类公司样本。③剔除设立在我国港澳台地区和设立在百慕大、开曼群岛、英属维尔京群岛等"避税天堂"的海外子公司数据。④剔除其他财务数据和公司治理数据有缺失的样本。最终得到10255 个对外直接投资公司—年度样本和 31612 个上市公司—年度总样本。

本章的数据来源如下：企业对外直接投资数据来自 CSMAR 数据库，其他财务数据亦来自 CSMAR 数据库；ESG 评级数据分别来自万得数据库（Wind）（华证 ESG 评级、WIND ESG 评级、商道融绿 ESG 评级、社会价值投资联盟 ESG 评级）、CSMAR 数据库（润灵 ESG 评级）以及和讯网（和讯 ESG 评分）；东道国经济发展和国家治理数据来自世界银行，东道国环境规制数据来自耶鲁大学环境法律与政策中心（YCELP）与哥伦比亚大学国际地球科学信息网络中心（CIE-SIN）联合发布的环境绩效指数（Environmental Performance Index，EPI），经手工整理获得。为了消除极端值的影响，本章对所有连续变量进行了上下 1% 的缩尾处理。

6.3.2 变量定义

6.3.2.1 被解释变量

本章的被解释变量为企业第三方 ESG 评级。由于我国存在多个评级机构，而以往关于 ESG 评级的研究往往局限在某单一评级机构的评级结果对公司和利益相关者的影响，鲜少有研究关注多个评级机构对企业的综合评级。因此，本章使用华证 ESG 评级、WIND ESG 评级、商道融绿 ESG 评级、社会价值投资联盟 ESG 评级、润灵 ESG 评级、和讯 ESG 评分六种主流的 ESG 评级来构建企业的 ESG 评级指标。由于各评级机构的评级标准和评级结构不尽相同，参考 Avramov 等（2022）和 Christensen 等（2022）的做法，本章对各评级进行标准化处理，具体如下：

首先，若 ESG 评级机构提供了评级和评分，则采用评分数据进行标准化；若评级机构仅提供了评级数据，则按照评级等级由低到高进行赋值。例如，华证 ESG 评级共分为 9 个等级，对 C、CC、CCC、B、BB、BBB、A、AA、AAA 分别赋值为 1~9 的评分。其次，将六个机构的年度 ESG 评分按照均值为 0、标准差为 1 的方法进行标准化处理。最后，本章的被解释变量第三方 ESG 评级（ESG_mean）采用六家 ESG 评级机构经标准化后的 ESG 评分的均值来衡量。

6.3.2.2 解释变量

企业对外直接投资（OFDI）采用企业当年的海外子公司数量衡量，并使用企业期末对外直接投资总额的自然对数（OFDIamount）进行稳健性检验。

由于上市公司的对外直接投资广泛分布在全球各个国家，且每个上市公司的对外直接投资可能去往多个东道国。因此，本章将 2010~2021 年"上市公司—年度—海外子公司—东道国"维度的基础样本（子公司层面）转化为"公司—

年度—东道国"维度样本，合并东道国制度环境相关数据后，整理呈现为公司—年度样本数据，对企业面临的东道国制度环境（公司层面）进行衡量。一般情况下，企业在海外经营中面对来自多个东道国的不同强度制度环境时，会受到各东道国制度环境的不同程度影响。而基于合法性理论，企业受到最严格制度环境的影响最大，当企业能够良好应对最强的外部制度环境压力时，在较弱的制度环境下能够更好地进行经营管理。因此，借鉴Hernndez和Nieto（2015）、Marano和Kostova（2016）的研究，本章采用企业对外直接投资各东道国的经济发展、国家治理和环境规制的最大值衡量企业面临的东道国制度环境，并在稳健性检验中采用企业面临的东道国制度环境的加权平均数（以样本在各东道国的子公司数量占海外子公司总数的比例为权重）进行稳健性检验。

其中，东道国经济发展（Maxgdp）为企业进行对外直接投资的东道国人均GDP的最大值，经济发展水平初步体现了国家的制度环境质量。东道国国家治理（Maxwgi）为企业进行对外直接投资的东道国国家治理指数（World Governance Index，WGI）的最大值，东道国的国家治理指数越大，代表东道国的制度环境更好和治理水平更高。东道国环境规制（Maxpm）采用企业进行对外直接投资的东道国空气质量得分的最大值来衡量，东道国的空气质量越好，意味着其环境规制越严格。东道国的空气质量为环境绩效指数（Environmental Performance Index，EPI）中的PM2.5得分，得分越高，则空气质量越好，环境规制越强。

6.3.2.3 控制变量

借鉴Cai等（2016）、Kimbrough等（2022）、马文杰和余伯健（2023）、雷雷等（2023）的做法，本章选取以下可能影响企业ESG评级的指标作为控制变量：企业规模（Size），为企业期末资产总额的自然对数；资产负债率（Lev），为期末总负债与期末资产总额之比；资产收益率（Roa），为净利润与期末资产总额之比；现金流水平（Cfo），为经营活动产生的现金流量净额与期末资产总额之比；市账比（BM），为资产总计与市值之比；无形资产占比（Intangibility），为企业无形资产与总资产之比；股权集中度（Top1），为第一大股东的持股比例；两职合一（Dual），当董事长兼任总经理时取值为1，否则为0；董事会规模（Board），为董事会总人数的自然对数；机构持股（IIholder），为机构投资者的持股比例；分析师跟踪（Analyst），为分析师人数加1的自然对数；公司年龄（Age），为公司自成立起的企业年龄自然对数；产权性质（Soe），当企业为国企时取1，否则为0；母国地区环境规制（Proenvstr），为企业注册地所在省份的单位工业增加值的工业污染治理投资额与单位GDP的工业增加值的比值。此外，还控制了公司固定效应（Firm）和年度固定效应（Year）。具体变量定义如表6-1所示。

表 6-1 变量定义

变量类别	变量名称	变量代码	变量定义
被解释变量	第三方 ESG 评级	ESG_mean	第三方 ESG 评级的均值
解释变量	对外直接投资	OFDI	海外子公司的数量
	东道国经济发展	Maxgdp	对外直接投资的东道国人均 GDP 的最大值
	东道国国家治理	Maxwgi	对外直接投资的东道国国家治理指数（WGI）的最大值
	东道国环境规制	Maxpm	对外直接投资的东道国 PM2.5 得分的最大值
控制变量	企业规模	Size	期末总资产的自然对数
	资产负债率	Lev	总负债/期末总资产
	资产收益率	Roa	净利润/期末总资产
	现金流水平	Cfo	经营活动产生的现金流量净额/期末总资产
	市账比	BM	资产总计/市值
	无形资产占比	Intangibility	企业无形资产与总资产
	股权集中度	Top1	第一大股东持股比例
	两职合一	Dual	若董事长兼任总经理时取值为 1，否则为 0
	董事会规模	Board	董事会总人数的自然对数
	机构持股	IIholder	机构投资者的持股比例
	公司年龄	Age	企业年龄加 1 的自然对数
	产权性质	Soe	若为国企则取 1，否则取 0
	分析师跟踪	Analyst	分析师人数加 1 的自然对数
	母国地区环境规制	Proenvstr	（省份治污投资/省份工业增加值）／（省份工业增加值/省份 GDP）

6.3.3 研究模型

为了检验本章的研究假设，构建模型（6-1）和模型（6-2），采用 OLS 回归模型估计系数，控制了公司固定效应和年度固定效应，并采用稳健标准误估计。预期对外直接投资（OFDI）、东道国经济发展（Maxgdp）、东道国国家治理（Maxwgi）和东道国环境规制（Maxpm）的系数 α_1 和 β_1 显著为正。模型如下：

$$ESG\_mean = \alpha 0 + \alpha 1 OFDI + \alpha j Controls + \sum Firm + \sum Year + \varepsilon \quad (6-1)$$

$$ESG\_mean = \beta 0 + \beta 1 Maxgdp(Maxwgi, Maxpm) + \beta j Controls + \sum Firm + \sum Year + \varepsilon$$

$$(6-2)$$

6.4 实证结果与分析

6.4.1 描述性统计分析

表 6-2 的 Panel A 为全样本的描述性统计。从企业的第三方 ESG 评级情况来看，企业第三方 ESG 评级的均值为 0.493，最大值为 0.753，最小值为 0.270，表明企业第三方 ESG 评级参差不齐。在企业的对外直接投资方面，企业的海外子公司数量最大值为 31，最小值为 0，其平均值为 1.274，即每个样本平均拥有 1.274 个海外子公司，表明企业间的对外直接投资情况具有较大差异。

Panel B 为已进行对外直接投资的子样本描述性统计。从企业的第三方 ESG 评级情况来看，企业 ESG 评级的均值为 0.507，最大值为 0.753，最小值为 0.270，同样表明对外直接投资企业获得的 ESG 评分整体不高。在企业的对外直接投资方面，企业的海外子公司数量最大值为 31，最小值为 1，其平均值为 3.927，即每个样本平均拥有 3.927 个海外子公司，体现了企业对外直接投资程度的差异较大。从东道国制度环境来看，东道国经济发展水平的最大值为 11.672，最小值为 7.075，均值为 10.643，体现出各东道国的经济发展水平存在较大的差异。东道国国家治理水平的最大值为 1.794，最小值为 -0.965，均值为 1.172，也体现了各东道国间较大的治理水平差异。东道国环境规制的最大值为 100，最小值为 10.900，均值为 85.146，表明大多数东道国具有较高的空气质量，意味着其环境规制严格，但从东道国环境规制的标准差来看（SD=18.434），企业面临的环境规制差异巨大。

表 6-2 主要变量的描述性统计

Panel A 全本描述性统计								
Variables	N	Mean	SD	Min	P25	P50	P75	Max
ESG_mean	31612	0.493	0.088	0.270	0.436	0.495	0.552	0.753
OFDI	31612	1.274	3.414	0.000	0.000	0.000	1.000	31.000
Size	31612	22.122	1.270	19.821	21.195	21.934	22.844	26.175
Lev	31612	0.416	0.207	0.050	0.248	0.408	0.571	0.884
Roa	31612	0.040	0.059	-0.228	0.015	0.039	0.069	0.200

续表

Panel A 全本描述性统计

Variables	N	Mean	SD	Min	P25	P50	P75	Max
Cfo	31612	0.047	0.069	−0.157	0.009	0.046	0.087	0.248
BM	31612	0.613	0.243	0.119	0.428	0.610	0.792	1.159
Intangibiliy	31612	0.045	0.049	0.000	0.017	0.033	0.056	0.321
Board	31612	2.241	0.176	1.792	2.079	2.303	2.303	2.773
Dual	31612	0.285	0.452	0.000	0.000	0.000	1.000	1.000
Top1	31612	34.570	14.826	8.700	23.050	32.505	44.640	74.980
IIholder	31612	43.524	24.727	0.300	22.684	45.271	63.676	91.673
Age	31612	2.847	0.365	1.609	2.639	2.890	3.091	3.497
Soe	31612	0.354	0.478	0.000	0.000	0.000	1.000	1.000
Analyst	31612	1.433	1.178	0.000	0.000	1.386	2.398	3.784
Proenvstr	31612	0.594	0.513	0.064	0.276	0.418	0.693	2.564

Panel B 对外直接投资样本（子样本）描述性统计

Variables	N	Mean	SD	Min	P25	P50	P75	Max
ESG_mean	10255	0.507	0.096	0.270	0.443	0.501	0.564	0.753
OFDI	10255	3.927	5.051	1.000	1.000	2.000	4.000	31.000
Maxgdp	10255	10.643	0.914	7.075	10.707	10.954	11.051	11.672
Maxwgi	10255	1.172	0.593	−0.965	1.037	1.388	1.526	1.794
Maxpm	10255	85.146	18.434	10.900	78.800	90.602	100.000	100.000
Size	10255	22.599	1.348	19.821	21.639	22.386	23.348	26.175
Lev	10255	0.440	0.194	0.050	0.291	0.439	0.587	0.884
Roa	10255	0.041	0.061	−0.228	0.016	0.040	0.071	0.200
Cfo	10255	0.052	0.065	−0.157	0.015	0.050	0.090	0.248
BM	10255	0.634	0.247	0.119	0.445	0.635	0.820	1.159
Intangibiliy	10255	0.046	0.046	0.000	0.020	0.035	0.057	0.321
Board	10255	2.238	0.178	1.792	2.079	2.303	2.303	2.773
Dual	10255	0.308	0.462	0.000	0.000	0.000	1.000	1.000
Top1	10255	33.862	14.948	8.700	22.170	31.900	44.110	74.980
IIholder	10255	44.517	25.518	0.300	22.185	46.429	65.704	91.673
Age	10255	2.865	0.350	1.609	2.639	2.890	3.091	3.497
Soe	10255	0.288	0.453	0.000	0.000	0.000	1.000	1.000
Analyst	10255	1.690	1.216	0.000	0.693	1.792	2.708	3.784
Proenvstr	10255	0.586	0.505	0.064	0.276	0.418	0.683	2.564

6.4.2 相关性分析

表6-3报告了主要变量的相关系数。企业对外直接投资、东道国制度环境与ESG评级的相关系数均在1%的水平上显著为正，表明对外直接投资有利于提高企业的ESG评级，且东道国制度环境对对外直接投资企业的ESG评级具有积极影响，初步验证了假设6-1和假设6-2a、6-2b、6-2c。

表6-3 主要变量相关性分析

Variables	ESG_mean	OFDI	Maxgdp	Maxwgi	Maxpm	Size	Lev	Roa	Cfo	BM
ESG_mean	1.00	0.09***	0.14***	0.11***	0.06***	0.14***	-0.06***	0.32***	0.17***	0.01
OFDI	0.11***	1.00	0.45***	0.48***	0.30***	0.32***	0.16***	-0.01	0.04***	0.10***
Maxgdp	0.15***	0.25***	1.00	0.55***	0.22***	0.16***	0.01	0.03***	0.06***	0.03***
Maxwgi	0.15***	0.29***	0.89***	1.00	0.36***	0.22***	0.08***	0.01	0.02*	0.05***
Maxpm	0.12***	0.23***	0.51***	0.50***	1.00	0.10***	0.06***	-0.01	0.01	0.05***
Size	0.23***	0.32***	0.12***	0.16***	0.10***	1.00	0.53***	-0.10***	0.04***	0.48***
Lev	-0.05***	0.16***	-0.02***	0.02***	0.02***	0.54***	1.00	-0.45***	-0.20***	0.41***
Roa	0.32***	0.00	0.03***	0.04***	0.04***	-0.02***	-0.38***	1.00	0.46***	-0.36***
Cfo	0.16***	0.03***	0.04***	0.03***	0.03***	0.04***	-0.20***	0.41***	1.00	-0.17***
BM	0.04***	0.11***	0.00	0.01**	0.02***	0.50***	0.41***	-0.27***	-0.17***	1.00
Intangibiliy	-0.03***	0.06***	0.03***	0.03***	0.04***	0.04***	0.02***	-0.08***	0.03***	0.04***
Board	0.05***	0.03***	0.00	0.02***	0.06***	0.27***	0.17***	-0.01**	0.02***	0.17***
Dual	-0.03***	-0.04***	0.03***	0.00	-0.04***	-0.20***	-0.16***	0.06***	0.00	-0.16***
Top1	0.13***	0.01*	-0.03***	0.00	0.04***	0.18***	0.06***	0.13***	0.08***	0.14***
IIholder	0.16***	0.11***	0.03***	0.06***	0.09***	0.45***	0.20***	0.11***	0.11***	0.15***
Age	0.01**	0.07***	0.02***	-0.01***	-0.12***	0.16***	0.18***	-0.08***	0.02***	0.12***
Soe	0.09***	0.03***	-0.03***	0.01***	0.05***	0.40***	0.31***	-0.10***	-0.04***	0.29***
Analyst	0.27***	0.15***	0.11***	0.17***	0.16***	0.40***	0.01*	0.37***	0.21***	-0.16***
Proenvstr	-0.01	-0.01*	-0.02***	0.01***	0.05***	0.08***	0.02***	0.01	-0.01**	0.00

Variables	Intangibiliy	Board	Dual	Top1	IIholder	Age	Soe	Analyst	Proenvstr
ESG_mean	-0.04***	0.04***	-0.02**	0.12***	0.13***	0.02**	0.07***	0.26***	-0.01
OFDI	0.04***	0.03***	-0.03***	0.00	0.09***	0.06***	0.01	0.18***	-0.02**
Maxgdp	0.02	-0.03***	0.03**	-0.08***	0.02**	0.13***	-0.07***	0.06***	-0.10***

Variables	Intangibiliy	Board	Dual	Top1	IIholder	Age	Soe	Analyst	Proenvstr
Maxwgi	0.02**	0.02*	-0.03***	0.01	0.08***	-0.02**	0.06***	0.18***	0.04***
Maxpm	0.05***	0.06***	-0.06***	0.05***	0.09***	-0.14***	0.07***	0.15***	0.09***
Size	-0.04***	0.24***	-0.21***	0.12***	0.42***	0.21***	0.38***	0.40***	0.05***
Lev	-0.04***	0.15***	-0.16***	0.05***	0.19***	0.18***	0.31***	0.01	0.00
Roa	-0.08***	-0.03***	0.09***	0.11***	0.09***	-0.10***	-0.18***	0.41***	0.01
Cfo	0.05***	0.03***	0.01	0.08***	0.13***	0.00	-0.04***	0.21***	0.02*
BM	-0.03***	0.16***	-0.16***	0.13***	0.15***	0.15***	0.28***	-0.16***	0.00
Intangibiliy	1.00	0.02**	-0.01	-0.02*	-0.02	-0.01	-0.02**	-0.01	0.04***
Board	0.06***	1.00	-0.21***	-0.03***	0.20***	0.04***	0.26***	0.10***	0.09***
Dual	-0.05***	-0.20***	1.00	-0.04***	-0.20***	-0.09***	-0.28***	0.01	-0.10***
Top1	0.02***	-0.02***	-0.05***	1.00	0.49***	-0.09***	0.21***	0.05***	0.07***
IIholder	0.05***	0.21***	-0.20***	0.49***	1.00	0.04***	0.38***	0.26***	0.08***
Age	0.03***	0.03***	-0.08***	-0.10***	0.03***	1.00	0.17***	-0.14***	-0.04***
Soe	0.04***	0.27***	-0.28***	0.22***	0.39***	0.15***	1.00	0.01	0.07***
Analyst	0.00	0.11***	0.01*	0.06***	0.26***	-0.14***	0.01	1.00	0.05***
Proenvstr	0.05***	0.07***	-0.08***	0.07***	0.07***	-0.02***	0.09***	0.05***	1.00

6.4.3　企业对外直接投资与第三方 ESG 评级的实证结果与分析

表6-4 报告了企业对外直接投资与第三方 ESG 评级的回归结果。其中，第（1）列不加入其他控制变量，仅在控制公司和年度固定效应的基础上考察对外直接投资对企业 ESG 评级的影响，对外直接投资（OFDI）的回归系数为 0.001，且在1%的水平上显著。第（2）列为加入控制变量的结果，对外直接投资（OFDI）的回归系数在1%的水平上显著为正。为保证研究结论的稳健性，第（3）列将模型（6-1）的回归样本限制在进行对外直接投资的子样本中，对外直接投资（OFDI）的回归系数在5%的水平上显著为正，仍然支持本章假设。表明企业进行对外直接投资提高了第三方评级机构对企业 ESG 表现的评价，验证了假设 6-1。

表6-4 企业对外直接投资与第三方ESG评级回归结果

Variables	ESG_mean		
	(1)	(2)	(3)
OFDI	0.001***	0.001***	0.001**
	(4.61)	(4.21)	(2.24)
Size		0.005***	0.006**
		(3.61)	(2.07)
Lev		-0.030***	-0.033***
		(-6.66)	(-3.28)
Roa		0.353***	0.312***
		(36.02)	(16.95)
Cfo		-0.026***	-0.004
		(-3.65)	(-0.29)
BM		0.019***	0.008
		(5.59)	(1.22)
Intangibility		-0.009	0.025
		(-0.61)	(0.68)
Board		-0.011**	-0.011
		(-2.42)	(-1.28)
Dual		-0.004***	0.002
		(-2.70)	(0.85)
Top1		0.000***	0.000
		(5.04)	(0.38)
IIholder		-0.000	0.000*
		(-0.39)	(1.79)
Age		-0.017***	-0.004
		(-2.60)	(-0.34)
Soe		0.008**	-0.011*
		(2.52)	(-1.93)
Analyst		0.009***	0.010***
		(15.72)	(8.41)
Proenvstr		0.001	-0.001
		(0.50)	(-0.36)

Variables	ESG_mean		
	（1）	（2）	（3）
_cons	0.490***	0.417***	0.378***
	(1068.63)	(12.98)	(5.18)
N	31612	31612	10255
Firm	Yes	Yes	Yes
Year	Yes	Yes	Yes
r2_a	0.434	0.501	0.572

注：***、**和*分别表示在1%、5%和10%的水平上显著，括号内为 t 值。

6.4.4 东道国制度环境与第三方 ESG 评级的实证结果与分析

表6-5 报告了模型（6-2）的回归结果。解释变量是东道国制度环境，包括东道国经济发展（Maxgdp）、东道国国家治理（Maxwgi）和东道国环境规制（Maxpm），用于检验东道国制度环境对于企业 ESG 评级的影响。结果显示，东道国经济发展（Maxgdp）、东道国国家治理（Maxwgi）和东道国环境规制（Maxpm）至少在5%的水平上显著为正，表明东道国制度环境差异带来的经营风险和外来者劣势激发了对外直接投资企业进行可持续性发展的内在动力，向外界传递了积极的信号，从而改善了资本市场非财务分析师对企业行为的认知，对企业的第三方 ESG 评级具有积极影响，验证了本章的假设 6-2a、6-2b、6-2c。

表 6-5 东道国制度环境与第三方 ESG 评级回归结果

Variables	ESG_mean		
	（1）	（2）	（3）
Maxgdp	0.005***		
	(2.86)		
Maxwgi		0.006**	
		(2.48)	
Maxpm			0.000***
			(4.07)
Size	0.007**	0.007**	0.007**
	(2.33)	(2.35)	(2.45)

续表

Variables	ESG_mean		
	(1)	(2)	(3)
Lev	−0.031***	−0.032***	−0.032***
	(−3.17)	(−3.19)	(−3.25)
Roa	0.312***	0.312***	0.312***
	(16.92)	(16.93)	(16.90)
Cfo	−0.005	−0.005	−0.005
	(−0.34)	(−0.31)	(−0.34)
BM	0.008	0.008	0.008
	(1.18)	(1.17)	(1.16)
Intangibility	0.029	0.028	0.028
	(0.80)	(0.76)	(0.77)
Board	−0.011	−0.011	−0.011
	(−1.24)	(−1.24)	(−1.27)
Dual	0.002	0.002	0.002
	(0.86)	(0.86)	(0.82)
Top1	0.000	0.000	0.000
	(0.30)	(0.31)	(0.31)
IIholder	0.000*	0.000*	0.000*
	(1.84)	(1.81)	(1.76)
Age	−0.005	−0.005	−0.005
	(−0.39)	(−0.40)	(−0.39)
Soe	−0.011*	−0.011*	−0.011**
	(−1.89)	(−1.92)	(−2.01)
Analyst	0.010***	0.010***	0.010***
	(8.43)	(8.41)	(8.41)
Proenvstr	−0.001	−0.001	−0.001
	(−0.38)	(−0.40)	(−0.38)
_cons	0.313***	0.358***	0.340***
	(4.33)	(4.97)	(4.74)
N	10255	10255	10255
Firm	Yes	Yes	Yes
Year	Yes	Yes	Yes
r2_a	0.572	0.572	0.572

注：***、**和*分别表示在1%、5%和10%的水平上显著，括号内为t值。

6.4.5 稳健性检验

6.4.5.1 替换解释变量：改变企业对外直接投资与东道国制度环境的衡量方式

考虑到企业对外直接投资及东道国制度环境是本章的关键解释变量，本章采用替代衡量方式进行稳健性测试。第一，采用企业期末对外直接投资总额的自然对数（OFDIamount）来衡量企业的对外直接投资。第二，采用企业对外直接投资的各东道国制度环境的加权平均数（以样本在各东道国的子公司数量占海外子公司总数的比例为权重）进行替代衡量，替换解释变量衡量方式的回归结果如表6-6所示。企业对外直接投资总额（OFDIamount）、东道国经济发展（Wagdp）、东道国国家治理（Wawgi）和东道国环境规制（Wapm）的系数显著为正，与前文结果基本一致，说明本章的研究结果较为稳健。

表6-6 替换解释变量衡量方式的回归结果

Variables	ESG_mean			
	（1）	（2）	（3）	（4）
OFDIamount	0.004**			
	(2.42)			
Wagdp		0.005**		
		(2.49)		
Wawgi			0.006*	
			(1.86)	
Wapm				0.000*
				(1.66)
Size	0.005***	0.007**	0.007**	0.007***
	(3.30)	(2.42)	(2.53)	(2.61)
Lev	-0.031***	-0.031***	-0.031***	-0.031***
	(-6.36)	(-3.10)	(-3.11)	(-3.16)
Roa	0.357***	0.312***	0.311***	0.311***
	(34.14)	(16.94)	(16.93)	(16.91)
Cfo	-0.025***	-0.005	-0.004	-0.005
	(-3.34)	(-0.32)	(-0.29)	(-0.31)
BM	0.019***	0.008	0.008	0.008
	(5.09)	(1.18)	(1.16)	(1.19)

Variables	ESG_mean			
	(1)	(2)	(3)	(4)
Intangibility	-0.014	0.031	0.031	0.030
	(-0.88)	(0.85)	(0.85)	(0.83)
Board	-0.010**	-0.010	-0.010	-0.011
	(-2.14)	(-1.19)	(-1.19)	(-1.22)
Dual	-0.004***	0.002	0.002	0.002
	(-2.86)	(0.84)	(0.83)	(0.82)
Top1	0.000***	0.000	0.000	0.000
	(4.50)	(0.29)	(0.32)	(0.38)
IIholder	-0.000	0.000*	0.000*	0.000*
	(-0.44)	(1.85)	(1.81)	(1.80)
Age	-0.013*	-0.005	-0.005	-0.005
	(-1.93)	(-0.41)	(-0.42)	(-0.39)
Soe	0.011***	-0.011*	-0.011*	-0.011*
	(3.36)	(-1.90)	(-1.90)	(-1.90)
Analyst	0.009***	0.010***	0.010***	0.010***
	(14.69)	(8.44)	(8.45)	(8.44)
Proenvstr	-0.000	-0.001	-0.001	-0.001
	(-0.31)	(-0.38)	(-0.39)	(-0.39)
_cons	0.408***	0.305***	0.349***	0.341***
	(11.77)	(4.18)	(4.85)	(4.72)
N	27931	10255	10255	10255
Firm	Yes	Yes	Yes	Yes
Year	Yes	Yes	Yes	Yes
r2_a	0.503	0.572	0.571	0.571

注：***、**和*分别表示在1%、5%和10%的水平上显著，括号内为t值。由于企业期末对外直接投资总额的数据存在缺失值，因此第（1）列的样本量发生变化。

6.4.5.2 替换被解释变量：改变第三方ESG评级的衡量方式

本章采用替换被解释变量衡量方式进行稳健性测试。首先，将六个评级机构的年度ESG评分按照Min-max方法进行标准化处理，得到分布在［0，1］区间的标准化评分数据。其次，采用六家ESG评级机构经Min-max方法标准化后的ESG评分的均值来衡量第三方ESG评级，并进行稳健性检验。替换被解释变量衡量方式的回归结果如表6-7所示。企业对外直接投资（OFDI）、东道国经济发展（Maxgdp）、东道国国家治理（Maxwgi）和东道国环境规制（Maxpm）的系数显著为正，与前文结果基本一致，说明本章的研究结果较为稳健。

表6-7 替换被解释变量衡量方式的回归结果

Variables	ESG_mean2			
	（1）	（2）	（3）	（4）
OFDI	0.007***			
	(4.83)			
Maxgdp		0.036***		
		(3.02)		
Maxwgi			0.049***	
			(2.80)	
Maxpm				0.001***
				(3.36)
Size	0.094***	0.122***	0.122***	0.125***
	(10.88)	(6.52)	(6.52)	(6.72)
Lev	−0.353***	−0.409***	−0.411***	−0.413***
	(−11.51)	(−6.20)	(−6.22)	(−6.24)
Roa	2.729***	2.448***	2.447***	2.448***
	(40.31)	(19.41)	(19.42)	(19.39)
Cfo	−0.142***	−0.054	−0.051	−0.054
	(−2.98)	(−0.56)	(−0.53)	(−0.55)
BM	0.182***	0.080*	0.079*	0.079*
	(8.36)	(1.85)	(1.85)	(1.84)
Intangibility	−0.159	0.135	0.126	0.132
	(−1.57)	(0.57)	(0.53)	(0.56)
Board	−0.059**	−0.103*	−0.103*	−0.105*
	(−2.03)	(−1.86)	(−1.86)	(−1.88)
Dual	−0.021**	0.013	0.013	0.012
	(−2.30)	(0.78)	(0.78)	(0.74)
Top1	0.003***	0.001	0.001	0.001
	(5.08)	(0.85)	(0.86)	(0.88)

Variables	ESG_mean2			
	(1)	(2)	(3)	(4)
Ilholder	−0.001*	0.001	0.001	0.001
	(−1.72)	(1.12)	(1.09)	(1.05)
Age	−0.117***	−0.004	−0.004	−0.004
	(−2.86)	(−0.05)	(−0.05)	(−0.05)
Soe	0.061***	−0.052	−0.053	−0.056
	(3.02)	(−1.31)	(−1.34)	(−1.42)
Analyst	0.067***	0.059***	0.059***	0.059***
	(16.57)	(7.63)	(7.61)	(7.61)
Proenvstr	0.006	0.004	0.004	0.004
	(0.89)	(0.35)	(0.33)	(0.35)
_cons	−1.923***	−2.988***	−2.663***	−2.782***
	(−9.20)	(−6.32)	(−5.71)	(−5.98)
N	31612	10255	10255	10255
Firm	Yes	Yes	Yes	Yes
Year	Yes	Yes	Yes	Yes
r2_a	0.574	0.627	0.627	0.627

注：***、**和*分别表示在1%、5%和10%的水平上显著，括号内为t值。

6.4.5.3 增加固定效应：增加行业固定效应

考虑到企业在样本期间可能存在行业的变更，本章在个体和年度固定效应的基础上增加了行业固定效应进行稳健性测试，回归结果如表6-8所示。企业对外直接投资（OFDI）、东道国经济发展（Maxgdp）、东道国国家治理（Maxwgi）和东道国环境规制（Maxpm）的系数显著为正，与前文结果基本一致，表明本章的研究结果较为稳健。

表6-8 增加行业固定效应的回归结果

Variables	ESG_mean			
	(1)	(2)	(3)	(4)
OFDI	0.001***			
	(4.34)			

续表

Variables	ESG_ mean			
	(1)	(2)	(3)	(4)
Maxgdp		0.005***		
		(2.89)		
Maxwgi			0.006**	
			(2.50)	
Maxpm				0.000***
				(3.91)
Size	0.005***	0.006**	0.006**	0.007**
	(3.59)	(2.19)	(2.21)	(2.31)
Lev	−0.031***	−0.030***	−0.031***	−0.031***
	(−6.76)	(−3.06)	(−3.09)	(−3.13)
Roa	0.353***	0.311***	0.311***	0.311***
	(36.08)	(16.82)	(16.83)	(16.80)
Cfo	−0.026***	−0.005	−0.005	−0.005
	(−3.66)	(−0.36)	(−0.33)	(−0.36)
BM	0.019***	0.008	0.008	0.008
	(5.69)	(1.14)	(1.14)	(1.12)
Intangibility	−0.005	0.022	0.021	0.021
	(−0.33)	(0.60)	(0.57)	(0.58)
Board	−0.011**	−0.010	−0.010	−0.010
	(−2.44)	(−1.09)	(−1.09)	(−1.13)
Dual	−0.004***	0.002	0.002	0.002
	(−2.76)	(0.90)	(0.90)	(0.85)
Top1	0.000***	0.000	0.000	0.000
	(5.22)	(0.25)	(0.27)	(0.27)
IIholder	−0.000	0.000	0.000	0.000
	(−0.46)	(1.34)	(1.31)	(1.26)
Age	−0.017***	−0.004	−0.004	−0.004
	(−2.69)	(−0.33)	(−0.33)	(−0.31)
Soe	0.007**	−0.010*	−0.010*	−0.010*
	(2.46)	(−1.68)	(−1.72)	(−1.81)
Analyst	0.009***	0.010***	0.010***	0.010***
	(15.60)	(8.45)	(8.43)	(8.43)

Variables	ESG_mean			
	(1)	(2)	(3)	(4)
Proenvstr	0.000	−0.001	−0.001	−0.001
	(0.47)	(−0.47)	(−0.49)	(−0.47)
_cons	0.418***	0.318***	0.363***	0.345***
	(12.97)	(4.37)	(5.01)	(4.79)
N	31612	10255	10255	10255
Firm	Yes	Yes	Yes	Yes
Ind	Yes	Yes	Yes	Yes
Year	Yes	Yes	Yes	Yes
r2_a	0.502	0.573	0.573	0.573

注：***、**和*分别表示在1%、5%和10%的水平上显著，括号内为t值。

6.4.6 内生性问题处理

6.4.6.1 识别企业首次对外直接投资前后的第三方ESG评级差异

为了更好地识别因果关系，本章识别出企业首次进行对外直接投资的时间节点，构建多时点双重差分模型（6-3）以探究企业首次进行对外直接投资前后ESG评级的变化，具体研究模型如下：

$$\text{ESGmean} = \beta 0 + \beta 1 \text{Treat} \times \text{Post} + \beta j \text{Controls} + \sum \text{Firm} + \sum \text{Year} + \varepsilon \qquad (6\text{-}3)$$

其中，被解释变量为企业ESG评级，与前文保持一致。解释变量为Trea×Post，衡量了对外直接投资对企业ESG评级的净影响。其中，Treat为处理效应，将参与过对外直接投资的企业定义为处理组并取值为1；将未进行对外直接投资的企业定义为对照组，取值为0。Post为时间效应，企业首次进行对外直接投资以后，当年及之后年份对应的Post取值为1，其余年份对应的Post取值为0。其他控制变量与模型（6-1）保持一致。此外，本章在此剔除了不连续的对外直接投资企业样本，即中途曾退出海外直接投资的企业样本，以及自2009年起已经进行对外直接投资的样本，因为本章的样本起始时间为2009年，但2009年是否为企业首次进行对外直接投资的时间节点并不能确定，因此剔除了这部分样本，最终得到28251个公司年度样本。

回归结果如表6-9所示，Treat×Post的系数在10%的水平上显著为正，表明企业进行对外直接投资后，企业的第三方ESG评级提高，支持了本章的研究结论。参考马光荣等（2020）的做法，采用事件研究方法检验平行趋势是否满足，同时也可以反映企业对外直接投资对于企业第三方 ESG 评级的动态效应。检验结果如图 6-1 所示，图中点表示交乘项系数的大小，虚线表示置信区间。在企业首次进行对外直接投资之前，企业间的第三方 ESG 评级差异不显著，说明本章 DID 方法满足平行趋势的要求；在企业首次进行对外直接投资之后，对外直接投资企业的第三方 ESG 评级显著提高。结果表明，在一定程度上缓解了本章的内生性问题后，本章的研究结论仍然成立。

表 6-9　识别企业首次对外直接投资样本的回归结果

Variables	ESG_ mean
	(1)
Treat×Post	0.003 *
	(1.68)
Size	0.006 ***
	(4.12)
Lev	−0.030 ***
	(−6.31)
Roa	0.359 ***
	(34.87)
Cfo	−0.028 ***
	(−3.85)
BM	0.018 ***
	(4.96)
Intangibility	−0.010
	(−0.67)
Board	−0.011 **
	(−2.33)
Dual	−0.003 **
	(−2.26)
Top1	0.000 ***
	(5.52)
IIholder	−0.000
	(−0.93)

续表

Variables	ESG_mean
	(1)
Age	−0.025***
	(−3.68)
Soe	0.011***
	(3.46)
Analyst	0.009***
	(14.71)
Proenvstr	0.001
	(1.14)
_cons	0.415***
	(12.12)
N	28251
Firm	Yes
Year	Yes
r2_a	0.498

注：***、**和*分别表示在1%、5%和10%的水平上显著，括号内为t值。

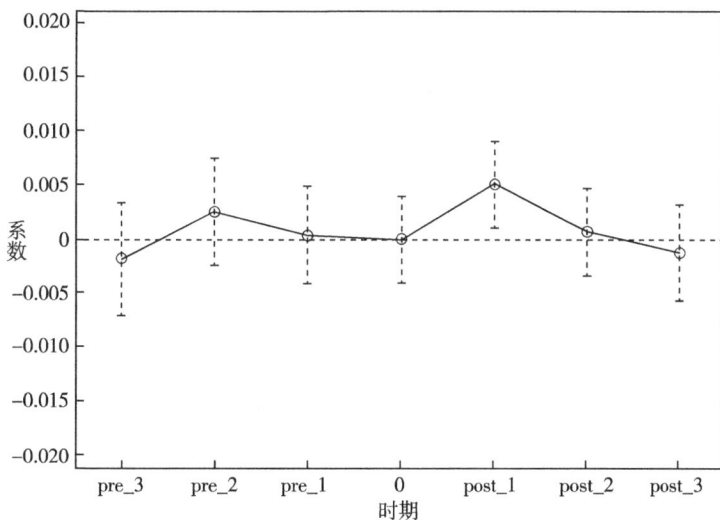

图6-1 平行趋势检验（3）

6.4.6.2　倾向得分匹配（PSM）法

考虑到企业是否进行对外直接投资可能受到其他特征的影响，本章采用倾向得分匹配方法（PSM），以企业规模（Size）、资产负债率（Lev）、资产收益率（Roa）、现金流水平（Cfo）、市账比（BM）、无形资产占比（Intangibility）、董事会规模（Board）、两职合一（Dual）、股权集中度（Top1）、机构持股（IIholder）、公司年龄（Age）、产权性质（Soe）、分析师跟踪（Analyst）、母国地区环境规制（Proenvstr）以及工具变量港口距离的相反数（Distance）作为倾向得分匹配的影响因子，将进行对外直接投资的样本与未进行对外直接投资的样本进行一对一重复抽取的近邻匹配，匹配后的组间样本差异如表6-10所示，影响因子的组间差异均不显著。将匹配后的样本重新使用模型（6-1）进行检验，回归结果如表6-11所示，与前文结果基本一致。

表6-10　PSM样本描述性统计

Variables	ISOFDI = 0	Mean	ISOFDI = 1	Mean	MeanDiff
Size	5535	22. 259	5630	22. 236	0. 023
Lev	5535	0. 414	5630	0. 417	−0. 003
Roa	5535	0. 041	5630	0. 04	0. 001
Cfo	5535	0. 049	5630	0. 049	0. 000
BM	5535	0. 616	5630	0. 616	0. 000
Intangibiliy	5535	0. 045	5630	0. 045	0. 000
Board	5535	2. 236	5630	2. 236	0. 000
Dual	5535	0. 301	5630	0. 301	0. 000
Top1	5535	34. 165	5630	33. 952	0. 213
IIholder	5535	43. 210	5630	42. 598	0. 613
Age	5535	2. 849	5630	2. 850	−0. 001
Soe	5535	0. 310	5630	0. 305	0. 005
Analyst	5535	1. 518	5630	1. 493	0. 025
Proenvstr	5535	0. 575	5630	0. 589	−0. 013
Distance	5535	−4. 206	5630	−4. 219	0. 013

表6-11　倾向得分匹配（PSM）法的回归结果

Variables	ESG_mean
	（1）
OFDI	0.001**
	（2.38）
Size	0.004
	（1.50）
Lev	−0.029***
	（−3.08）
Roa	0.339***
	（17.81）
Cfo	−0.005
	（−0.31）
BM	0.021***
	（3.06）
Intangibility	−0.037
	（−1.15）
Board	−0.010
	（−1.20）
Dual	0.001
	（0.21）
Top1	0.000***
	（2.63）
IIholder	−0.000
	（−0.03）
Age	−0.019
	（−1.45）
Soe	0.012**
	（1.99）
Analyst	0.010***
	（8.50）
Proenvstr	0.001
	（0.31）

续表

Variables	ESG_ mean
	（1）
_cons	0.434 ***
	（6.37）
N	11165
Firm	Yes
year	Yes
r2_ a	0.508

注：***、** 和 * 分别表示在 1%、5% 和 10% 的水平上显著，括号内为 t 值。

6.4.6.3 工具变量（IV）法

考虑到获得更高第三方 ESG 评级的企业更有可能开展对外直接投资，同时，企业进行对外直接投资后可能会进一步促进第三方 ESG 评级的提升，即模型中可能会存在"互为因果"的内生性问题，从而影响本章研究结论的成立。因此，本章试图采用工具变量法对可能存在的内生性问题进行控制。由于距离港口更近的企业，更容易接触海外市场，从而开展对外直接投资的可能性较大，但与最近港口的距离作为企业地理位置的体现，与企业的第三方 ESG 评级并无直接的关联，因此，借鉴 Cheung 等（2015）的做法，使用港口距离（Distance）作为工具变量，具体为上市公司注册地所在城市与最近的港口距离的自然对数的相反数，港口距离数据通过谷歌地图计算获得。该工具变量与企业的对外直接投资可能性相关，但与其 ESG 评级无关。回归结果如表 6-12 所示。在第一阶段回归中，工具变量的估计系数在 1% 的水平上显著为正（p < 0.01），说明工具变量（Distance）对内生解释变量（OFDI）具有较好的解释力。第（2）列为工具变量法的第二阶段回归结果，对外直接投资与企业 ESG 评级的回归系数显著为正，表明在使用工具变量法控制内生性问题后，本章的研究结论仍然成立。

表 6-12　工具变量法（IV）的回归结果

Variables	OFDI	ESG_ mean
	第一阶段	第二阶段
	（1）	（2）
OFDI		0.020 **
		（2.35）

续表

Variables	OFDI	ESG_mean
	第一阶段	第二阶段
	(1)	(2)
Distance	0.319 ***	
	(4.11)	
Size	1.054 ***	−0.015 *
	(26.27)	(−1.69)
Lev	0.882 ***	−0.046 ***
	(5.97)	(−5.04)
Roa	−0.531 *	0.363 ***
	(−1.67)	(29.97)
Cfo	−0.021	−0.026 ***
	(−0.09)	(−3.06)
BM	−0.461 ***	0.028 ***
	(−4.25)	(5.12)
Intangibility	5.552 ***	−0.114 **
	(11.34)	(−2.27)
Board	−0.302 **	−0.001
	(−2.10)	(−0.26)
Dual	−0.020	−0.003 **
	(−0.45)	(−2.01)
Top1	−0.008 ***	0.001 ***
	(−3.29)	(5.04)
IIholder	−0.001	−0.000
	(−0.53)	(−0.26)
Age	−0.298	−0.012 *
	(−1.58)	(−1.70)
Soe	−0.213 **	0.013 ***
	(−2.21)	(3.46)
Analyst	0.042 **	0.009 ***
	(2.08)	(10.97)
Proenvstr	0.050	−0.000
	(1.39)	(−0.04)
_cons	−19.140 ***	0.813 ***
	(−18.47)	(4.50)

续表

Variables	OFDI	ESG_mean
	第一阶段	第二阶段
	（1）	（2）
N	29886	29886
Firm	Yes	Yes
Year	Yes	Yes
r2_a	0.617	/

注：***、**和*分别表示在1%、5%和10%的水平上显著，括号内为 t 值。

6.5 进一步研究

6.5.1 东道国制度环境对第三方 ESG 评级覆盖的影响

在关注到东道国制度环境对企业第三方 ESG 评级的促进作用后，本章试图探究东道国制度环境能否影响企业第三方 ESG 评级覆盖，即进行对外直接投资的企业是否会受到更多第三方评级机构的关注。基于此，本章采用华证 ESG 评级、WIND ESG 评级、商道融绿 ESG 评级、社会价值投资联盟 ESG 评级、润灵 ESG 评级、和讯 ESG 评分六家主流的 ESG 评级机构中对企业进行评级的机构数量衡量企业的第三方 ESG 评级覆盖（ESG_cover），并将其作为被解释变量代入回归模型（6-1）和模型（6-2）中，回归结果如表6-13所示。除东道国经济发展水平外，对外直接投资、东道国国家治理和东道国环境规制均与第三方 ESG 评级覆盖显著正相关，表明进行对外直接投资以及更高的国家治理和环境规制压力会吸引更多第三方评级机构的关注，从而使对外直接投资企业具有更多的第三方评级机构覆盖数。

表6-13 东道国制度环境对第三方 ESG 评级覆盖影响的回归结果

Variables	ESG 评级覆盖			
	（1）	（2）	（3）	（4）
OFDI	0.025***			
	(11.76)			

续表

Variables	ESG 评级覆盖			
	（1）	（2）	（3）	（4）
Maxgdp		0.000		
		（-0.01）		
Maxwgi			0.045*	
			（1.89）	
Maxpm				0.002***
				（2.80）
Size	0.323***	0.375***	0.370***	0.372***
	（28.26）	（14.19）	（13.99）	（14.13）
Lev	-0.577***	-0.709***	-0.712***	-0.716***
	（-16.43）	（-8.47）	（-8.51）	（-8.57）
Roa	-0.794***	-1.044***	-1.044***	-1.043***
	（-10.76）	（-7.37）	（-7.39）	（-7.38）
Cfo	-0.035	-0.188	-0.187	-0.190
	（-0.67）	（-1.62）	（-1.62）	（-1.64）
BM	-0.388***	-0.242***	-0.243***	-0.243***
	（-13.68）	（-4.15）	（-4.17）	（-4.19）
Intangibility	0.123	-0.071	-0.091	-0.088
	（1.01）	（-0.23）	（-0.29）	（-0.28）
Board	-0.092**	-0.171**	-0.171**	-0.172**
	（-2.54）	（-2.32）	（-2.33）	（-2.35）
Dual	0.005	0.014	0.014	0.013
	（0.48）	（0.65）	（0.66）	（0.63）
Top1	0.002***	0.004**	0.004**	0.004**
	（3.07）	（2.50）	（2.43）	（2.44）
IIholder	-0.002***	-0.001	-0.001	-0.001
	（-4.68）	（-0.75）	（-0.75）	（-0.78）
Age	0.149***	0.363***	0.364***	0.365***
	（2.73）	（2.77）	（2.79）	（2.80）
Soe	0.037*	0.004	0.003	0.000
	（1.65）	（0.07）	（0.07）	（0.00）

续表

Variables	ESG 评级覆盖			
	（1）	（2）	（3）	（4）
Analyst	0.047***	0.061***	0.061***	0.061***
	（9.56）	（6.04）	（6.02）	（6.02）
Proenvstr	0.028***	0.015	0.015	0.015
	（3.18）	（0.91）	（0.91）	（0.93）
_cons	−4.330***	−5.845***	−5.782***	−5.901***
	（−15.59）	（−8.38）	（−8.42）	（−8.63）
N	31125	10255	10255	10255
Firm	Yes	Yes	Yes	Yes
Year	Yes	Yes	Yes	Yes
r2_a	0.765	0.806	0.806	0.806

注：***、**和*分别表示在1%、5%和10%的水平上显著，括号内为t值。

6.5.2 东道国制度环境对第三方ESG评级分歧的影响

在关注到东道国制度环境对企业ESG评级的促进作用后，本章试图探究东道国制度环境能否影响企业的第三方ESG评级分歧。现有研究表明，企业的ESG评级分歧可能源于ESG信息披露方式的多样性、评级机构对于被评级公司同行群体界定方式的不一致、ESG评级机构研究人员对于缺失数据的处理方法的差异（Kotsantonis & Serafeim，2019；Abhayawansa & Tyagi，2021；Berg et al.，2022）。Christensen等（2022）认为，ESG信息披露实际上会导致更大的分歧。而Kimbrough等（2022）基于美国的自愿性ESG信息披露发现，对于自愿发布ESG报告的公司，ESG评级机构间的分歧较小。学者对于ESG评级分歧的来源展开了讨论，但尚未有人关注外部制度环境能否对第三方ESG评级分歧产生影响。

基于此，本章关注了东道国制度环境与第三方ESG评级分歧的关系。回归结果如表6-14所示，仅有对外直接投资（OFDI）的系数在1%的水平上正显著，东道国经济发展、东道国国家治理与第三方ESG评级分歧的系数为正，但不显著，表明企业进行对外直接投资加剧了第三方评级机构对于企业评价的分歧，而东道国制度环境尚未对第三方ESG评级分歧表现出显著的影响。

表6-14 东道国制度环境对第三方ESG评级分歧影响的回归结果

Variables	ESG 评级分歧			
	（1）	（2）	（3）	（4）
OFDI	0.001***			
	（2.87）			
Maxgdp		0.000		
		（0.17）		
Maxwgi			0.000	
			（0.10）	
Maxpm				0.000
				（−0.20）
Size	0.011***	0.011***	0.011***	0.011***
	（8.23）	（3.93）	（3.94）	（3.98）
Lev	−0.049***	−0.047***	−0.047***	−0.047***
	（−10.17）	（−4.70）	（−4.70）	（−4.69）
Roa	−0.292***	−0.277***	−0.277***	−0.277***
	（−28.02）	（−15.07）	（−15.07）	（−15.07）
Cfo	−0.037***	−0.059***	−0.059***	−0.059***
	（−4.98）	（−4.08）	（−4.08）	（−4.08）
BM	−0.008**	−0.012*	−0.012*	−0.011*
	（−2.19）	（−1.78）	（−1.78）	（−1.78）
Intangibility	0.021	0.007	0.007	0.007
	（1.28）	（0.19）	（0.19）	（0.19）
Board	−0.004	−0.004	−0.004	−0.004
	（−0.88）	（−0.45）	（−0.45）	（−0.45）
Dual	0.001	0.001	0.001	0.001
	（0.47）	（0.51）	（0.51）	（0.51）
Top1	0.000*	0.000	0.000	0.000
	（1.95）	（1.07）	（1.07）	（1.08）
IIholder	−0.000***	−0.000	−0.000	−0.000
	（−2.65）	（−1.12）	（−1.12）	（−1.12）
Age	−0.007	0.027**	0.027**	0.027**
	（−0.97）	（2.02）	（2.02）	（2.02）

Variables	ESG 评级分歧			
	（1）	（2）	（3）	（4）
Soe	0.003	−0.002	−0.002	−0.002
	（0.83）	（−0.32）	（−0.32）	（−0.32）
Analyst	0.005 ***	0.004 ***	0.004 ***	0.004 ***
	（7.43）	（3.78）	（3.78）	（3.78）
Proenvstr	−0.002 *	−0.005 ***	−0.005 ***	−0.005 ***
	（−1.90）	（−2.80）	（−2.81）	（−2.81）
_cons	0.003	−0.101	−0.099	−0.099
	（0.09）	（−1.38）	（−1.37）	（−1.37）
N	30268	10044	10044	10044
Firm	Yes	Yes	Yes	Yes
Year	Yes	Yes	Yes	Yes
r2_a	0.385	0.355	0.355	0.355

注：*** 、** 和 * 分别表示在1%、5%和10%的水平上显著，括号内为 t 值。样本量的变化是剔除了仅获得一家评级机构评级的公司样本所导致的。

6.6 异质性分析

本章将进一步在进行对外直接投资企业的子样本中，从企业的行业特征、企业特征和公司治理特征等方面对东道国制度环境对第三方 ESG 评级的影响进行异质性分析，具体包括是否为重污染行业、海外投资年限、是否有海外背景高管的影响。

6.6.1 行业特征：是否为重污染行业

良好的 ESG 表现有利于重污染行业企业获得经营合法性，对于缓解企业负面活动引起的诉讼风险具有积极作用，还能向社会公众传达出企业积极承担环境责任、关注社会问题的积极信号。东道国外部制度环境带来的压力以及利益相关者增加带来的 ESG 关注都要求企业更加重视经营活动中的 ESG 表现。尤其对于重污染行业企业来说，其在东道国面临的规制压力相对更强，环境违规风险较高，东道国严格的规制和监管可能对企业的生产经营造成更消极的影响，故东道国制度环境对企业 ESG 评级的积极影响可能在重污染行业企业中更强。

本章借鉴吉利和苏朦（2016）的研究，根据《上市公司环保核查行业分类管理名录》《上市公司环境信息披露指南（征求意见稿）》，将火电、钢铁、水泥、电解铝、煤炭、冶金、化工、石化、建材、造纸、酿造、制药、发酵、纺织、制革和采矿业划分为重污染行业，其余行业划分为非重污染行业。回归结果如表 6-15 所示。东道国经济发展和国家治理对于第三方 ESG 评级的促进作用仅在重污染行业中显著为正，且组间系数差异显著，表明东道国制度环境对于重污染行业企业的环保行为改善有助于企业获得第三方评级机构的积极评价，从而对重污染企业的第三方 ESG 评级具有更强的促进作用。其中，东道国环境规制的促进作用仅在非重污染行业企业中显著为正，而在重污染行业企业中不显著，可能的原因是较强的环境规制给重污染企业带来的合规成本太大，非重污染行业企业获得第三方评级机构更好的评价。

表 6-15 是否为重污染行业企业的分组回归结果

Variables	ESG_mean							
	重污染	非重污染	重污染	非重污染	重污染	非重污染	重污染	非重污染
	（1）	（2）	（3）	（4）	（5）	（6）	（7）	（8）
OFDI	0.001*	0.000						
	(1.91)	(1.11)						
Maxgdp			0.006**	0.004				
			(2.42)	(1.61)				
Maxwgi					0.008**	0.005		
					(1.98)	(1.47)		
Maxpm							0.000	0.000***
							(1.56)	(3.86)
Size	0.001	0.007*	0.002	0.007**	0.002	0.007**	0.003	0.007*
	(0.19)	(1.84)	(0.34)	(1.98)	(0.38)	(1.97)	(0.46)	(1.93)
Lev	-0.049***	-0.020*	-0.047***	-0.020	-0.048***	-0.020*	-0.048***	-0.020*
	(-2.69)	(-1.67)	(-2.59)	(-1.64)	(-2.61)	(-1.66)	(-2.63)	(-1.68)
Roa	0.286***	0.320***	0.285***	0.319***	0.284***	0.319***	0.286***	0.319***
	(7.27)	(14.91)	(7.24)	(14.89)	(7.23)	(14.90)	(7.25)	(14.85)

续表

Variables	ESG_ mean							
	重污染	非重污染	重污染	非重污染	重污染	非重污染	重污染	非重污染
	(1)	(2)	(3)	(4)	(5)	(6)	(7)	(8)
Cfo	−0. 033	0. 002	−0. 035	0. 002	−0. 034	0. 002	−0. 035	0. 001
	(−1. 14)	(0. 12)	(−1. 21)	(0. 11)	(−1. 20)	(0. 13)	(−1. 21)	(0. 08)
BM	−0. 006	0. 018 **	−0. 006	0. 017 **	−0. 006	0. 017 **	−0. 006	0. 017 **
	(−0. 47)	(2. 14)	(−0. 51)	(2. 12)	(−0. 53)	(2. 12)	(−0. 51)	(2. 07)
Intangibility	0. 024	0. 011	0. 036	0. 011	0. 035	0. 010	0. 033	0. 009
	(0. 36)	(0. 24)	(0. 53)	(0. 26)	(0. 51)	(0. 23)	(0. 50)	(0. 21)
Board	−0. 028 *	−0. 012	−0. 027 *	−0. 012	−0. 026	−0. 012	−0. 027	−0. 012
	(−1. 73)	(−1. 11)	(−1. 65)	(−1. 10)	(−1. 61)	(−1. 11)	(−1. 64)	(−1. 17)
Dual	0. 004	0. 002	0. 004	0. 002	0. 004	0. 002	0. 004	0. 002
	(0. 77)	(0. 65)	(0. 82)	(0. 63)	(0. 79)	(0. 65)	(0. 75)	(0. 68)
Top1	−0. 000	−0. 000	−0. 000	−0. 000	−0. 000	−0. 000	−0. 000	−0. 000
	(−0. 34)	(−0. 11)	(−0. 34)	(−0. 16)	(−0. 29)	(−0. 17)	(−0. 32)	(−0. 19)
IIholder	0. 000	0. 000	0. 000	0. 000	0. 000 *	0. 000	0. 000	0. 000
	(1. 62)	(0. 49)	(1. 63)	(0. 54)	(1. 65)	(0. 51)	(1. 56)	(0. 46)
Age	0. 010	−0. 010	0. 012	−0. 010	0. 012	−0. 010	0. 012	−0. 010
	(0. 36)	(−0. 65)	(0. 42)	(−0. 69)	(0. 42)	(−0. 69)	(0. 41)	(−0. 69)
Soe	−0. 018	−0. 010	−0. 019	−0. 010	−0. 019	−0. 010	−0. 019	−0. 010
	(−1. 51)	(−1. 40)	(−1. 56)	(−1. 42)	(−1. 56)	(−1. 43)	(−1. 58)	(−1. 46)
Analyst	0. 012 ***	0. 009 ***	0. 012 ***	0. 009 ***	0. 012 ***	0. 009 ***	0. 012 ***	0. 009 ***
	(5. 09)	(6. 55)	(5. 14)	(6. 58)	(5. 13)	(6. 56)	(5. 17)	(6. 56)
Proenvstr	−0. 006 *	0. 002	−0. 006 *	0. 002	−0. 006 *	0. 002	−0. 006 *	0. 002
	(−1. 73)	(0. 70)	(−1. 75)	(0. 71)	(−1. 71)	(0. 67)	(−1. 71)	(0. 70)
_cons	0. 503 ***	0. 376 ***	0. 415 ***	0. 328 ***	0. 462 ***	0. 366 ***	0. 450 ***	0. 353 ***
	(3. 28)	(4. 24)	(2. 72)	(3. 69)	(3. 03)	(4. 18)	(2. 96)	(4. 05)
N	3170	7085	3170	7085	3170	7085	3170	7085
Firm	Yes	Yes	Yes	Yes	Yes	Yes	Yes	Yes
Year	Yes	Yes	Yes	Yes	Yes	Yes	Yes	Yes
r2_a	0. 586	0. 572	0. 586	0. 572	0. 586	0. 572	0. 585	0. 573
Difference	0. 001 *** (p<0. 01)		0. 002 * (p<0. 1)		0. 003 * (p<0. 1)		−0. 000 *** (p<0. 01)	

注: *** 、** 和 * 分别表示在 1% 、5% 和 10% 的水平上显著, 括号内为 t 值。

6.6.2 企业特征：海外投资年限

本章按照企业海外投资年限的中位数进行分组，高于中位数定义为海外投资年限长组，反之则定义为海外投资年限短组，回归结果如表6-16所示。东道国经济发展和国家治理对于企业第三方ESG评级的促进作用仅在海外投资年限短组中显著为正，且组间系数差异显著，表明东道国制度环境对于ESG评级的促进作用在海外投资经验较少的企业中更强。企业通过良好的ESG评级在东道国建立可持续发展的企业形象，并在利益相关者中获得声誉，降低了外来者劣势。但在东道国环境规制的驱动下，环境压力对于企业ESG评级的促进作用在两组中均显著，意味着环境规制仍是影响企业进行ESG投资的主要外部因素。

表6-16 企业海外投资年限的分组回归结果

Variables	ESG_mean							
	海外投资年限短	海外投资年限长	海外投资年限短	海外投资年限长	海外投资年限短	海外投资年限长	海外投资年限短	海外投资年限长
	(1)	(2)	(3)	(4)	(5)	(6)	(7)	(8)
OFDI	0.002***	0.000						
	(2.88)	(0.24)						
Maxgdp			0.007**	-0.001				
			(2.27)	(-0.30)				
Maxwgi					0.007*	-0.003		
					(1.67)	(-0.47)		
Maxpm							0.000**	0.000**
							(2.15)	(2.17)
Size	0.015**	-0.004	0.017***	-0.004	0.017***	-0.004	0.017***	-0.004
	(2.34)	(-0.70)	(2.67)	(-0.64)	(2.69)	(-0.62)	(2.69)	(-0.67)
Lev	-0.041**	0.003	-0.039**	0.004	-0.039**	0.004	-0.039**	0.002
	(-2.57)	(0.17)	(-2.43)	(0.21)	(-2.43)	(0.22)	(-2.47)	(0.11)
Roa	0.310***	0.281***	0.312***	0.281***	0.311***	0.281***	0.311***	0.281***
	(9.83)	(10.72)	(9.87)	(10.71)	(9.86)	(10.71)	(9.83)	(10.70)
Cfo	-0.011	0.014	-0.011	0.014	-0.010	0.014	-0.011	0.015
	(-0.50)	(0.57)	(-0.49)	(0.57)	(-0.48)	(0.57)	(-0.50)	(0.60)
BM	-0.003	0.023**	-0.003	0.023**	-0.003	0.023**	-0.003	0.022*
	(-0.30)	(2.00)	(-0.29)	(2.01)	(-0.27)	(2.01)	(-0.25)	(1.92)

Variables	ESG_mean							
	海外投资年限短	海外投资年限长	海外投资年限短	海外投资年限长	海外投资年限短	海外投资年限长	海外投资年限短	海外投资年限长
	(1)	(2)	(3)	(4)	(5)	(6)	(7)	(8)
Intangibility	0.033	0.145**	0.041	0.146**	0.042	0.146**	0.042	0.142**
	(0.60)	(2.08)	(0.75)	(2.10)	(0.75)	(2.11)	(0.76)	(2.04)
Board	−0.034**	−0.006	−0.034**	−0.006	−0.034**	−0.006	−0.034**	−0.006
	(−2.34)	(−0.42)	(−2.27)	(−0.41)	(−2.29)	(−0.42)	(−2.29)	(−0.45)
Dual	0.005	−0.001	0.006	−0.001	0.006	−0.001	0.005	−0.001
	(1.31)	(−0.27)	(1.39)	(−0.28)	(1.37)	(−0.28)	(1.36)	(−0.25)
Top1	0.000	−0.000	0.000	−0.000	0.000	−0.000	0.000	−0.000
	(1.26)	(−0.98)	(1.08)	(−0.98)	(1.08)	(−0.99)	(1.15)	(−0.99)
IIholder	0.000	0.001***	0.000	0.001***	0.000	0.001***	0.000	0.001***
	(0.46)	(3.47)	(0.48)	(3.47)	(0.52)	(3.48)	(0.50)	(3.41)
Age	0.000	0.001	−0.002	0.000	−0.004	0.000	−0.002	−0.000
	(0.01)	(0.03)	(−0.06)	(0.01)	(−0.10)	(0.01)	(−0.06)	(−0.00)
Soe	0.015	−0.022***	0.016	−0.022***	0.015	−0.022***	0.015	−0.023***
	(1.17)	(−2.69)	(1.31)	(−2.69)	(1.23)	(−2.69)	(1.22)	(−2.72)
Analyst	0.009***	0.009***	0.009***	0.009***	0.009***	0.009***	0.009***	0.009***
	(4.91)	(4.54)	(4.98)	(4.54)	(4.98)	(4.54)	(4.99)	(4.51)
Proenvstr	−0.001	−0.005	−0.001	−0.005*	−0.001	−0.005*	−0.001	−0.005
	(−0.19)	(−1.63)	(−0.26)	(−1.65)	(−0.30)	(−1.66)	(−0.24)	(−1.62)
_cons	0.217	0.548***	0.111	0.553***	0.175	0.543***	0.160	0.530***
	(1.28)	(3.48)	(0.66)	(3.48)	(1.04)	(3.46)	(0.95)	(3.38)
N	5915	4340	5915	4340	5915	4340	5915	4340
Firm	Yes	Yes	Yes	Yes	Yes	Yes	Yes	Yes
Year	Yes	Yes	Yes	Yes	Yes	Yes	Yes	Yes
r2_a	0.591	0.661	0.590	0.661	0.590	0.661	0.590	0.662
Difference	0.002*** (p<0.01)		0.008*** (p<0.01)		0.010*** (p<0.01)		0.000 (p>0.10)	

注: ***、**和*分别表示在1%、5%和10%的水平上显著,括号内为t值。

6.6.3 公司治理特征:海外背景高管

Giannetti 等（2015）认为,具有海外经验的董事显著改善了公司治理水平,减少了管理层短视行为。具有海外背景高管的企业，可能会更好地将海外制度环境给企业带来的更高监管压力和经营风险转化为内部公司治理水平的提升，从而提高企业的 ESG 评级，实现外部制度环境和内部治理的促进作用。

本章按照企业是否有海外背景高管进行分组，回归结果如表6-17所示。东道国制度环境对于企业 ESG 评级的促进作用仅在有海外背景高管组中显著为正，表明具有海外背景高管的企业能够进一步提升东道国制度环境对于 ESG 评级的促进作用，优化企业的可持续发展体系和信息环境，从而改善了资本市场非财务分析师对于企业的认知和评价，验证了对外直接投资企业的内部治理与外部制度环境对企业第三方 ESG 评级的促进作用。

表 6-17   是否拥有海外背景高管的分组回归结果

Variables	ESG_mean							
	有海外背景高管	无海外背景高管	有海外背景高管	无海外背景高管	有海外背景高管	无海外背景高管	有海外背景高管	无海外背景高管
	（1）	（2）	（1）	（4）	（1）	（6）	（1）	（8）
OFDI	0.001**	0.000						
	(2.53)	(0.02)						
Maxgdp			0.004*	0.004				
			(1.70)	(1.17)				
Maxwgi					0.006*	-0.001		
					(1.95)	(-0.10)		
Maxpm							0.000***	0.000
							(2.70)	(1.50)
Size	0.004	0.006	0.006	0.005	0.006	0.006	0.006	0.005
	(0.98)	(0.95)	(1.41)	(0.84)	(1.37)	(0.96)	(1.49)	(0.87)
Lev	-0.027*	-0.034*	-0.026*	-0.034	-0.026*	-0.034*	-0.026*	-0.035*
	(-1.94)	(-1.67)	(-1.86)	(-1.64)	(-1.87)	(-1.66)	(-1.86)	(-1.71)
Roa	0.348***	0.275***	0.347***	0.276***	0.347***	0.275***	0.347***	0.276***
	(13.50)	(7.12)	(13.43)	(7.14)	(13.45)	(7.12)	(13.39)	(7.14)
Cfo	-0.011	0.016	-0.013	0.015	-0.013	0.016	-0.013	0.015
	(-0.56)	(0.55)	(-0.65)	(0.52)	(-0.64)	(0.55)	(-0.68)	(0.52)
BM	0.010	0.018	0.010	0.018	0.010	0.018	0.010	0.018
	(1.11)	(1.32)	(1.09)	(1.28)	(1.09)	(1.32)	(1.06)	(1.28)

Variables	ESG_mean							
	有海外背景高管	无海外背景高管	有海外背景高管	无海外背景高管	有海外背景高管	无海外背景高管	有海外背景高管	无海外背景高管
	(1)	(2)	(1)	(4)	(1)	(6)	(1)	(8)
Intangibility	0.023	0.025	0.030	0.025	0.028	0.026	0.029	0.024
	(0.44)	(0.34)	(0.58)	(0.34)	(0.55)	(0.35)	(0.56)	(0.32)
Board	−0.002	−0.034*	−0.002	−0.034*	−0.002	−0.034*	−0.003	−0.033*
	(−0.21)	(−1.69)	(−0.15)	(−1.70)	(−0.16)	(−1.69)	(−0.24)	(−1.67)
Dual	0.007**	−0.009*	0.007**	−0.009	0.007**	−0.009*	0.007**	−0.009*
	(2.10)	(−1.66)	(2.07)	(−1.63)	(2.07)	(−1.66)	(2.05)	(−1.66)
Top1	−0.000	0.000	−0.000	0.000	−0.000	0.000	−0.000	0.000
	(−0.32)	(0.94)	(−0.45)	(0.83)	(−0.47)	(0.95)	(−0.47)	(0.88)
IIholder	0.000	−0.000	0.000	−0.000	0.000	−0.000	0.000	−0.000
	(1.19)	(−0.54)	(1.23)	(−0.54)	(1.23)	(−0.53)	(1.17)	(−0.57)
Age	0.013	−0.058*	0.012	−0.057*	0.012	−0.058*	0.011	−0.057*
	(0.75)	(−1.82)	(0.68)	(−1.81)	(0.69)	(−1.82)	(0.63)	(−1.79)
Soe	−0.006	−0.007	−0.006	−0.006	−0.006	−0.007	−0.006	−0.007
	(−0.67)	(−0.56)	(−0.68)	(−0.50)	(−0.68)	(−0.56)	(−0.71)	(−0.58)
Analyst	0.012***	0.008***	0.012***	0.008***	0.012***	0.008***	0.012***	0.008***
	(7.51)	(3.23)	(7.53)	(3.28)	(7.51)	(3.23)	(7.52)	(3.25)
Proenvstr	−0.002	0.000	−0.002	0.001	−0.002	0.000	−0.002	0.001
	(−0.87)	(0.11)	(−0.92)	(0.12)	(−0.93)	(0.11)	(−0.94)	(0.16)
_cons	0.345***	0.596***	0.272***	0.567***	0.308***	0.594***	0.291***	0.592***
	(3.41)	(3.59)	(2.69)	(3.42)	(3.09)	(3.55)	(2.92)	(3.56)
N	6334	3921	6334	3921	6334	3921	6334	3921
Firm	Yes	Yes	Yes	Yes	Yes	Yes	Yes	Yes
Year	Yes	Yes	Yes	Yes	Yes	Yes	Yes	Yes
r2_a	0.589	0.609	0.588	0.609	0.588	0.609	0.589	0.609
Difference	0.002** (p<0.05)		0.000 (p>0.10)		0.007 (p>0.10)		0.000 (p>0.10)	

注：＊＊＊、＊＊和＊分别表示在1%、5%和10%的水平上显著，括号内为 t 值。

6.7 本章小结

环保问题促进了各国政府、投资者、消费者等利益相关者对于企业 ESG 表现的关注。本章基于中国企业对外直接投资的场景，探究了东道国制度环境对于第三方 ESG 评级的影响。

本章研究发现，企业进行对外直接投资还影响了非财务机构对于企业行为的认知。企业进行对外直接投资显著提高了其 ESG 评级，表明企业进行对外直接投资提高了第三方评级机构对企业 ESG 表现的评价。东道国制度环境包括东道国经济发展、国家治理和环境规制与企业第三方 ESG 评级显著正相关，表明东道国制度环境差异带来的经营风险和外来者劣势激发了对外直接投资企业践行可持续性发展理论的内在动力，向外界传递了积极的信号，从而改善了资本市场非财务分析师对企业行为的认知，有助于企业第三方 ESG 评级的提升。在经过稳健性检验，以及处理内生性问题后，本章的研究结论仍然成立。

进一步分析发现，除东道国经济发展水平外，对外直接投资、东道国国家治理和东道国环境规制均与第三方 ESG 评级覆盖显著正相关，表明进行对外直接投资以及更高的国家治理和环境规制压力会吸引更多第三方评级机构的关注，从而使对外直接投资企业具有更多的第三方评级机构覆盖数。且仅有企业进行对外直接投资加剧了第三方评级机构对于企业的评级分歧，而东道国制度环境尚未对第三方 ESG 评级分歧表现出显著的影响。异质性分析从企业特征和行业特征的角度验证了对外直接投资企业的声誉动机和信号传递动机，发现在重污染行业、海外投资年限短和有海外背景高管的企业中，东道国制度环境对于第三方 ESG 评级的积极影响更强。

本章的研究结论表明，复杂的国际制度环境能够影响非财务机构对于企业行为的认知。海外经营风险和利益相关者关注在一定程度上能够促进企业改善其实质性环保行为和信息环境，从而获得第三方评级机构更高的 ESG 评价。基于此，引导企业将 ESG 理念纳入自身经营投资中，深刻理解可持续发展对于企业转型升级的重要作用，将有助于企业全面改善自身的 ESG 行为表现，有效抵御环保风险。同时，在全球推进可持续发展的时代背景下，积极主动地构建系统的 ESG 发展框架，能够为企业应对国际环境风险提供坚实的基础，帮助企业在国际投资中形成竞争优势。

7 研究结论、启示与展望

本章针对全书的研究结论进行回顾和总结，并结合我国上市公司对外直接投资现状及其面临的东道国制度环境现状提出有针对性的政策建议，最后对全书存在的不足以及未来可能进一步探索的研究问题进行分析和梳理。

7.1 研究结论

本书基于手工整理的东道国制度环境数据、企业对外直接投资分布数据和企业环保行为相关数据，研究东道国制度环境对于对外直接投资企业环保行为的影响，主要的研究结论归纳如下：

第一，企业进行对外直接投资显著促进了绿色创新；东道国的经济发展、国家治理和环境规制显著提高了对外直接投资企业的绿色创新水平，表明东道国制度环境的差异性会切实影响对外直接投资企业进行绿色创新的动机，对企业的绿色创新水平产生差异性影响。进一步从绿色创新的不同类别，如绿色发明专利和绿色实用新型专利，以及绿色创新的方向，如源头管控创新和末端治理创新角度进行分析，发现东道国制度环境对不同类型和方向的绿色创新均具有显著的积极影响。异质性分析发现，在重污染行业、海外投资年限短以及有海外背景高管的企业中，东道国制度环境对绿色创新的积极影响更强，验证了对外直接投资企业改善绿色创新表现的风险管理动机和合法性动机。此外，绿色创新对于企业未来的海外盈利和企业价值具有积极作用，而对短期价值的提升没有显著的影响。且东道国经济发展及国家治理水平均能够增强绿色创新对于企业海外盈利和市场价值的积极作用，但东道国的环境规制强度则会削弱绿色创新对市场价值的促进作用，表明在较强环境规制下，绿色创新仍有利于企业长期价值的提升，但强环境规制会抑制投资者对绿色创新企业长期价值的增量预期。

第二，企业进行对外直接投资显著提高了其发布 ESG 报告的概率并提高了 ESG 信息披露的项目数；东道国制度环境是影响对外直接投资企业 ESG 信息披露的重要机制，东道国经济发展、国家治理和环境规制等制度环境差异增加了企业的经营风险和外来者劣势，从而提高了对外直接投资企业的 ESG 信息披露水平，表明东道国制度环境的差异会切实影响对外直接投资企业的非财务信息披露决策。进一步分析发现，东道国制度环境对于 ESG 信息披露特征的影响主要体现为 ESG 报告页数的增长，并提高了企业对 ESG 报告进行鉴证和按照 GRI 标准进行信息披露的可能性。从东道国制度环境的具体维度来看，东道国的环境规制对于以上 ESG 信息披露特征具有显著的促进作用。异质性分析发现，在重污染行业、海外投资年限较短、具有海外背景高管的对外直接投资企业中，东道国制度环境对 ESG 信息披露的积极影响更强，验证了对外直接投资企业进行 ESG 信息披露的风险管理动机和信号传递动机。

第三，企业进行对外直接投资显著提高了其 ESG 评级；东道国经济发展、国家治理和环境规制与企业 ESG 评级显著正相关，表明东道国制度环境差异带来的经营风险和外来者劣势激发了对外直接投资企业践行可持续性发展理念的内在动力，促进了企业 ESG 评级的提升。进一步分析发现，东道国制度环境通过促进企业绿色创新及进行更多的 ESG 信息披露，改善了企业的环境表现，从而促进了企业 ESG 评级的提升。此外，从 ESG 评级分歧的视角发现，企业高质量信息披露能够显著缓解对外直接投资、东道国制度环境对于 ESG 评级分歧的正向作用。异质性分析从企业和行业特征的角度验证了对外直接投资企业提高 ESG 评级的声誉动机和风险管理动机，发现在重污染行业、海外投资年限短和有海外背景高管的企业中，东道国制度环境对于 ESG 评级的积极影响更强。

7.2　研究启示

全球性的生态环境问题正给人类的生存与发展带来前所未有的挑战，推动了世界各国积极构建和完善全球环境治理体系。时代命题下，我国政府、东道国政府、企业、资本市场中介机构及其他利益相关者应当携手参与、建设和完善环境治理体系，明确各利益主体的定位，协调各利益主体的关系，引导资源进行合理配置，共同推动生态文明建设。据此，本书提出如下建议：

7.2.1 对我国政府的建议

我国政府应加快对外直接投资立法，从法律上规范对外直接投资企业的行为和选择。目前，我国上市公司进行对外直接投资的占比较低，政府应该积极出台相关优惠及帮扶政策，引导企业开展对外直接投资，帮助企业把控、缓解海外投资风险，助力跨国经营企业通过海外市场为国内大循环赋能。

此外，我国政府应完善我国的环境治理体系并提高我国在国际上的制度环境评分，为企业进行对外直接投资提供制度优势。我国应努力提升在国际制度环境评价中的国际地位。

7.2.2 对东道国政府的建议

东道国政府应提高识别对外直接投资企业进行对外直接投资动机的能力，加强风险管控。有的企业开展对外直接投资可能是为了进行污染转移，而有的企业的对外直接投资能够在带来经济利益的同时有助于东道国的环境治理。因此，东道国政府应在完善本国制度环境体系的同时，提高对负责任的对外直接投资企业的政策优惠和制度支持，引导企业开展有利于东道国发展的生产经营活动，实现对外直接投资企业与东道国发展的双赢。

此外，东道国政府应该规范和完善本国的正式制度环境，引导并形成良好的非正式制度环境，为对外直接投资企业提供良好的经营环境。东道国制度环境也成为影响对外直接投资企业开展经营活动的关键要素，东道国政府应在进行制度监管的同时引导企业主动承担环境责任。

7.2.3 对企业的建议

企业应该积极承担环境责任，培育可持续发展能力，构建绿色竞争优势。在绿色经济浪潮席卷全球的当下，绿色、环保、可持续成为各国政府、投资者、消费者等利益相关者共同追逐的目标。对外直接投资企业如何防范化解日益增长的环保风险，将影响着企业的长期发展甚至是正常的经营和生产。因此，企业环保理念的培养及可持续发展体系的建立显得尤为重要。企业应积极承担战略性企业社会责任，包括进行环保投资、实施绿色和可持续发展战略、积极改善环境绩效等，不仅能够向外部利益相关者传递企业具有责任担当的积极信号，还有助于建立良好的企业形象，缓解企业的融资约束、降低企业的资本成本，从而有利于企业长期价值的提升。

7.2.4 对资本市场中介机构的建议

资本市场第三方评级机构应该优化 ESG 评级标准，提高对企业的覆盖程度，降低 ESG 评级分歧，提高其市场软监管的作用。目前，ESG 评级机构的评级指标和评级标准各不相同，由此产生的 ESG 评级分歧也给投资者和其他利益相关者带来了困惑。ESG 评级机构应该在 ESG 信息披露制度的基础上，进一步提高其 ESG 评级的可比性，降低评级分歧，正确识别对外直接投资企业的海外投资风险，正确评价对外直接投资企业的行为表现。

7.2.5 对其他利益相关者的建议

消费者应注重培养自身环保意识。在购买产品时，消费者不仅应该考虑产品的功能价值，也应考虑产品能否给生态环境带来益处，进而从消费端推动绿色供应链的建设和发展。

投资者应该倡导 ESG 投资理念，提高对企业环境问题的关注，追求经济效益与社会效益的双赢。充分利用企业的 ESG 信息披露，合理运用资本市场第三方评级机构的评级结果，关注并识别企业的环保行为，做出高效的投资决策。

7.3 研究局限与研究展望

本书分析了东道国制度环境对于对外直接投资企业环保行为的影响。利用手工收集整理的东道国制度环境数据、企业对外直接投资数据和多种研究方法进行检验和分析，力求能够全面、深入地探讨东道国制度环境对于对外直接投资企业环保行为的影响，并结合企业的自身特征分析异质性，但受自身研究能力和研究视角等因素的限制，本书可能存在以下的不足：

第一，研究视角问题。在探讨东道国制度环境对于企业环保行为影响时，本书选择了绿色创新、ESG 信息披露及第三方 ESG 评级三个视角加以分析，这三个方面重点体现了企业在环保方面的实践、信息披露及综合表现。然而，东道国制度环境对企业环保行为的影响不仅局限于这三个方面，研究情境还有待丰富和扩充，如东道国制度环境对对外直接投资企业环保投资的影响、东道国制度环境对对外直接投资企业绿色并购的影响……甚至是拓展到更宏观的视角。此外，不同的视角之间也可能存在交互影响，本书尚未对这些潜在视角进行分析和探讨，这些问题有待未来进行进一步探索。后续研究可以通过收集企业的环保投资、绿色并购等数据，深入探究东道国制度环境对于企业的其他环保行为的影响及作用机制。

第二，研究样本的选择问题。本书的样本主要涉及企业的对外直接投资分布数据、东道国制度环境数据以及企业的环保行为相关数据。在企业对外直接投资的海外子公司和东道国制度环境数据方面，由于不能清晰地观测到部分子公司的去向，且部分东道国的制度环境数据存在缺失，本书未纳入这类研究样本。关于企业的 ESG 信息披露数据，这部分数据属于企业自愿披露信息的范畴，由于企业信息披露和数据可获得性等问题，一些企业的 ESG 信息披露数据缺失，因而未将它们纳入研究样本。虽然本书采取了倾向得分匹配等技术手段加以缓解，但由于企业信息披露缺失造成的样本问题仍无法完全避免。未来的研究可以使用更加全面的数据检索方法，通过其他途径来获取相关数据，如将检索范围拓展到企业的临时公告、子公司财务报表及子公司公告等方面，扩展样本的收集范围，从而在一定程度上缓解由于企业信息披露问题导致的样本选择问题。

第三，研究维度问题。本书采取公司—年度样本，即每个公司在每一年的观测值，主要探究了东道国制度环境对于企业环保行为的影响，但并未深入探究东道国制度环境对于每个子公司环保行为的影响。由于无法观测到企业子公司在东道国的环保行为相关数据，因此本书从母公司层面分析东道国制度环境对于企业的影响。因此，未来研究可以通过手工收集子公司的环保行为数据，进一步分析和讨论东道国制度环境影响子公司环保行为的理论逻辑和作用机制，更全面地对比和揭示差异性东道国制度环境在子公司及其母公司绿色转型中扮演的角色。

参考文献

［1］白俊红，刘宇英．对外直接投资能否改善中国的资源错配［J］．中国工业经济，2018（1）：60-78.

［2］包群，陈媛媛，宋立刚．外商投资与东道国环境污染：存在倒 U 型曲线关系吗？［J］．世界经济，2010，33（1）：3-17.

［3］毕茜，彭珏，左永彦．环境信息披露制度、公司治理和环境信息披露［J］．会计研究，2012（7）：39-47+96.

［4］蔡冬青，刘厚俊．中国 OFDI 反向技术溢出影响因素研究——基于东道国制度环境的视角［J］．财经研究，2012，38（5）：59-69.

［5］曹霞，于娟．绿色低碳视角下中国区域创新效率研究［J］．中国人口·资源与环境，2015，25（5）：10-19.

［6］曾颖，陆正飞．信息披露质量与股权融资成本［J］．经济研究，2006（2）：69-79+91.

［7］陈琳，房超，田素华，等．全球生产链嵌入位置如何影响中国企业的对外直接投资？［J］．财经研究，2019，45（10）：86-99.

［8］陈培如，冼国明．中国对外直接投资的逆向技术溢出效应——基于二元边际的视角［J］．科研管理，2020，41（4）：1-10.

［9］戴翔，王如雪．"一带一路"倡议与对外直接投资："五通"作用机制分析［J］．财经研究，2022，48（4）：79-93.

［10］邓明．制度距离、"示范效应"与中国 OFDI 的区位分布［J］．国际贸易问题，2012（2）：123-135.

［11］翟胜宝，程妍婷，许浩然，童丽静，曹蕾．媒体关注与企业 ESG 信息披露质量［J］．会计研究，2022（8）：59-71.

［12］杜龙政，林润辉．对外直接投资、逆向技术溢出与省域创新能力——基于中国省际面板数据的门槛回归分析［J］．中国软科学，2018（1）：149-162.

［13］傅超，吉利．诉讼风险与公司慈善捐赠——基于"声誉保险"视角的

解释 [J]. 南开管理评论, 2017, 20 (2): 108-121.

[14] 高勇强, 陈亚静, 张云均. "红领巾" 还是 "绿领巾": 民营企业慈善捐赠动机研究 [J]. 管理世界, 2012 (8): 106-114+146.

[15] 龚梦琪, 刘海云. 中国工业行业双向 FDI 的环境效应研究 [J]. 中国人口·资源与环境, 2018, 28 (3): 128-138.

[16] 郭进. 环境规制对绿色技术创新的影响——"波特效应" 的中国证据 [J]. 财贸经济, 2019, 40 (3): 147-160.

[17] 韩晓祎, 许雯雯. 市场型环境规制的要素收入分配效应: 谁承担了环境治理的成本 [J]. 财贸经济, 2023, 44 (5): 126-143.

[18] 何青, 庄朋涛. 共同机构投资者如何影响企业 ESG 表现? [J]. 证券市场导报, 2023, 368 (3): 3-12.

[19] 侯艳辉, 李硕硕, 郝敏, 饶卫振. 市场绿色压力对知识型企业绿色创新行为的影响 [J]. 中国人口·资源与环境, 2021, 31 (1): 100-110.

[20] 胡洁, 韩一鸣, 钟咏. 企业数字化转型如何影响企业 ESG 表现——来自中国上市公司的证据 [J]. 产业经济评论, 2023, 54 (1): 105-123.

[21] 胡珺, 黄楠, 沈洪涛. 市场激励型环境规制可以推动企业技术创新吗?——基于中国碳排放权交易机制的自然实验 [J]. 金融研究, 2020 (1): 171-189.

[22] 胡珺, 宋献中, 王红建. 非正式制度、家乡认同与企业环境治理 [J]. 管理世界, 2017 (3): 76-94+187-188.

[23] 胡珺, 汤泰劼, 宋献中. 企业环境治理的驱动机制研究: 环保官员变更的视角 [J]. 南开管理评论, 2019, 22 (2): 89-103.

[24] 黄敏学, 李小玲, 朱华伟. 企业被 "逼捐" 现象的剖析: 是大众 "无理" 还是企业 "无良"? [J]. 管理世界, 2008 (10): 115-126.

[25] 黄伟, 陈钊. 外资进入、供应链压力与中国企业社会责任 [J]. 管理世界, 2015 (2): 91-100+132.

[26] 吉利, 刘钟敏. 战略性企业社会责任目标融入的管理会计系统构建 [J]. 管理会计研究, 2018, 1 (1): 26-38+95.

[27] 吉利, 牟佳琪, 董雅浩. 环境规制、异质性企业环保投入策略与审计费用 [J]. 财经论丛, 2022 (3): 56-67.

[28] 吉利, 苏朦. 企业环境成本内部化动因: 合规还是利益?——来自重污染行业上市公司的经验证据 [J]. 会计研究, 2016 (11): 69-75+96.

[29] 吉利, 王泰玮, 魏静. 企业社会责任 "类保险" 作用情境及机制——基于新环保法发布的事件研究 [J]. 会计与经济研究, 2018, 32 (2): 21-37.

[30] 贾妮莎,韩永辉,雷宏振. 中国企业对外直接投资的创新效应研究 [J]. 科研管理, 2020, 41 (5): 122-130.

[31] 蒋冠宏,蒋殿春. 中国工业企业对外直接投资与企业生产率进步 [J]. 世界经济, 2014, 37 (9): 53-76.

[32] 蒋冠宏,蒋殿春. 中国企业对外直接投资的"出口效应" [J]. 经济研究, 2014, 49 (5): 160-173.

[33] 蒋冠宏. 制度差异、文化距离与中国企业对外直接投资风险 [J]. 世界经济研究, 2015 (8): 37-47+127-128.

[34] 孔群喜,王紫绮,蔡梦. 对外直接投资提高了中国经济增长质量吗 [J]. 财贸经济, 2019, 40 (5): 96-111.

[35] 雷雷,张大永,姬强. 共同机构持股与企业 ESG 表现 [J]. 经济研究, 2023, 58 (4): 133-151.

[36] 黎文靖. 所有权类型、政治寻租与公司社会责任报告:一个分析性框架 [J]. 会计研究, 2012, 291 (1): 81-88+97.

[37] 李勃昕,韩先锋,李辉. "引进来"与"走出去"的交互创新溢出研究 [J]. 科研管理, 2021, 42 (8): 122-130.

[38] 李勃昕,韩先锋,李宁. 知识产权保护是否影响了中国 OFDI 逆向创新溢出效应? [J]. 中国软科学, 2019 (3): 46-60.

[39] 李磊,白道欢,冼国明. 对外直接投资如何影响了母国就业?——基于中国微观企业数据的研究 [J]. 经济研究, 2016, 51 (8): 144-158.

[40] 李青原,肖泽华. 异质性环境规制工具与企业绿色创新激励——来自上市企业绿色专利的证据 [J]. 经济研究, 2020, 55 (9): 192-208.

[41] 李四海,李晓龙,宋献中. 产权性质、市场竞争与企业社会责任行为——基于政治寻租视角的分析 [J]. 中国人口·资源与环境, 2015, 25 (1): 162-169.

[42] 吕明晗,徐光华,沈弋. 货币政策与企业环保投资行为——我国重污染行业上市公司的证据 [J]. 经济管理, 2019, 41 (11): 55-71.

[43] 吕明晗,徐光华,沈弋等. 异质性债务治理、契约不完全性与环境信息披露 [J]. 会计研究, 2018 (5): 67-74.

[44] 林斌,饶静. 上市公司为什么自愿披露内部控制鉴证报告?——基于信号传递理论的实证研究 [J]. 会计研究, 2009, 256 (2): 45-52+93-94.

[45] 刘柏,卢家锐,琚涛. 形式主义还是实质主义:ESG 评级软监管下的绿色创新研究 [J]. 南开管理评论, 2023, 26 (5): 16-28.

[46] 刘东丽,刘宏. 中国对外直接投资对创新能力的影响研究——基于供

给侧结构改革视角 [J]. 国际商务（对外经济贸易大学学报），2017（6）：98-108.

[47] 刘金科，肖翊阳. 中国环境保护税与绿色创新：杠杆效应还是挤出效应？[J]. 经济研究，2022，57（1）：72-88.

[48] 刘玉博，吴万宗. 中国 OFDI 与东道国环境质量：影响机制与实证检验 [J]. 财贸经济，2017，38（1）：99-114.

[49] 卢建词，姜广省. CEO 绿色经历能否促进企业绿色创新？[J]. 经济管理，2022，44（2）：106-121.

[50] 吕英，王正斌，安世民. 女性董事影响企业社会责任的理论基础和实证研究述评 [J]. 外国经济与管理，2014，36（8）：14-22+32.

[51] 马光荣，程小萌，杨恩艳. 交通基础设施如何促进资本流动——基于高铁开通和上市公司异地投资的研究 [J]. 中国工业经济，2020（6）：5-23.

[52] 马骏，朱斌，何轩. 家族企业何以成为更积极的绿色创新推动者？——基于社会情感财富和制度合法性的解释 [J]. 管理科学学报，2020，23（9）：31-60.

[53] 马文杰，余伯健. 企业所有权属性与中外 ESG 评级分歧 [J]. 财经研究，2023，49（6）：124-136.

[54] 毛其淋，许家云. 中国企业对外直接投资是否促进了企业创新 [J]. 世界经济，2014，37（8）：98-125.

[55] 蒙奕铭，曲海慧，高文书. "一带一路"倡议下东道国人力资本对中国 OFDI 的影响研究 [J]. 中国软科学，2022，382（10）：142-153.

[56] 明秀南，阎虹戎，冼国明. 对外直接投资对企业创新的影响分析 [J]. 南方经济，2019（8）：39-55.

[57] 聂飞. 中国对外直接投资推动了制造业服务化吗?：基于国际产能合作视角的实证研究 [J]. 世界经济研究，2020（8）：86-100+137.

[58] 欧阳艳艳，黄新飞，钟林明. 企业对外直接投资对母国环境污染的影响：本地效应与空间溢出 [J]. 中国工业经济，2020（2）：98-121.

[59] 潘镇，殷华方，鲁明泓. 制度距离对于外资企业绩效的影响——一项基于生存分析的实证研究 [J]. 管理世界，2008（7）：103-115.

[60] 齐绍洲，林屾，崔静波. 环境权益交易市场能否诱发绿色创新？——基于我国上市公司绿色专利数据的证据 [J]. 经济研究，2018，53（12）：129-143.

[61] 邵朝对，苏丹妮，杨琦. 外资进入对东道国本土企业的环境效应：来自中国的证据 [J]. 世界经济，2021（3）：32-60.

［62］沈洪涛，冯杰．舆论监督、政府监管与企业环境信息披露［J］．会计研究，2012（2）：72-78+97.

［63］沈洪涛，周艳坤．环境执法监督与企业环境绩效：来自环保约谈的准自然实验证据［J］．南开管理评论，2017，20（6）：73-82.

［64］沈洪涛．公司特征与公司社会责任信息披露——来自我国上市公司的经验证据［J］．会计研究，2007（3）：9-16+93.

［65］沈能，刘凤朝．高强度的环境规制真能促进技术创新吗？：基于波特假说的再检验［J］．中国软科学，2012（4）：49-59.

［66］石军伟，胡立君，付海艳．企业社会责任、社会资本与组织竞争优势：一个战略互动视角——基于中国转型期经验的实证研究［J］．中国工业经济，2009（11）：87-98.

［67］宋德勇，朱文博，丁海．企业数字化能否促进绿色技术创新？——基于重污染行业上市公司的考察［J］．财经研究，2022，48（4）：34-48.

［68］苏二豆，薛军．服务型对外直接投资与企业产出［J］．国际贸易问题，2021（1）：143-159.

［69］苏二豆，薛军．服务型对外直接投资与中国企业出口［J］．产业经济研究，2020（2）：1-15.

［70］苏仙红，李艳梅，李云燕．中国 OFDI 对"一带一路"国家经济增长的主要作用路径研究［J］．国际贸易，2023，495（3）：63-75.

［71］谭劲松，宋顺林，吴立扬．公司透明度的决定因素——基于代理理论和信号理论的经验研究［J］．会计研究，2010（4）：26-33+95.

［72］谭雪．行业竞争、产权性质与企业社会责任信息披露——基于信号传递理论的分析［J］．产业经济研究，2017，88（3）：15-28.

［73］唐国平，李龙会，吴德军．环境管制、行业属性与企业环保投资［J］．会计研究，2013（6）：83-89+96.

［74］唐国平，李龙会．股权结构、产权性质与企业环保投资——来自中国A股上市公司的经验证据［J］．财经问题研究，2013（3）：93-100.

［75］陶锋，赵锦瑜，周浩．环境规制实现了绿色技术创新的"增量提质"吗——来自环保目标责任制的证据［J］．中国工业经济，2021，395（2）：136-154.

［76］陶莹，董大勇．媒体关注与企业社会责任信息披露关系研究［J］．证券市场导报，2013，256（11）：20-26+33.

［77］田丹，于奇．高层管理者背景特征对企业绿色创新的影响［J］．财经问题研究，2017，403（6）：108-113.

[78] 王锋正，陈方圆. 董事会治理、环境规制与绿色技术创新——基于我国重污染行业上市公司的实证检验 [J]. 科学学研究，2018，36（2）：361-369.

[79] 王锋正，郭晓川. 环境规制强度对资源型产业绿色技术创新的影响——基于 2003—2011 年面板数据的实证检验 [J]. 中国人口·资源与环境，2015，25（S1）：143-146.

[80] 王桂军，张辉. "一带一路"与中国 OFDI 企业 TFP：对发达国家投资视角 [J]. 世界经济，2020，43（5）：49-72.

[81] 王海妹，吕晓静，林晚发. 外资参股和高管、机构持股对企业社会责任的影响——基于中国 A 股上市公司的实证研究 [J]. 会计研究，2014，322（8）：81-87+97.

[82] 王娟茹，张渝. 环境规制、绿色技术创新意愿与绿色技术创新行为 [J]. 科学学研究，2018，36（2）：352-360.

[83] 王丽，张岩. 对外直接投资与母国产业结构升级之间的关系研究——基于 1990～2014 年 OECD 国家的样本数据考察 [J]. 世界经济研究，2016（11）：60-69+136.

[84] 王琳璘，廉永辉，董捷. ESG 表现对企业价值的影响机制研究 [J]. 证券市场导报，2022，358（5）：23-34.

[85] 王恕立，向姣姣. 制度质量、投资动机与中国对外直接投资的区位选择 [J]. 财经研究，2015，41（5）：134-144.

[86] 王小平. 政府采购能提升企业 ESG 吗？[J]. 产业经济评论，2023（6）：81-100.

[87] 王馨，王营. 环境信息公开的绿色创新效应研究——基于《环境空气质量标准》的准自然实验 [J]. 金融研究，2021，496（10）：134-152.

[88] 王旭，王非. 无米下锅抑或激励不足？政府补贴、企业绿色创新与高管激励策略选择 [J]. 科研管理，2019，40（7）：131-139.

[89] 王永钦，杜巨澜，王凯. 中国对外直接投资区位选择的决定因素：制度、税负和资源禀赋 [J]. 经济研究，2014，49（12）：126-142.

[90] 王禹，王浩宇，薛爽. 税制绿色化与企业 ESG 表现——基于《环境保护税法》的准自然实验 [J]. 财经研究，2022，48（9）：47-62.

[91] 王贞洁，王惠. 低碳城市试点政策与企业高质量发展——基于经济效率与社会效益双维视角的检验 [J]. 经济管理，2022，44（6）：43-62.

[92] 王竹君，魏婕，任保平. 异质型环境规制背景下双向 FDI 对绿色经济效率的影响 [J]. 财贸研究，2020，31（3）：1-16.

[93] 吴崇，薄思怡，黄彩虹. 制度同构下的国际合资对企业创新绩效的影

响［J］．科研管理，2021，42（2）：100-111．

［94］吴建祖，华欣意．高管团队注意力与企业绿色创新战略——来自中国制造业上市公司的经验证据［J］．科学学与科学技术管理，2021，42（9）：122-142．

［95］吴小节，马美婷，汪秀琼．制度差异方向、关系网络与跨国投资区位选择［J］．管理工程学报，2023，37（1）：31-46．

［96］武春友，吴获．市场导向下企业绿色管理行为的形成路径研究［J］．南开管理评论，2009，12（6）：111-120．

［97］谢红军，吕雪．负责任的国际投资：ESG与中国OFDI［J］．经济研究，2022，57（3）：83-99．

［98］徐佳，崔静波．低碳城市和企业绿色技术创新［J］．中国工业经济，2020，393（12）：178-196．

［99］许松涛，魏宇琼，董梦园等．CEO开放性特征与重污染行业企业绿色创新［J］．华东经济管理，2022，36（10）：43-55．

［100］杨果，郑强．中国对外直接投资对母国环境污染的影响［J］．中国人口·资源与环境，2021，31（6）：57-66．

［101］杨连星，沈超海，殷德生．对外直接投资如何影响企业产出［J］．世界经济，2019，42（4）：77-100．

［102］杨其静，谭曼．中国企业对外直接投资的区位选择——基于专用性投资与比较制度优势的视角［J］．财贸经济，2022，43（5）：52-65．

［103］杨世迪，刘亚军．中国对外直接投资能否提升区域绿色创新效率——基于知识产权保护视角［J］．国际经贸探索，2021，37（2）：83-98．

［104］杨子晖，田磊．"污染天堂"假说与影响因素的中国省际研究［J］．世界经济，2017，40（5）：148-172．

［105］叶陈刚，王孜，武剑锋等．外部治理、环境信息披露与股权融资成本［J］．南开管理评论，2015，18（5）：85-96．

［106］叶娇，赵云鹏．对外直接投资与逆向技术溢出——基于企业微观特征的分析［J］．国际贸易问题，2016，397（1）：134-144．

［107］伊晟，薛求知．绿色供应链管理与绿色创新——基于中国制造业企业的实证研究［J］．科研管理，2016，37（6）：103-110．

［108］尹东东，张建清．我国对外直接投资逆向技术溢出效应研究——基于吸收能力视角的实证分析［J］．国际贸易问题，2016（1）：109-120．

［109］余东华，张明志．"异质性难题"化解与碳排放EKC再检验——基于门限回归的国别分组研究［J］．中国工业经济，2016，340（7）：57-73．

［110］俞可平．中国公民社会：概念、分类与制度环境［J］．中国社会科学，2006（1）：109-122+207-208.

［111］张海伟，郑林雨，陈胜发．东道国制度质量与中国对外直接投资——基于"一带一路"视角［J］．华东经济管理，2022，36（1）：53-63.

［112］张建，李占风．对外直接投资促进了中国绿色全要素生产率增长吗——基于动态系统 GMM 估计和门槛模型的实证检验［J］．国际贸易问题，2020（7）：159-174.

［113］张建红，周朝鸿．中国企业走出去的制度障碍研究——以海外收购为例［J］．经济研究，2010，45（6）：80-91+119.

［114］张娟，耿弘，徐功文等．环境规制对绿色技术创新的影响研究［J］．中国人口·资源与环境，2019，29（1）：168-176.

［115］张旭，宋超，孙亚玲．企业社会责任与竞争力关系的实证分析［J］．科研管理，2010，31（3）：149-157.

［116］张玉明，邢超，张瑜．媒体关注对重污染企业绿色技术创新的影响研究［J］．管理学报，2021，18（4）：557-568.

［117］张正勇，吉利，毛洪涛．公司治理影响社会责任信息披露吗？——来自中国上市公司社会责任报告的经验证据［J］．经济经纬，2012，151（6）：107-111.

［118］张正勇，吉利．企业家人口背景特征与社会责任信息披露——来自中国上市公司社会责任报告的经验证据［J］．中国人口·资源与环境，2013，23（4）：131-138.

［119］赵莉，张玲．媒体关注对企业绿色技术创新的影响：市场化水平的调节作用［J］．管理评论，2020，32（9）：132-141.

［120］赵云辉，陶克涛，李亚慧等．中国企业对外直接投资区位选择——基于 QCA 方法的联动效应研究［J］．中国工业经济，2020，392（11）：118-136.

［121］钟优慧，杨志江．国有企业是否更愿意绿色技术创新？——来自制造业上市公司的实证研究［J］．云南财经大学学报，2021，37（5）：88-98.

［122］周经，王甜．"一带一路"倡议下东道国制度环境与中国企业"走出去"——来自中国对外承包工程的经验证据［J］．财经科学，2020（3）：80-91.

［123］周力，庞辰晨．中国对外直接投资的母国环境效应研究——基于区域差异的视角［J］．中国人口·资源与环境，2013，23（8）：131-139.

［124］周守华，谢知非，徐华新．生态文明建设背景下的会计问题研究［J］．会计研究，2018（10）：3-10.

［125］朱文莉，邓蕾．女性高管真的可以促进企业社会责任履行吗？——基于中国 A 股上市公司的经验证据［J］．中国经济问题，2017，303（4）：119-135.

［126］朱文涛，吕成锐，顾乃华．OFDI、逆向技术溢出对绿色全要素生产率的影响研究［J］．中国人口·资源与环境，2019，29（9）：63-73.

［127］邹萍．儒家文化能促进企业社会责任信息披露吗？［J］．经济管理，2020，42（12）：76-93.

［128］Abhayawansa S. , Tyagi S. Sustainable investing：The black box of environmental, social, and governance（ESG）ratings［J］. Journal of Wealth Management, 2021, 24（1）：49-54.

［129］Adams C. A. , P. McNicholas. Making a difference：Sustainability reporting, accountability and organizational change［J］. Accounting, Auditing and Accountability Journal, 2007, 20（3）：382-402.

［130］Aktas N. , De Bodt E. , Cousin, J. G. Do financial markets care about SRI? Evidence from mergers and acquisitions［J］. Journal of Banking, 2011, 35（7）：1753-1761.

［131］Amendolagine V. , et al. Chinese and Indian MNEs' shopping spree in advanced countries. How good is it for their innovative output?［J］. Journal of Economic Geography, 2018, 18（5）：1149-1176.

［132］Amendolagine V. , Piscitello L. , Rabellotti R. The impact of OFDI in global cities on innovation by Indian multinationals［J］. Applied Economics, 2022, 54（12）：1352-1365.

［133］Amore M. D. , Bennedsen M. Corporate governance and green innovation［J］. Journal of Environmental Economics & Management, 2016（75）：54-72.

［134］Andrews D. , Meyer S. , Kl. E. How much does host country matter, really?［J］. Journal of World Business, 2023, 58（2）：101413.

［135］Angrist J. D. , Pischke J. S. Mostly harmless econometrics：An empiricist's companion［M］. Princeton：Princeton University Press, 2009.

［136］Arena C. , Michelon G. , Trojanowski G. Big egos can be green：A study of CEO hubris and environmental innovation［J］. British Journal of Management, 2017, 29（2）：316-336.

［137］Arizkuren-Eleta A. , Gartzia L. , et al. The influence of managers and organisational profiles in CSR decision-making ideas for implementation in the maritime sector［J］. Journal of Materials Research, 2013, 10（1）：43-50.

［138］Attig N. , Boubakri N. , El Ghoul S. , et al. Firm internationalization and corporate social responsibility ［J］. Journal of Business Ethics, 2016 (134): 171-197.

［139］Avramov D. , Cheng S. , Lioui A. , et al. Sustainable investing with ESG rating uncertainty ［J］. Journal of Financial Economics, 2022, 145 (2): 642-664.

［140］B'enabou, Roland, Jean, et al. Individual and corporate social responsibility ［J］. Economica, 2010 (77): 1-19.

［141］Bai, Y. , Qian, Q. , Jiao, J. , et al. Can environmental innovation benefit from outward foreign direct investment to developed countries? Evidence from Chinese manufacturing enterprises ［J］. Environmental Science and Pollution Research, 2020 (27): 13790-13808.

［142］Ballou B. , Chen P. C. , Grenier J. H. , et al. Corporate social responsibility assurance and reporting quality: Evidence from restatements ［J］. Journal of Accounting and Public Policy, 2018, 37 (2): 167-188.

［143］Baloria V. P. , Klassen K. J. , Wiedman C. I. Shareholder activism and voluntary disclosure initiation: The case of political spending ［J］. Contemporary Accounting Research, 2019, 36 (2): 904-933.

［144］Bansal P. Evolving sustainably: A longitudinal study of corporate sustainable development ［J］. Strategic Management Journal, 2005 (26): 197-218.

［145］Barney J. B. , Hansen M. H. Trustworthiness as a source of competitive advantage ［J］. Strategic Management Journal, 1994 (15): 175-190.

［146］Bartov E. , Marra A. , Momenté F. Corporate social responsibility and the market reaction to negative events: Evidence from inadvertent and fraudulent restatement announcements ［J］. The Accounting Review, 2021, 96 (2): 81-106.

［147］Benitez J. , Ruiz L. , Castillo A. , et al. How corporate social responsibility activities influence employer reputation: The role of social media capability ［J］. Decision Support Systems, 2020 (129): 113223.

［148］Berg F. , Kölbel J. F. , Rigobon R. Aggregate confusion: The divergence of ESG ratingsstrategic ［J］. Review of Finance, 2022, 26 (6): 1315-1344.

［149］Berrone P. , Fosfuri A. , Gelabert L. , et al. Necessity as the mother of "green" inventions: Institutional pressures and environmental innovations ［J］. Strategic Management Journal, 2013, 34 (8): 891-909.

［150］Blacconiere W. G. , Patten D. M. Environmental disclosures, regulatory costs, and changes in firm value ［J］. Journal of Accounting and Economics, 1994,

18 (3): 357-377.

[151] Bonetti P. , H. C. Charles, G. Michelon. Environmental disclosure and the cost of capital: Evidence from the Fukushima nuclear disaster [J]. European Accounting Review, 2023 (5): 1693-1721.

[152] Boone A. , Uysal V. B. Reputational concerns in the market for corporate control [J]. Journal of Corporate Finance, 2020 (61): 101399

[153] Boubakri N. , El Ghoul S. , Wang H. , et al. Cross-listing and corporate social responsibility [J]. Journal of Corporate Finance, 2016 (41): 123-138.

[154] Buckley P. J. , Clegg L. J. , Cross A. R. , et al. International expansion of emerging market businesses the determinants of Chinese outward foreign direct investment [J]. Journal of International Business Studies, 2007, 38 (4): 499-518.

[155] Bui B. , Houqe M. N. , Zaman M. Climate governance effects on carbon disclosure and performance [J]. The British Accounting Review, 2020, 52 (2): 100880.

[156] Byrd J. , K. Hickman, C. R. Baker, et al. Corporate social responsibility reporting in controversial industries [J]. International Review of Accounting, Banking & Finance, 2016, 8 (2/4): 1-14.

[157] Cai Y. , Pan C. H. , Statman M. Why do countries matter so much in corporate social performance? [J]. Journal of Corporate Finance, 2016 (41): 591-609.

[158] Campbell J. , Eden L. , Miller S. Multinationals and corporate social responsibility in host countries: Does distance matter? [J]. Journal of International Business Studies, 2012 (43): 84-106.

[159] Campbell J. L. Why would corporations behave in socially responsible ways? An institutional theory of corporate social responsibility [J]. Academy of Management Review, 2007 (32): 946-967.

[160] Cantwell J. Location and the multinational enterprise [J]. Journal of International Business Studies, 2009, 40 (1): 35-41.

[161] Carroll A. Corporate social responsibility: The centerpiece of competing and complementary frameworks [J]. Organizational Dynamics, 2015 (44): 87-96.

[162] Carroll A. B. A three-dimensional conceptual model of corporate performance [J]. Academy of Management Review, 1979 (4): 497-505.

[163] Chakraborty A. , Gao L. S. , Musa P. Corporate social responsibility and litigation risk: Evidence from securities class action lawsuits [J]. Accounting & Finance, 2023, 63 (2): 1785-1819.

[164] Chakravarthy B. S. Measuring strategic performance [J]. Strategic Management Journal, 1986 (7): 437-458.

[165] Chatterji A. K., Durand R., Levine D. I., et al. Do ratings of firms converge? Implications for managers, investors and strategy researchers [J]. Strategic Management Journal, 2016, 37 (8): 1597-1614.

[166] Cheung Y. L., Kong D., Tan W., et al. Being good when being international in an emerging economy: The case of China [J]. Journal of Business Ethics, 2015, 130 (4): 805-817.

[167] Chi W., Wu S. J., Zheng Z. Determinants and consequences of voluntary corporate social responsibility disclosure: Evidence from private firms [J]. The British Accounting Review, 2020, 52 (6): 100939.

[168] Cho C. H., Patten D. M. The role of environmental disclosures as tools of legitimacy: A research note [J]. Accounting, Organizations and Society, 2007, 32 (7-8): 639-647.

[169] Cho C. H., Guidry R. P., Hageman A. M., et al. Do actions speak louder than words? An empirical investigation of corporate environmental reputation [J]. Accounting, Organizations and Society, 2012, 37 (1), 14-25.

[170] Cho C. H., G. Michelon, D. M. Patten, et al. CSR disclosure: The more things change? [J]. Accounting, Auditing and Accountability Journal, 2018, 28 (1): 14-35.

[171] Choi S., Jung H. Effects of the litigation risk coverage on corporate social responsibility [J]. Applied Economics Letters, 2021, 28 (21): 1836-1841.

[172] Christensen D. M, Serafeim G., Sikochi A. Why is corporate virtue in the eye of the beholder? The case of ESG ratings [J]. The Accounting Review, 2022, 97 (1): 147-175.

[173] Christensen D. M. Corporate accountability reporting and high-profile misconduct [J]. The Accounting Review, 2016, 91 (2): 377-399.

[174] Clarkson P. M., Li Y., Richardson G. D., et al. Revisiting the relation between environmental performance and environmental disclosure: An empirical analysis [J]. Accounting, Organizations and Society, 2008, 33 (4-5): 303-327.

[175] Clarkson P. M., Ponn J., Richardson G. D., et al. A textual analysis of US corporate social responsibility reports [J]. Abacus, 2020, 56 (1): 3-34.

[176] Copeland B. R., Scott T. M. North - south trade and the environment [J]. Quarterly Journal of Economics, 1994 (3): 755-787.

［177］Cormier D., M. Magnan. Environmental reporting management: A continental European perspective ［J］. Journal of Accounting and Public Policy, 2003, 22 (1): 43-62.

［178］Cormier D., M. Magnan, B. V. Velthoven. Environmental disclosure quality in large German companies: Economic incentives, public pressures or institutional conditions? ［J］. European Accounting Review, 2005, 14 (1): 3-39.

［179］Cowen S. S., Ferreri L. B., Parker L. D. The impact of corporate characteristics on social responsibility disclosure: A typology and frequency-based analysis ［J］. Accounting, Organizations and Society, 1987, 12 (2): 111-122.

［180］Dalla Via N., P. Perego. Determinants of conflict minerals disclosure under the Dodd-Frank Act ［J］. Business Strategy and the Environment, 2018, 27 (6): 773-788.

［181］Daude D., E. Stein. The quality of institutions and foreign direct investment ［J］. Economics and Politics, 2007, 19 (3): 317-344.

［182］Delmas M. A., M. W. Toffel. Organizational responses to environmental demands: Opening the black box ［J］. Strategic Management Journal, 2008, 29 (10): 1027-1055.

［183］DesJardine M. R., Marti E., Durand R. Why activist hedge funds target socially responsible firms: The reaction costs of signaling corporate social responsibility ［J］. Academy of Management Journal, 2021, 64 (3): 851-872.

［184］Dhaliwal D. S., Li O. Z., Tsang A., et al. Voluntary nonfinancial disclosure and the cost of equity capital: The initiation of corporate social responsibility reporting ［J］. The Accounting Review, 2011, 86 (1): 59-100.

［185］Donaldson T., Preston L. E. The stakeholder theory of the corporation: Concepts, evidence, and implications ［J］. Academy of Management Review, 1995 (20): 65-91.

［186］Du L. Z., Zhang Z. L., Feng T. W. Linking green customer and supplier integration with green innovation performance: The role of internal integration ［J］. Business Strategy and the Environment, 2018 (27): 1583-1595.

［187］Dyck A., Lins K. V., Roth L., et al. Do institutional investors drive corporate social responsibility? International evidence ［J］. Journal of Financial Economics, 2019, 131 (3): 693-714.

［188］Dyer J. H. Effective interfirm collaboration: How firms minimize transaction costs and maximize transaction value ［J］. Strategic Management Journal,

2015 (18): 535-556.

[189] Easley D. , M. O' Hara. Information and the cost of capital [J]. Journal of Finance, 2004 (59): 1553-1883.

[190] Eden L. , Miller S. R. Distance matters: Liability of foreignness? institutional distance and ownership strategy [J]. Advances in International Management, 2004, 16 (4): 187-221.

[191] Edwin M. Epstein, Dow Votaw. Rationality, legitimacy, responsibility: Search for new directions in business and society [M]. Snata, Monica, CA: Goodyear Publishing Company, 1978.

[192] El Ghoul S. , Guedhami O. , Kwok C. C. , et al. Does corporate social responsibility affect the cost of capital? [J]. Journal of Banking, Finance, 2011 (35): 2388-2406.

[193] Flammer C. Corporate social responsibility and shareholder reaction: The environmental awareness of investors [J]. Academy of Management Journal, 2013 (56): 758-781.

[194] Freeman R. E. Strategic management: A stakeholder approach [M]. Boston: Pittman-Ballinger, 1984.

[195] Freund S. , Nguyen N. H. , Phan, H. V. Shareholder litigation and corporate social responsibility [J]. Journal of Financial and Quantitative Analysis, 2023, 58 (2): 512-542.

[196] Friedman M. The social responsibility of business is to increase its profits [J]. New York Times Magazine, 1970, (September): 173-178.

[197] Fombrun C. Indices of corporate reputation: An analysis of media rankings and social monitors' ratings [J]. Corporate Reputation Review, 1998, 1 (4): 327-340.

[198] Gadenne D. L. , Kennedy J. , Mckeiver C. An empirical study of environmental awareness and practices in SMEs [J]. Journal of Business Ethics, 2009, 84 (1): 45-63.

[199] Gamerschlag R. , K. Möller, F. Verbeeten. Determinants of voluntary CSR disclosure: Empirical evidence from Germany [J]. Review of Managerial Science, 2011, 5 (2-3): 233-262.

[200] Gao F. , Faff R. , Navissi F. Corporate philanthropy: Insights from the 2008 Wenchuan Earthquake in China [J]. Pacific - Basin Finance Journal, 2012 (20): 363-377.

[201] Giannetti M. , Liao G. , Yu X. The brain gain of corporate boards: Evi-

dence from China [J]. Journal of Finance, 2015, 70 (5): 1629-1682.

[202] Gimeno J. , Folta T. B. , Cooper A. C. , et al. Survival of the fittest? Entrepreneurial human capital and the persistence of underperforming firms [J]. Administrative Science Quarterly, 1997 (42): 750-783.

[203] Godfrey P. C. The relationship between corporate philanthropy and shareholder wealth: A risk management perspective [J]. Academy of Management Review, 2005, 30 (4): 777-798.

[204] Gomes M. , Marsat S. Does CSR impact premiums in M&A transactions? [J]. Finance Research Letters, 2018 (26): 71-80.

[205] Grossman G. M. , Krueger A. B. Economic growth and the environment [J]. Quarterly Journal of Economics, 1995, 110 (2): 353-377.

[206] Grougiou V. , E. Dedoulis, S. Leventis. Corporate social responsibility reporting and organizational stigma: The case of "sin" industries [J]. Journal of Business Research, 2016, 69 (2): 905-914.

[207] Gu Y. , Ho K. C. , Xia S. , et al. Do public environmental concerns promote new energy enterprises' development? Evidence from a quasi-natural experiment [J]. Energy Economics, 2002 (109): 105967.

[208] Guloglu B. , Tekin R. B. A panel causality analysis of the relationship among research and development, Innovation, and economic growth in high-income OECD countries [J]. Eurasian Economic Review, 2012 (2): 32-47.

[209] Guo X. , Wang J. Outward foreign direct investment, green financial development, and green total factor productivity: Evidence from China [J]. Environmental Science and Pollution Research (International), 2023 (30): 47485-47500.

[210] Hahn R. , M. Kühnen. Determinants of sustainability reporting: A review of results, trends, theory, and opportunities in an expanding field of research [J]. Journal of Cleaner Production, 2013 (59): 5-21.

[211] Haniffa R. M. , T. E. Cooke. The impact of culture and governance on corporate social reporting [J]. Journal of Accounting and Public Policy, 2005, 24 (5): 391-430.

[212] Hao Y. , et al. Does outward foreign direct investment (OFDI) affect the home country's environmental quality? The case of China [J]. Structural Change and Economic Dynamics, 2020 (52): 109-119.

[213] Heflin F. , D. Wallace. The BP oil spill: Shareholder wealth effects and environmental disclosures [J] . Journal of Business Finance & Accounting, 2017,

44（3/4）：337-374.

[214] Henriques M. No good deed goes unpunished: Growing ESG litigation risks [J]. National Law Review, 2022, 11（159）：53.

[215] Hernndez V., Nieto M. J. The effect of the magnitude and direction of institutional distance on the choice of international entry modes [J]. Journal of World Business, 2015（50）：122-132.

[216] Hoffmann R., Lee C. G., Ramasamy B., et al. FDI and pollution: A granger causality test using panel data [J]. Journal of International Development, 2005, 17（3）：311-317.

[217] Höllerer M. A. From taken-for-granted to explicit commitment: The rise of CSR in a corporatist country [J]. Journal of Management Studies, 2013, 50（4）：573-606.

[218] Hong J., Zhou C. Y., Wu Y. R., et al. Technology gap, reverse technology spillover and domestic innovation performance in outward foreign direct investment: Evidence from China [J]. China & World Economy, 2019（27）：1-23.

[219] Hong H., Kacperczyk M. The price of sin: The effects of social-norms on markets [J]. Journal of Financial Economics, 2009（93）：15-36.

[220] Hornstein A. S., Zhao M. Reaching through the fog: Institutional environment and cross-border giving of corporate foundations [J]. Strategic Management Journal, 2018（39）：2666-2690.

[221] Hottenrott H., Rexh U. S. Policy-induced environmental technology and inventive efforts: Is there a crowding out? [J]. Industry and Innovation, 2015, 22（5）：375-401.

[222] Hsu P. H., Liang H., Matos P. Leviathan inc. and corporate environmental engagement [J]. Management Science, 2021, 69（12）：7151-7882.

[223] Huseynov F., Klamm B. K. Tax avoidance, tax management and corporate social responsibility [J]. Journal of Corporate Finance, 2012, 18（4）：804-827.

[224] Innes R., A. G. Sam. Voluntary pollution reductions and the enforcement of environmental law: An empirical study of the 33/50 program [J]. Journal of Law and Economics, 2008, 51（2）：271-296.

[225] Islam M. A., Van Staden C. J. Social movement NGOs and the comprehensiveness of conflict mineral disclosures: Evidence from global companies [J]. Accounting, Organizations and Society, 2018（65）：1-19.

［226］Jiang L. , Bai Y. Strategic or substantive innovation? The impact of institutional investors' site visits on green innovation evidence from China ［J］. Technology in Society, 2022 (68): 101904.

［227］Joshi S. , Krishnan R. , Lave L. Estimating the hidden costs of environmental regulation ［J］. Accounting Review, 2001, 76 (2): 171−198.

［228］Kim Y. , Park M. S. , Wier B. Is earnings quality associated with corporate social responsibility? ［J］. The Accounting Review, 2012, 87 (3): 761−796.

［229］Kimbrough M. D. , Wang X. , et al. Does voluntary ESG reporting resolve disagreement among ESG rating agencies? ［J］. European Accounting Review, 2022, 33 (1): 15−47.

［230］Kirca A. H. , Hult G. T. M. , et al. A multilevel examination of the drivers of firm multi−nationality: A meta−analysis ［J］. Journal of Management, 2012, 38 (2): 502−530.

［231］Kirkpatrick C. , K. Shimamoto. The effect of environmental regulation on the locational choice of japanese foreign direct investment ［J］. Applied Economics, 2008, 40 (11): 1399−1409.

［232］Kivyiro P. , Arminen H. Carbon dioxide emissions, energy consumption, economic growth, and foreign direct investment: Causality analysis for sub−Saharan Africa ［J］. Energy, 2014 (74): 595−606.

［233］Kolstad I. , Wiig A. What determines Chinese outward ［J］. Journal of World Business, 2012, 47 (1): 26−34.

［234］Kotsantonis S. , Serafeim G. Four things no one will tell you about ESG data ［J］. Journal of Applied Corporate Finance, 2019 (31): 50−58.

［235］Lado A. A. , Wilson M. C. Human resource systems and sustained competitive advantage: A competency−based perspective ［J］. AMR, 2013 (19): 699−727.

［236］Lee J. The contribution of foreign direct investment to clean energy use, carbon emissions and economic growth ［J］. Energy Policy, 2013 (55): 483−489.

［237］Lewis B. W. , J. L. Walls, G. W. S. Dowell. Difference in degrees: CEO characteristics and firm environmental disclosure ［J］. Strategic Management Journal, 2014, 35 (5): 712−722.

［238］Li Z. , Wang P. , Wu T. Do foreign institutional investors drive corporate social responsibility? Evidence from listed firms in China ［J］. Journal of Business Finance & Accounting, 2020, 48 (1−2): 338−373.

［239］Liang H. , Renneboog L. On the foundations of corporate social responsibility [J]. The Journal of Finance, 2017, 72 (2): 853-910.

[240] Lins K. V. , Servaes H. , Tamayo A. Social capital, trust, and firm performance: The value of corporate social responsibility during the financial crisis [J]. Journal of Finance, 2017 (72): 1785-1824.

[241] Liu M. , Marshall A. , McColgan P. Foreign direct investments: The role of corporate social responsibility [J]. Journal of Multinational Financial Management, 2021 (59): 100663.

[242] Long C. , Yang J. What explains Chinese private entrepreneurs' charitable behaviors? A story of dynamic reciprocal relationship between firms and the government [J]. China Economic Review, 2016 (40): 1-16.

[243] Long X. , Chen Y. , Du J. , et al. The effect of environmental innovation behavior on economic and environmental performance of 182 Chinese firms [J]. Journal of Cleaner Production, 2017 (166): 1274-1282.

[244] Lucas R. E. On the mechanics of economic development [J]. Journal of Monetary Economics, 1988 (22): 3-42.

[245] Luo X. R. , Zhang J. , Marquis C. Mobilization in the internet age: Internet activism and corporate response [J]. Academy of Management Journal, 2016 (59): 2045-2068.

[246] Lyon T. P. , Maxwell J. W. Greenwash: Corporate environmental disclosure under threat of audit [J]. Journal of Economics & Management Strategy, 2011 (20): 3-41.

[247] Lys T. , Naughton J. P. , Wang C. Signaling through corporate accountability reporting [J]. Journal of Accounting and Economics, 2015, 60 (1): 56-72.

[248] Makino S. , Isobe T. , Chan C. M. Does country matter? [J]. Strategic Management Journal, 2004, 25 (10): 1027-1043.

[249] Mallin C. , G. Michelon, D. Raggi. Monitoring intensity and stakeholders' orientation: How does governance affect social and environmental disclosure? [J]. Journal of Business Ethics, 2013, 114 (1): 29-43.

[250] Marano V. , Kostova T. Unpacking the institutional complexity in adoption of CSR practices in multinational enterprises [J]. Journal of Management Studies, 2016 (53): 28-54.

[251] Marquis C. , C. Qian. Corporate social responsibility reporting in China: Symbol or substance? [J]. Organization Science, 2014, 25 (1): 127-148.

[252] McCarthy S. , B. Oliver, S. Song. Corporate social responsibility and CEO

confidence [J]. Journal of Banking and Finance, 2017 (75): 280-291.

[253] Melo T. , Garrido-Morgado A. Corporate reputation: A combination of social responsibility and industry [J]. Corporate Social Responsibility and Environmental Management, 2012, 19 (1): 11-31.

[254] Meng X. , Zhu P. Females' social responsibility: The impact of female executives on ESG performance [J]. Applied Economics Letters, 2023, 31 (14): 1292-1297.

[255] Michelon G. , Rodrigue M. , Trevisan E. The marketization of a social movement: Activists, shareholders and CSR disclosure [J]. Accounting, Organizations and Society, 2020 (80): 101074.

[256] Mitchell R. K. , Agle B. R. , Wood D. J. Toward a theory of stakeholder identification and salience: Defining the principle of who and what really counts [J]. Academy of Management Review, 1997 (22): 853-886.

[257] Moser D. V. , Martin P. R. A broader perspective on corporate social responsibility research in accounting [J]. The Accounting Review, 2012, 87 (3): 797-806.

[258] Myers S. C. , N. S. Majluf. Corporate financing and investment decisions when firms have information that investors do not have [J]. Journal of Financial Economics, 1984 (13): 187-221.

[259] Nair S. R. , Demirbag M. , Mellahi K. Reverse knowledge transfer in emerging market multinationals: The Indian context [J]. International Business Review, 2016 (25): 152-164.

[260] Naughton J. P. , Wang C. , Yeung I. Investor sentiment for corporate social performance [J]. The Accounting Review, 2019, 94 (4): 401-420.

[261] Neu D. , Warsame H. , Pedwell K. Managing public impressions: Environmental disclosures in annual reports [J]. Accounting, Organizations and Society, 1998, 23 (3): 265-282.

[262] Parker L. D. Corporate social accountability through action: Contemporary insights from British industrial pioneers [J]. Accounting, Organizations and Society, 2014, 39 (8): 632-659.

[263] Pascual, Berrone, Andrea, et al. Necessity as the mother of "green" inventions: Institutional pressures and environmental innovations [J]. Strategic Management Journal, 2013, 34 (8): 891-909.

[264] Pawliczek A. , Skinner A. N. , Wellman L. A. A new take on voice: The

influence of BlackRock's "Dear CEO" letters [J]. Review of Accounting Studies, 2021, 26 (3): 1088-1136.

[265] Perkins S. E. When does prior experience pay? Institutional experience and the multinational corporation [J]. Administrative Science Quarterly, 2014, 59 (1): 145-181.

[266] Peters G. F., A. M. Romi. The association between sustainability governance characteristics and the assurance of corporate sustainability reports [J]. Auditing: A Journal of Practice & Theory, 2015, 34 (1): 163-198.

[267] Pinnuck M., Ranasinghe A., Soderstrom N., et al. Restatement of CSR reports: Frequency, magnitude, and determinants [J]. Contemporary Accounting Research, 2021, 38 (3): 2376-2416.

[268] Piperopoulos P., Wu J., Wang C. Outward FDI, location choices and innovation performance of emerging market enterprises [J]. Research Policy, 2018, 47 (1): 232-240.

[269] Porter M. E, Linde C. V. D. Toward a new conception of the environment-competitiveness relationship [J]. Journal of Economic Perspectives, 1995, 9 (4): 97-118.

[270] Porter M., Kramer M. The link between competitive advantage and corporate social responsibility [J]. Harvard Business Review, 2006 (84): 78-92.

[271] Porter M. E, Kramer M. Creating shared value [J]. Harvard Business Review, 2011, 89 (1-2): 62-77.

[272] Qiao L., Wu J. Pay for being responsible: The effect of target firm's corporate social responsibility on cross-border acquisition premiums [J]. Sustainability, 2019, 11 (5): 1291.

[273] Rasche A., Gwozdz W., Lund-Larsen M., et al. Which firms leave multi-stakeholder initiatives? An analysis of de-listings from the United Nations global compact [J]. Regulation & Governance, 2022 (16): 309-326.

[274] Reid E. M., M. W. Toffel. Responding to public and private politics: Corporate disclosure of climate change strategies [J]. Strategic Management Journal, 2009, 30 (11): 1157-1178.

[275] Roberts P. W., Dowling G. R. Corporate reputation and sustained superior financial performance: Reputation and persistent profitability [J]. Strategic Management Journal, 2002, 23 (12): 1077-1093.

[276] Romer P. M. Increasing returns and long-run growth [J]. Journal of Politi-

cal Economy, 1986 (94): 1002-1037.

［277］ Romer P. M. Endogenous technological change ［J］. Journal of Political Economy, 1990 (98): 71-102.

［278］ Ryou J. W. , Tsang A. , Wang K. T. Product market competition and voluntary corporate social responsibility disclosures ［J］. Contemporary Accounting Research, 2022, 39 (2): 1215-1259.

［279］ Samant S. , Thakur-Wernz P. , Hatfield D. E. The impact of differences in internationalization processes on innovation by emerging economy firms ［J］. International Journal of Emerging Markets, 2023, 18 (5): 1254-1281.

［280］ Scott W. R. Institutions and organizations ［M］. Thousand Oaks: Sage Publications Inc, 1995.

［281］ Shiu Y. , Yang S. Does engagement in corporate social responsibility provide strategic insurance-like effects? ［J］. Strategic Management Journal, 2017, 38 (2): 455-470.

［282］ Silvestre B. S. , Țîrcă D. M. Innovations for sustainable development: Moving toward a sustainable future ［J］. Journal of Cleaner Production, 2019 (208): 325-332.

［283］ Solomon J. F. , A. Solomon, S. D. Norton, et al. Private climate change reporting: An emerging discourse of risk and opportunity? ［J］. Accounting, Auditing and Accountability Journal, 2011, 24 (8): 1119-1148.

［284］ Su J. , He J. Does giving lead to getting? Evidence from Chinese private enterprises ［J］. Journal of Business Ethics, 2010 (93): 73-90.

［285］ Suchman M. C. . Managing legitimacy: Strategic and institutional approaches ［J］. Academy of Management Review, 1995 (20): 571-610.

［286］ Suttiiee P. , Phapruke U. Corporate social responsibility information disclosure and firm sustainability: A empirical research of thailsited firms ［J］. Journal of International Business and Economics, 2009 (9): 40-59.

［287］ Teoh H. Y. , G. Thong. Another look at corporate social responsibility and reporting: An empirical study in a developing country ［J］. Accounting, Organizations and Society, 1984, 9 (2) 189-206.

［288］ Thakur-Wernz P. , Samant S. , Ghauri P. Impact of international entry choices on the nature and type of innovation: Evidence from emerging economy firms from the Indian biopharmaceutical industry ［J］. International Business Review, 2019, 28 (6): 101601.

[289] Thorne L. , L. S. Mahoney, G. Manetti. Motivations for issuing standalone CSR reports: A survey of Canadian firms [J]. Accounting, Auditing and Accountability Journal, 2014, 27 (4): 686-714.

[290] Truong C. , Nguyen T. H. , Huynh T. Customer satisfaction and the cost of capital [J]. Review of Accounting Studies, 2021, 26 (1): 293-342.

[291] Turban D. B. , Greening D. W. Corporate social performance and organizational attractiveness to prospective employees [J]. AMJ, 1997 (40): 658-672.

[292] Walsh G. , Wiedmann K. -P. A conceptualization of corporate reputation in Germany: An evaluation and extension of the RQ [J]. Corporate Reputation Review, 2004 (6): 304-312.

[293] Walter I. , Ugelow J. L. Environmental policies in developing countries [J]. Ambio, 1979, 8 (2/3): 102-109.

[294] Wang D. , T. , Chen W. Y. Foreign direct investment, institutional development, and environmental externalities: Evidence from China [J]. Journal of Environmental Management, 2014 (135): 81-90.

[295] Wang H. , Qian C. Corporate philanthropy and corporate financial performance: The roles of stakeholder response and political access [J]. Academy of Management Journal, 2011 (54): 1159-1181.

[296] Wickert C. , A. G. Scherer, L. J. Spence. Walking and talking corporate social responsibility: Implications of firm size and organizational cost [J]. Journal of Management Studies, 2016, 53 (7): 1169-1196.

[297] Williams R. J. , Barrett J. D. Corporate philanthropy, criminal activity, and firm reputation: Is there a link? [J]. Journal of Business Ethics, 2000 (26): 341-350.

[298] Wright M. , Liu X. , Buck T. , et al. Returnee entrepreneurs, science park location choice and performance: An analysis of high-technology SMEs in China [J]. Entrepreneurship Theory and Practice, 2008, 32 (1): 131-155.

[299] Wu J. , Liao H. , Wang J. W. , et al. The role of environmental concern in the public acceptance of autonomous electric vehicles: A survey from China [J]. Transportation Research Part F: Traffic Psychology and Behaviour, 2019 (60): 37-46.

[300] Xu H. , Wu Y. The China trade shock and the ESG performances of US firms [EB/OL]. https://arxiv.org/abs/2201.12402.

[301] Yang X. , Rivers C. Antecedents of CSR practices in MNCs' subsidiaries:

A stakeholder and institutional perspective [J]. Journal of Business Ethics, 2009, 86 (S2): 155-169.

[302] Yoon Y., Gürhan-Canli Z., Schwarz N. The effect of corporate social responsibility (CSR) activities on companies with bad reputations [J]. Journal of Consumer Psychology, 2006 (16): 377-390.

[303] Zaheer S. Overcoming the liability of foreignness [J]. Academy of Management Journal, 1995 (38): 341-363.

[304] Zhang, J., H., Zhou, C., H, Ebbers, H. Completion of Chinese overseas acquisitions: Institutional perspectives and evidence [J]. International Business Review, 2011, 20 (2): 226-238.

[305] Zhang J., Kong D., Wu J. Doing good business by hiring directors with foreign experience [J]. Journal of Business Ethics, 2018, 153 (3): 859-876.

[306] Zhang L., Tang Q., Huang R. H. Mind the gap: Is water disclosure a missing component of corporate social responsibility? [J]. The British Accounting Review, 2021, 53 (1): 100940.

[307] Zhang R., Zhu J., Yue H., et al. Corporate philanthropic giving, advertising intensity, and industry competition level [J]. Journal of Business Ethics, 2010 (94): 39-52.

[308] Zhang Y. J., Peng Y. L., Ma C. Q., et al. Can environmental innovation facilitate carbon emissions reduction? Evidence from China [J]. Energy Policy, 2017 (100): 18-28.

[309] Zhao X., Sun B. The influence of Chinese environmental regulation on corporation innovation and competitiveness [J]. Journal of Cleaner Production, 2015, 112 (4): 1528-1536.

[310] Zhao Y., Feng T., Shi H. External involvement and green product innovation: The moderating role of environmental uncertainty [J]. Business Strategy and the Environment, 2018 (27): 1167-1180.

后　记

本书的完成离不开许多人的支持。感谢我的恩师和师兄、师姐、师弟、师妹在研究和写作过程中给予的帮助，经过他们一遍又一遍的阅读、建议和反复修改，最终有了这本书稿。尤其是我的恩师吉利教授，不仅在科研上指点、引导我，在生活上也非常关心我，还时常带着我们团建，开阔眼界、补充知识。每当我在科研上遇到难题、踌躇不前时，老师深入浅出的指点和分析总能让我恍然大悟，再次起航。我深深地折服于老师在学术上的敏锐洞察力和缜密的逻辑思维能力。在工作上，我也从老师的身上学到了许多为人处世的道理，建立了正确的人生观和价值观。于这本书稿而言，恩师给我提出了许多宝贵的修改意见，于我而言，恩师是我人生路上的指路明灯。总之，对于恩师的感激之情无以言表，我将在以后的工作和生活中继续努力奋斗，力争成为像恩师一样博学多才的老师。

感谢西华大学人才引进项目"财务监督还是权益维护？员工参与公司治理效应研究"对于本书的资助。

感谢我的先生高玮，我们一起走过了人生中宝贵的六个年头，我陪你考试、工作，你伴我科研、成长。感谢我的父母和家人，有你们的支持，我才能如此幸福地学习、工作和成长。

最后，也要感谢各位编辑老师，经过你们细致的审读、修改和排版，我的研究成果才能够完美地呈现。

写作过程中，我遇到了不少挑战，但也收获颇丰。回顾这段难忘的经历，我深感学术研究不仅需要扎实的知识，还需要坚持与耐心，也要有"坐稳冷板凳"的决心。

尽管本书已完稿，但研究仍有改进空间，未来我将继续探索这一领域。希望本书能为相关研究提供参考。

此外，还要感谢读者的关注，愿大家在学术和生活中都能有所收获。